북한의 문화유산 연구

이태호 명지대학교 미술사학과 교수
최선일 문화재청 문화재감정위원
강병희 경기도 문화재위원
최경현 문화재청 문화재감정위원, 홍익대학교 겸임교수
한경순 건국대학교 회화학과 교수
홍영의 국민대학교 국사학과 조교수
박정민 (재)한울문화재연구원 유물보존팀장
정창현 국민대학교 겸임교수

북한의 문화유산 연구

초판 인쇄 : 2013년 10월 4일
초판 발행 : 2013년 10월 14일

저 자 : 이태호 · 최선일 · 강병희 · 최경현
        한경순 · 홍영의 · 박정민 · 정창현
펴낸이 : 한정희
펴낸곳 : 양사재
주 소 : 서울특별시 마포구 마포동 324-3
전 화 : 02-718-4831~2
팩 스 : 02-703-9711
이메일 : kyunginp@chol.com
홈페이지 : http://kyungin.mkstudy.com

값 20,000원
ISBN 979-11-85228-00-6   93910
© 2013, Yangsajae Publishing Co. Printed in Korea
* 파본 및 훼손된 책은 교환해 드립니다

북한의 문화유산 연구

이태호·최선일·강병희·최경현
한경순·홍영의·박정민·정창현

남북의 역사학자들이 문화유산 연구를 통하여 분단된 정치현실과 달리
문화유산을 통해 민족 공동체 의식을 공유하기를 기원하는 마음에 간행
하게 되었습니다.

동북아불교미술연구소장 석문 두손 모음

목차

금강산의 고려시대 불교유적

이 태 호[*]

I. 머리말

금강산은 『금강반야바라밀다경』에서 빌어온 산 이름이다. 佛家에서 제일 중요시 여기는 경전이다. 금강은 '단단함' 혹은 '강인함'이라는 뜻이다. '금강'의 접두어는 곧 '금강석의 단단함이 모든 것을 잘라내는 성질과 같이 일체의 세속적인 일을 끊고 온전한 반야의 세계로 들어간다'는 의미로 해석된다. 다이아몬드를 그래서 '금강석'이라 번역하고, 역으로 금강산을 '다이아몬드 마운틴'이라 영역한다. '金剛山'은 담무갈보살, 곧 法起菩薩이

※ 이 글은 필자가 1998-99년 금강산을 세 차례 다녀온 뒤에 발표한 글 중 일부를 옮기며 수정한 것이다(이태호, 「금강산 불교유적, 그 천년의 역사」, 『월간미술』 2월~5월호, 1999 ; 이태호, 『조선미술사기행 1』, 다른세상, 1999). 또한 2006년 여름에 금강산을 답사한 이후 든 생각을 추가하여 재정리하였다. 그리고 이 글은 동북아불교미술연구소와 문화유산연구소가 개최한 '북한의 문화유산' 학술대회 (2012.5.12. 명지대학교)에서 발표한 뒤, 같은 제목으로 『미술사와 문화유산』 창간호(명지대학교 문화유산 연구소 문화유산 연구회, 2012) 165~198쪽에 게재된 것이다.

* 명지대학교 미술사학과 교수

『금강반야바라밀다경』을 설법하며 만이천명의 권속을 데리고 머무는 이상향이다. '금강산 만이천봉'은 거기에서 유래한다. 담무갈보살이 머무는 곳을 또한 바다에 떠있는 섬 枳怛이나 枳怛那라 하였기에, '지달'은 금강산의 별칭으로도 불리었다.

'지달' 대신에 '금강산'이라는 산 이름이 등장하는 불경은 당나라 때 번역된 80권본 『華嚴經』(695~704)이다. '諸菩薩住處品' 32권에 보살들이 머문 23 곳의 산 이름 가운데 여섯 번째로 동해의 金剛山이 등장한다. 화엄경의 '금강산'을 우리나라의 금강산과 동일하게 여긴 사실은 80권본 『화엄경』이 발간된 지 100여 년 뒤 중국 화엄종파의 4대조인 澄觀(737~839)의 〈華嚴經疏〉에 밝혀져 있다.[1]

금강산과 불교의 만남은 삼국시대에 이루어졌다. 고구려의 승려 보덕의 이름을 딴 보덕암, 신라에 귀화한 고구려 승려 혜량이 창건했다는 장안사, 아도화상이 창건했다는 건봉사, 백제의 승려 관륵과 융운이 창건했다는 정양사 등의 창건설은 금강산을 고구려, 백제, 신라가 공유했음을 보여준다. 부여 규암 폐사지에서 출토된 백제 산수문전의 암산과 토산 표현은 금강산의 도안화로 볼 여지도 없지 않다.[2] 경주 황룡사의 연기설화와 유사하게 53불이 들어와 아홉 용을 쫓아내고 창건했다는 유점사 설화가 들려주듯이, 금강산과 불교의 관계를 가장 뚜렷이 드러낸 나라는 신라이다.[3] 진흥왕(재위 540~576) 시절 마운령과 황초령 순수비가 세워진 것을 보면 벌써 금강산 일대는 신라땅이었다. 삼일호를 찾은 신라의 네 화랑, 그중 영랑의 이름을 딴 영랑호 등이 그 흔적이다. 7세기 중엽에는 원효가 정양

---

1 여섯 번째로 금강산인데, 동해의 동쪽에 금강이라는 산이 있다. 전체가 금은 아니지만 上下四周로부터 山間에 이르기까지 流水砂中에 모두 금이 있다. 멀리 바라보면 곧 전체가 금이라 할 만하다. 또 海東人은 예로부터 서로 전하기를 이 산에 왕왕 聖人이 출현한다고 한다(『大正藏』 권 35 ; 한국불교연구원, 『북한의 사찰』, 일지사, 1978).
2 『아름다운 금강산』, 국립중앙박물관, 1999.
3 전영률·손영종 외, 『금강산』, 실천문학사, 1989.

사를 중창했고, 의상이 내금강 깊숙한 곳 마하연사를 창건했다고 전한다.

금강산이 화엄경의 '금강산'으로 인식되거나 그렇게 불리운 때는 8세기 이후로 짐작된다. 이를 증거하는 좋은 사례가 경덕왕의 왕자를 보게 해 준 표훈대사와 금강산 표훈사 관련 일화이다. 경덕왕(재위 742~765) 시절에 활동한 표훈은 신라 화엄종의 시조격인 의상의 큰 제자였다. 경덕왕 때 완성된 석굴암의 주지이기도 했고, 경덕왕이 그에게 부탁하여 아들을 얻었다는 설화가 『삼국유사』에 전한다.[4] 물론 경덕왕의 아들이 점지되는 과정에는 무속 혹은 도가적인 색채가 가미되어 있다. 표훈이 왕자의 잉태를 기도하기 위해 '天帝(上帝)'를 만났고, 그 원으로 태어난 왕자가 道流와 어울렸다는 내용이 그러하다. 아무튼 표훈이 기도처로 찾은 장소가 금강산일 가능성을 점쳐본다. 아들을 내려 준 천제는 '天帝釋'으로도 볼 수 있기 때문이다.[5]

---

4 景德王은 玉莖의 길이가 여덟치이다. 아들이 없어 … 어느날 왕은 表訓大德에게 명했다. "내가 복이 없어서 아들을 두지 못했으니 바라건대 대덕은 上帝께 청하여 아들을 두게 해주오." 표훈은 어명을 받아 天帝에게 올라가 고하고 돌아와 왕께 아뢰었다. "상제께서 말씀하시기를, 딸을 구한다면 될 수 있지만 아들은 될 수 없다고 하셨습니다." 왕은 다시 말한다. "원컨대 딸을 바꾸어 아들로 만들어 주시오." 표훈은 다시 하늘로 올라가 천제께 청하자 천제는 말한다. "될 수는 있지만 그러나 아들이면 나라가 위태로울 것이다." 표훈이 내려오려고 하자 천제는 또 불러 말한다. "하늘과 사람 사이를 어지럽게 할 수는 없는 일인데 지금 대사는 마치 이웃 마을을 왕래하듯이 하여 천기를 누설했으니 이제부터는 아예 다니지 말도록 하라." 표훈이 돌아와선 천제의 말대로 왕께 알아듣도록 말했건만 왕은 "나라는 비록 위태롭더라도 아들을 얻어서 대를 잇게 하면 만족하겠소."라고 말한다. 이리하여 滿月王后가 태자를 낳으니 왕은 무척 기뻐했다. 8세 때에 왕이 죽어서 태자가 왕위에 오르니 이 이가 惠恭大王이다. 나이가 매우 어린 때문에 태후가 臨朝 하였는데, 정사가 다스려지지 못하고 도둑이 벌떼처럼 일어나 이루 막을 수가 없었다. 표훈대사의 말이 맞은 것이다. 왕은 이미 여자인데 남자가 되었기 때문에 돌날부터 왕위에 오르는 날까지 항상 여자의 놀이를 하고 자랐다. 비단주머니 차기를 좋아하고 道流와 어울려 희롱하고 노니 나라가 크게 어지러워지고 마침내 宣德王과 金良相에게 죽임을 당했다(이민수 옮김, 『삼국유사』 재인용).

신라 말 이른바 九山禪門의 한 곳으로 금강산이 정해지지는 않았지만, 시대적 조류를 타고 화엄의 금강불국에 선종의 기반도 잡혔을 터이다. 외금강 鉢淵寺에 주석한 8세기 후반의 眞表와 9세기 선종유입 이후 수련하러 다녀갔다는 철감선사를 비롯한 선승 등의 행적이 전한다. 신라후기 조성된 장연사와 신계사 3층석탑도 그 선종시기의 불적인 셈이다. 또 유점사에서 수습된 8세기 후반~9세기의 금동불들이 일제강점기 유리원판사진으로 전하며,6 그 일부가 평양역사박물관과 강원도역사박물관에 소장되어 있다.

신라 이후에 금강산은 불국으로 그 터전이 잡혔다. 금강산 불교의 위상은 고려를 건국한 태조 왕건부터 고려말 원나라 기씨 왕후의 공덕과 이성계의 신왕조 발원까지 고려 때 가장 컸다. 이는 현존하는 고려시대의 석불과 석탑, 석등, 마애불 등을 통해 충분히 살펴진다. '금강산'이라는 산 이름도 고려부터 불리운 것으로 추정된다.7 가을 단풍이 아름다운 풍악산이나 겨울 뼈를 드러낸 개골산, 그리고 신선이 사는 봉래산에 이어 불국토로 자리 잡힌 것이다. 고려가 이룬 금강가람의 중흥은 조선시대로 이어졌다. 왕실과 권세가의 후원, 그리고 임진왜란에서 병자호란까지 국난 극복에 보탠 승군의 역할 등은 금강산 불교의 위세를 유지케 했다. 금강산 불교전통은 한국 현대불교의 조계종파까지 계승되었다. 일제강점기 금강산에서 수행한 효봉스님의 위상이 이를 잘 말해준다.

---

5 천제석은 금강산이라고도 불리는 '수미산' 정상에 계시는 도리천의 왕으로, 사천왕과 32天과 더불어 불법과 불자들을 보호하는 역할을 한다. 마침 금강산에는 중향성 왼편으로 그 '수미탑'과 '須彌菴'이 존재한다.

6 곽동석, 「금강산 유점사 53불」, 『아름다운 금강산(유리원판사진)』, 국립중앙박물관, 1999.

7 김탁, 「금강산 유래와 그 종교적 의미」, 『동양고전연구』 1, 1993.

II. 불국토로 자리잡힌 금강산

1. 화엄의 세계를 구현한 금강가람

불교사회가 지속되면서 금강산은 산 전체가 하나의 거대한 사원으로 정착되었다. 금강가람이라 일컬을 정도로 봉우리나 계곡마다에 佛名이 붙여졌다. 이에 대하여는 崔南善 선생이 〈楓岳遊記〉에서 영원동 계곡을 중심으로 밝혀 놓은 적이 있다. 도교적 신령스러움의 근원처가 되는 '靈源洞'이 불교의 명부신앙처로 변화된 정황을 통해 그 같이 고증해 놓은 것이다.[8]

내금강 입구 장안사에서 오른쪽 계곡으로 들어선 지역이 도가적 이름인 영원동이다. 그런데도 이 계곡의 막다른 곳에 위치한 주산은 地藏峰이고, 靈源菴이란 암자가 들어서 있다. 그 오른쪽 옆 봉우리가 十王峯이다. 영원동 계곡에 우뚝 선 바위가 明鏡臺이고, 아래로는 黃泉江이 흐른다. 지장봉에 들어서는 입구가 곧 지옥문이다. 이들 주변에는 또 판관봉, 使者峯, 죄인봉 등이 있다. 모두 冥府신앙과 관련된 명칭이다.

명부는 지하세계이고 인간이 죽으면 누구나 거쳐 가는 곳으로, 생전의 죄과를 따지고 그에 따라 상벌을 내리는 보살계이다. 명부의 주인 부처는 지장보살이고, 지장을 보좌해서 죄업을 재판하는 판관이 十王이다. 그리고 시왕 중 五位의 염라청 염라대왕 앞에 비치되어 인간의 삶을 비쳐보는 거울, 業鏡이 명경대이다. 이처럼 영원동은 일반 사찰로 치자면 명부전에 해당된다. 이곳을 거쳐 사악한 마음을 씻고 금강산을 참배하도록, 명부세계가 내금강 입구를 차지해 있다. 금강산을 다녀오면 지옥에 떨어지지 않는다는 말은 바로 이 영원동에서 나온 것이 기복적인 신앙과 불교의 습합을 보여준다.

---

8 최남선, 「풍악유기」, 『육당최남선전집』, 현암사, 1973.

금강산은 『화엄경』의 주존인 비로자나불의 이름을 따라 毘盧峯을 주산으로 삼는다. 비로자나불은 진리 혹은 우주 그 자체를 부처의 몸으로 의인화한 法身佛이자, 부처의 지혜가 모든 곳을 비친다는 의미로 태양을 뜻하며 '大日如來'로 번역된다. 인간으로 태어난 석가모니는 곧 그 비로자나불의 화신이다. 그런 탓에 화엄의 세계 금강산에서 가장 높고 우뚝한 봉우리를 '비로봉'이라 부른다. 비로자나불은 그처럼 형이상학적인 존재인 탓에 직접 중생에게 설법하지 않는 '침묵의 부처'로 일컬어지며, 그에 따라 모셔진 법당 이름이 '大寂光殿'이다. 비로자나불상은 대체로 음양합일을 상징하는 지권인을 한다.

금강산의 실질적인 주인으로 동해의 法起菩薩, 즉 불법을 일으킨다는 담무갈보살은 衆香城에 머무는데, 비로봉을 내금강 쪽에서 병풍처럼 감싸는 봉우리들의 이름이 중향성이다. 그 보호 아래 있는 형국의 만폭동 계곡에는 담무갈보살의 이름을 딴 法起峯이 위치하고, 중향성과 비로봉에 향을 올리는 듯한 대향로봉과 소향로봉이 이어진다.

장안사를 지나 솟은 봉우리는 '석가봉'이니 大雄殿이 된다. 석가모니를 보필하는 사자좌의 문수보살은 만폭동 계곡의 사자봉과 화개동의 妙吉祥이 그 역할을 맡는다. 금강산에서 가장 큰 가람이었고 금강산 寺菴을 관할하는 총 지휘소 격이던, 유점사는 미륵봉 아래 위치한다.

외금강 지역은 신선처인 집선봉, 옥류동과 구룡폭 계곡의 중심에도 석가모니를 지칭하는 '世尊峯'이 들어서 있다. 그리고 만물상 계곡 만상계의 좌우에는 관음연봉과 세지봉이 있다. 관음과 세지는 아미타불을 보좌하는 보살들이다. 그렇게 보면 만물상은 아미타가 거처하는 극락정토이다. 이곳에 들어서는 계곡의 사잇길도 극락고개라고 불린다. 이 고개는 온정령으로 이어지는데, 심하게 꾸불꾸불하고 가파른 경사지는 극락세계에 오르는 길이라 할 만하다.

이외에도 외금강 지역에는 세지봉 아래 문수봉이, 온정리 수정봉 밖으로는 千佛山이 있다. 해금강에도 바위의 형상에 따라 七星岩이나 千佛岩,

七宝臺 등의 지명이 있다. 모두 화엄의 세계를 담으려는 의도에서 붙여진 이름들이자, 금강가람의 위상을 여실히 드러낸다.

2. 신라의 원대한 불국토 경영-동서의 신계사와 장연사

금강산에는 많은 절과 암자가 들어서 있다. 온 산과 계곡이 佛蹟이라 할 만큼 8만 9寺庵이 있었다고 과장될 정도이다. 조선 초에 발간된 지리서에는 내산과 외산에 모두 108개의 암자가 존재했던 것으로 기술되어 있다(『신증동국여지승람』). 금강산의 4대 사찰로 꼽히는 유점사 · 장안사 · 표훈사 · 신계사를 비롯해서 정양사, 백화암, 보덕암, 마하연사, 영원암, 묘길상 등이 유명하다. 현존하는 금강산 불교유적 가운데 가장 연대가 올라가는 사례로는 내금강 입구 장연사와 옥류동 입구 신계사 터에 남겨진 9세기경의 3층석탑이다. 두 탑은 정양사의 3층석탑과 함께 금강산 3대 古塔으로 꼽힌다. 이들 석탑으로 미루어 볼 때, 금강산이 그야말로 불자들의 수행처로, 화엄종과 선종이 함께 한 불교의 성지로 본격 개발되기 시작한 것은 신라 말 9세기이다.[9]

이 시기에는 중앙집권을 꾀했던 경주 귀족의 힘이 약화되면서 지방의 호족세력이 성장하였다. 그 변화에 따라 8세기에 이룩된 석굴암과 불국사의 이상화된 비례미와 전형이 깨졌다. 또한 중국으로부터 禪宗이 새로이 유입되고 호족의 성장과 발맞추어 신흥 佛事가 일어나던 때이다. 금강산의 초기 불교유적은 8~9세기의 시대변화로 볼 때, 중앙 권력의 후원에 의해 조성되었다기보다는 금강산 일대의 토호세력과 함께 한 셈이다. 금강산에 있는 석탑이나 석조유물들이 소규모인 점과 경주 중심의 신라식 쌍탑을 배치한 가람이 없다는 점이 그러한 실상을 유추케 한다.

---

9 소재구, 「금강산불교가람의 조영과 그 성격」, 『아름다운 금강산』, 국립중앙박물관, 1999.

금강산의 3대 고탑 가운데 처음 세워진 불적으로는 神溪寺址의 3층석탑이 꼽힌다. 너른 터 깊숙한 곳에 뎅그러니 서 있는 3층석탑은 상륜부 장식이 망실되고, 여기저기 깨지고 그을린 전쟁의 상흔이 잔뜩하다. 4.13m 높이에 기단 바닥돌의 한 변 길이가 2.7m로, 신라탑의 단아한 모양새였을 것이다.

이 탑에서는 기단부의 상층기단에 부조된 八部衆과 하층기단에 새긴 8구의 天人像이 눈에 띤다. 천의 자락을 날리며 악기를 연주하고 춤을 추는 천인상 부분은 손괴가 심하나, 팔부중은 비교적 잘 보존된 편이다. 금강저를 든 天, 용관을 쓰고 여의주를 든 龍, 염주를 입에 문 夜叉, 사자탈을 쓴 향기와 음악의 신 乾闥婆, 얼굴이 셋이고 팔이 여덟인 阿修羅, 두 날개를 단 금시조 迦樓羅, 말과 소머리를 가진 緊那羅, 그리고 뱀을 든 摩睺羅迦가 한 면에 두 분씩 부조되어 있다. 이들 팔부중은 각각의 무구나 악기 등을 들고 반가부좌한 좌상으로, 도톰하면서 풍만한 신라식 조각미의 전형을 보여준다.

석탑의 전체 외관은 불국사의 석가탑 형식과 유사하다. 그러면서도 2층과 3층 탑신에 비해 돌문이 새겨진 1층 탑신이 길어진 비례를 보인다. 그리고 석가탑과 8세기 석탑의 경우 5층급의 처마받침이 통례인 데 비해 옥개석 아래의 처마받침이 역계단식으로 네 단을 꺾어 들어가 탑신에 연결되어 있다. 팔부중과 천인의 부조와 함께, 이러한 점은 9세기 강원도 지역의 진전사지나 선림원지의 3층석탑 등과 닮은 계통이다. 또 기단에 8부중이 새겨진 경주 昌林寺 3층석탑이나 지리산 화엄사 5층석탑과 유사한 형식의 신라탑이다.

신계사지 석탑과 같은 시기, 같은 형식의 3층석탑이 내금강 초입에도 보인다. 금강군 내강리 내강동 소재의 長淵寺 터에 남은 석탑이다. 폐사지에 탑만이 홀로 남겨져 있었던 탓으로, 옛 지명이 巨塔里였다. 현재 탑의 앞 뒤 공터에는 연립주택형 마을이 단출하다.

장연사지 3층석탑은 높이가 4.33m로 신계사지의 그것보다 약간 큰 편이다. 허나 기단의 길이가 2.24m로 약간 좁아져서 신계사지 석탑보다는 훨씬 날렵해 보인다. 추녀 끝의 치켜 오른 상승감도 가벼운 편이다. 그리고 1층 탑신을 받친 고임돌은 정양사 3층석탑과 함께 신라 9세기 성주사 3층석탑 계열임을 보여준다. 신계사 석탑의 팔부중 장식과 달리 장연사 석탑에는 상층기단의 동서쪽 면석에 4천왕이, 남쪽 면에 인왕이, 북쪽 면에 제석천·범천으로 보이는 수호신상이 새겨져 있다. 이들은 입상으로 표현되었는데, 신계사 탑의 팔부중 장식보다 얕은 저부조이고 경쾌한 느낌을 준다. 그리고 1층 탑신의 石門 장식을 깊이 파냈다.

외금강의 동쪽과 내금강의 서쪽 끝으로 각각 같은 위도 상에 석탑을 나란히 배치한 점이 흥미롭다. 유사 형식의 두 석탑을 비슷한 시기에 세웠음은 불국으로서 금강산 전체를 염두에 둔 마스터 플랜 아래 가람을 조성한 느낌마저 준다. 대자연 위에 사찰을 배치하는 신라인들의 원대한 안목과 경영수법을 읽게 해준다.

외금강 신계사와 내금강 장연사, 신라후기 금강산 동서의 끝자락에서 출발한 佛國의 경영은 외금강보다 내금강에 집중되었다. 금강산 4대 사찰 가운데 신계사만이 외금강에, 나머지 유점사·장안사·표훈사 세 곳은 내금강에 들어섰다. 이 외에도 정양사를 비롯하여, 고려시대 이후 많은 사찰과 암자들이 내금강의 산곡마다 자리를 잡았다. 특히 내금강에 현존하는 신라말기~고려초기로 추정되는 금장암의 4사자삼층석탑과 석등, 그리고 고려시대 석불과 마애불 등의 불적은 명실공히 금강불국의 위세를 보여준다.

Ⅲ. 고려전기 불교유적

금강산의 고려초기 불교유적으로는 신라의 전통을 계승한 정양사 3층석

도 1. <4사자 3층 석탑>, 고려전기, 내금강 금
장암터

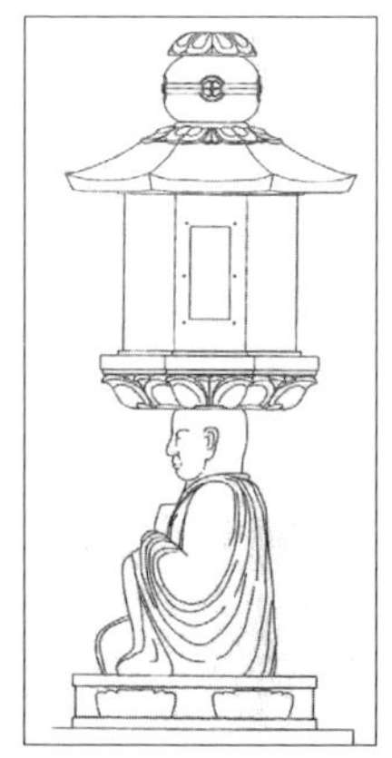

도 2. 금장암터 석등의 좌측면 모습(왼쪽)과 정면 7시 방향쯤 모습(가운데),
일제강점기 때 그려진 입면도(오른쪽) 흥선 『석등』에서 재인용

탑과 석등과 석불, 내금강의 금장암 4사자3층석탑과 석등이 꼽힌다. 금장암의 4사자3층석탑과 공양인물상 석등은 지리산 화엄사의 양식을 모방한형식이다(도 1). 기단부의 네사자 안에 모셔진 석상은 지권인을 한 비로자나불상으로 보인다. 일제시대 찍은 흑백사진에는 이 석탑과 함께 나한형상의 인물상이 화사석을 머리에 인 석등이 존재하나, 근래 사진에는 손괴되어 있다(도 2).[10] 이 공양상은 신복사지 3층석탑이나 월정사 8각9층석탑 앞의 석조보살상과 닮은 강원도지역의 고려시대 조각상으로 여겨진다.

왕건이 고려를 세우고 개국을 기리기 위해 금강산을 먼저 찾았다고 한다. 그만큼 금강산의 위상이 컸기 때문일 터인즉, 금강산의 불국토 조성을예고하는 발걸음이다. 태조 왕건이 금강산에 들렀을 때, 정양사에 금강산불국토의 주인인 曇無竭菩薩이 나타나 빛을 발하니 예를 올렸다는 일화가전한다. 그런 연유로 정양사의 주산을 放光臺라 이른다. 앞산마루 왕건이엎드려 절을 한 고개를 拜岾(배재령 또는 절고개)이라 했으며, 眞歇臺가위치하게 되었다고 전해온다(『新增東國輿地勝覽』卷 47, 淮陽 佛宇條). 담무갈보살이 고려 개국에 빛을 내린 일은 금강산의 주인이 왕건의 통일 위업을 그같이 환영한 셈이다.

왕건의 정양사 관련 일화는 1307년 魯英이 작은 漆板에 금분으로 그린,〈아미타9존도〉의 뒷면 그림인 〈지장보살도〉(국립중앙박물관 소장)이다.[11]〈지장보살도〉 화면의 왼편 상단에 뾰족뾰족한 산봉우리들을 오른편으로담무갈보살과 권속들이 그려지고, 그 아래 배점이 되는 위치에 '太祖'라는글씨와 왕건의 엎드린 자세가 보인다. 한국회화사에서 금강산 그림으로첫 작품인 셈이다. 탄력넘치는 필치로 죽죽 내려 그은 선묘는 400여 년

---

10 홍선, 『석등』, 눌와, 2012.

11 문명대, 「노영의 아미타·지장불화에 대한 고찰」, 『미술자료』 27, 1979 ; 문명대, 「노영필 아미타 9존도 뒷면 불화의 재검토-고려 태조의 금강산배점 담무갈(법기) 보살 예배도」, 『고문화』 18, 1980 ; 김승희, 「노영의 금강산담무갈(법기)·지장보살현신도」, 『아름다운 금강산』, 국립중앙박물관, 1999.

도 3. 노영, <담무갈 지장보살현
신도>, 고려 1307년, 흑칠
금니, 22.5x13cm, 국립중
앙박물관 소장

후 정선의 금강산 필법과도 흡사한 고려의 그림이다(도 3).

태조 왕건의 탐방이 정양사의 석조 유물들과 동시기여서 솔깃하게 한다. 정양사가 금강산에서 가장 높은 곳에 위치한 것임을 감안하면, 고려 왕실의 후원으로 조성되었을 법하다. 또한 금강산 사찰 가운데 석탑과 석등을 나란히 조성하고 불전에 석불을 안치한, 유일하게 가람의 격식을 갖춘 절이기도 하다.

1. 개국에 빛을 준 금강-정양사

내금강에서 절터 자리로는 단연 방광대의 정양사가 으뜸이다. 장안사와 표훈사가 산기슭의 아늑한 계곡에 터를 잡은 것과 달리, 산중턱에 건립된 정양사는 개골의 봉우리들을 한눈에 감상 가능한 위치이기 때문이다. 조선후기에 정형화된 정선식 金剛全圖의 내금강 전체를 포괄하는 부감법과 원형구도처럼 내금강을 굽어보는 장소가 바로 정양사다. 이와 더불어 하늘 아래 제일이라는 天一臺(혹은 天逸臺)와 방광대 역시 정양사 부근의 최고 전망대로 꼽힌다(도 4).

'정양사가 금강산에 있는 것은 마치 궁실에 대청이 있는 것과 같다'고 했다(李象秀, 『東行山水記』). 그 대청인 누대가 바로 정양사 마당의 헐성루이다. 안타깝게도 전망대 헐성루는 전쟁 때 불타서 현존하지 않는다. 정양사에는 9~10세기로 추정되는 신라식 3층석탑과 석불좌상, 그리고 6모형 석등이 남아 있다(도 4). 그리고 석불이 모셔진 6모형의 약사전과 반야전이 복원되어 있다. 중앙의 6모각 약사전을 중심으로 구성된 가람은 절 이

도 4. 정양사 전경, 1930년대 사진

도 5. 정양사 전경, 1990년대 사진

름대로, 남향의 볕을 잘 받는 산중턱 금강산의 正脈에 위치한다.

　석탑과 석등, 약사전과 반야전은 남향으로 종축을 이룬다. 3층 석탑은 1층 탑신 남쪽 면에 자물쇠와 문고리가 양각된 문을 새겨 넣은 것 빼고는 장식 없이 간결하다. 3.97m의 높이에 기단의 한 변이 2.32m인 탑이다. 전체 외형과 1층 탑신의 고임돌은 신계사지와 장연사지의 3층석탑과 유사한 전형적인 신라식 석탑 계열에 속한다. 옥개석의 형태나 세부 짜임새의 다소 변화된 조형미는 단초롬하다.

도 6. 정양사 3층 석탑과 석등, 고려 10세기

정양사 3층석탑은 9세기의 두 탑보다 옥개석이 두툼하면서 끝자락이 살짝 들려 있다. 처마의 곡선이 치켜 올라간 편이다. 1층 탑신 받침이 탑신 밖으로 두드러지게 彫出되어 있다. 전체적으로는 안정된 설치이나 둔중한 느낌도 준다. 이런 점은 신계사와 장연사 터의 석탑보다 후대의 형식으로, 羅末麗初인 9~10세기로 편년하는 것이 일반적인 견해이다. 그런데 석탑과 한 무리를 이루는 석등과 석불을 보면, 제작시기가 신라 말보다는 고려 초인 10세기에 더 가깝지 않나 여겨진다(도 6).

석탑 앞에 놓인 석등은 약사전 건물과 그 내부에 모신 석불의 대좌와 같은 6각형의 특이한 구조이다. 석등의 기단, 기둥 그리고 불을 켜는 화사석과 옥개석이 모두 6각형으로, 약사전의 평면 구조에 맞춘 것이다. 전체 2.95m의 높이에 기둥이 훤칠하고, 기둥돌 상대석과 하대석에 양각된 연꽃무늬가 큼직큼직하고 시원스럽다. 기둥돌은 아래, 위, 중간에 도톰하게 띠를 두른 죽절문 형태이다. 그 위에 얹은 6면체의 화사석은 볼록한 형태로, 불빛이 나오는 火窓도 그 형태와 어울리게 둥그스레 뚫었다. 지붕의 옥개석은 추녀를 길게 빼지 않고 화사석의 폭에 딱 맞춘 크기이다. 일반적인

신라의 늘씬한 8각형석등과는 짜임새가 다른, 고려시대의 작품으로 추정된다.[12]

　석등과 석탑을 앞에 두고 석불좌상을 모신 약사전은 6각형의 평면 구조이다. 석불의 대좌가 6각형인 점과 건물의 외곽 이중기단 석축이 6각형인 점으로 미루어, 처음 시공 때부터 6모전이었던 모양이다. 6모전의 현판이 藥師殿이니 실내의 결가부좌를 한 석불은 약사여래좌상이겠다. 하지만 항마촉지인의 수인으로 보아서는, 석가모니불의 일반적인 도상과 유사해서 부처의 원래 이름은 약사불이 아닐게다. 후대에 현판을 달면서 바뀌었을 법하다.

도 7. 정양사 석조여래좌상과 대좌,
　　고려 전기

　허리를 꼿꼿이 세운 석불의 앉은 자세, 양어깨에 걸친 법의와 번잡한 주름 표현, 그리고 相好의 투박한 안면 표정은 시대가 떨어지는 고려초기의 형식미이다(도 7). 신라식 석불이 퇴락하면서 양식화된 이미지이다. 1m 남짓한 앉은키에 눈코입의 마모가 심한 편이지만, 소박한 표정으로 친근감을 준다. 석불의 어깨 부분은 크게 파손되어 다시 이어 붙인 상태이다. 석불을 받든 대좌는 비교적 온전한 편이다.

　1m 높이의 대좌 또한 석불 못지않게 일품이다. 상·하대석에는 한 면에 두 잎씩 12잎의 연꽃이 장식되어 있고, 간결한 형태의 연꽃무늬의 도드라진 선 맛이 시원시원하다. 중대석은 사천왕과 동자상으로 꾸며져 있다. 중대석의 6면 부조는 꽃무늬 형의 眼象장식을 액자모습으로 새기고, 그

---

12 홍선, 앞의 책, 2012.

도 8. 정양사 석조여래좌상과 대좌 부분,
고려 전기

안에 神將像들을 배치한 것이다(도 8). 신라식에 비해 섬세함은 떨어지나, 왼편을 향한 자세가 힘차고 매력적이다. 특히 앞면의 두 손에 천도복숭아를 받쳐 든 앳띤 동자상의 표정은 조선시대 후기의 민화나 목조각 형상들의 전거를 보여준다.

석불과 석탑이 신라풍을 따르고 있지만, 고려화된 양상이 뚜렷하다. 석탑 옥개석의 곡선이 날카롭게 솟은 모양새, 석불 대좌의 연꽃무늬와 신장상의 힘찬 선 맛, 석등의 새로운 형식미와 특이한 6각형의 평면구조 등은 당대의 새로운 미의식을 읽게 해준다. 낡은 형식과 새 형식이 복합된 표현에 신라를 흡수하여 개국한 고려초의 사회적 성격도 드러난다. 이런 정양사의 석조유물보다 신라의 잔영을 떨어내고 더욱 고려적인, 특히 고려의 당당한 자신감을 실은 작품이 삼불암과 묘길상 마애여래좌상이다. 삼불암이 내금강문으로 사람들이 오가는 길목을 지키는 부처인데 비해, 묘길상은 금강산 깊은 은둔처에 모셔진 부처이다.[13]

2. 내금강 심장부에 자리잡은 큰 부처-묘길상

정양사가 위치한 천일대나 방광대에서 내려다 볼 때, 내금강의 중심은 비로봉과 그 아래 펼쳐진 중향성이다. 또 만폭동 계곡을 따라 水石을 밟으며 비로봉쪽으로 오르다 보면, 중향성 아래가 내금강의 중심임을 실감하

---

13 이태호, 「한국 마애불의 유형과 변모」, 『불교문화연구』 7, 2000 ; 이태호·이경
   화·유남해, 『한국의 마애불』, 다른세상, 2001.

도 9. 내금강 묘길상, 고려 전기

게 된다. 표훈사에서 금강문과 금강대를 지나 오른쪽 만폭동의 內八潭을 벗어나면, 화개동이라는 평탄한 공간이 열린다. 화개동의 동쪽으로 백운동 골짜기의 마하연을 거슬러 지나면, 다시 협곡을 만나게 되고 비로소 본격적인 중향성과 비로봉의 등반길로 접어든다. 이 협곡이 바로 내금강의 심장부이다. 등산로의 비좁은 길목에 들어서자마자 수직으로 깎아지른 40여 m 높이의 벼랑이 앞을 떡 하니 가로막는다. 이곳 암벽에 거대한 마애여래좌상이 새겨져 있다. 비로봉에 오르기 전에 꼭 대면하는 부처이다.

마애불은 앉은키가 15m에 이른다. 얼굴과 손발 길이만 해도 자그만치 각각 3m가 넘는 크기로, 그 거대함이 사람을 압도한다. 암벽을 돔 형식으로 살짝 쪼아서 그 안에 부조해 넣은 좌상으로 양 무릎의 폭이 9.4m이다. 고려시대 마애불로는 가장 큰 규모의 걸작으로 꼽힌다(도 9). 떡 벌어진 어깨에 웅장한 크기지만, 첫 인상은 권위적인 부처상이라기보다 후덕한 산아저씨 같다. 마애불은 선이 또렷하고 두툼한 상호에, 입가의 배시시한 미소로 비로봉을 오르내리는 참배객들에게 편안함을 준다. 금강산을 지키는 부처로는 제격이다.

얼굴과 손은 입체감을 살린 환조식 부조 묘사인데 비하여, 양어깨에 걸

도 10. 묘길상 마애불좌상, 고려 전기   도 11. 경주 남산 상선암
                                            마애불, 통일신라 9세기

친 법의의 옷 주름과 발은 얕은 저부조로 표현되어 있다. 의습은 깊은 음각 선묘이고, 눈·코·입, 손과 손톱, 발가락 등은 살맛이 돌게 입체감을 내었다. 전면에는 위에서 아래로 쪼아 놓은, 가는 선의 정 자국을 까실하게 남겼다. 이러한 조각수법에다 상체가 긴 비례와 도식화된 의습 처리는 신라 석불형식을 탈피한 고려전기의 경향을 뚜렷이 보여준다(도 10, 도 11). 10~11세기의 전형적인 돌부처, 巨佛양식을 따른 마애불이다. 둔중하면서도 당찬 표현에는 건국이후 고려국의 자신감이 넘쳐난다. 시대를 내려 14세기 나옹선사의 조성설과 연관한 것으로 추정되기도 한다.[14]

바위의 때깔이 누래서 마애불은 마치 황금 부처 같다. 그 때문에 생긴 한 스님의 일화가 전해온다. 어느 날 한 스님이 돈에 궁했던지 한 밤중 달빛 아래 마애불을 대하니 전체가 황금으로 보였다. 무릎 한 쪽을 떼어 내어 그것을 보자기에 싸서 다음날 장에 갔는데, 팔려고 보자기를 열어보니 돌덩어리였다는 것이다.[15] 성직자를 속화시킨 설화이다. 실제로 마애불을

---

14 최성은, 『석불·마애불』, 예경, 2004.

찬찬히 살피면 오른 발을 얹은 왼쪽 무릎의 자국이 눈에 띈다. 그 승려가 떼어낸 듯한 흔적처럼 보여 흥미롭다.

이 마애불의 오른쪽 아래에는 '妙吉祥'이라는 행서체의 큰 글자가 새겨져 있다. 정조 때의 문인 관료인 直庵 尹師國(1728~1809)이 쓴 글씨이다. '묘길상' 외에도 윤사국은 三佛岩을 비롯해서 내금강 바위 곳곳에 刻字를 남겼다. 그가 강원도 관찰사(1790~93)로 재직할 때 새겼던 것으로 보인다. 윤사국은 내금강에 있는 다른 사찰의 복원에도 힘을 기울였다고 한다.

'묘길상'은 문수보살의 별칭이다. 중향성 아래에 불상이 위치해 있어서 그렇게 불렸을 가능성도 없지 않다. 衆香은 '유마대사가 문수보살과 불자들을 공양하기 위해 香飯을 먹였다.'는 『維摩經』에도 그 연원이 나타난다. 그러나 마애불의 도상으로 보아서는 보살상이라기보다 분명 여래상이다. 그래서 이 마애불을 『화엄경』에 나오는 금강산의 주존 '비로자나불'로 해석하기도 한다.[16] 금강산의 심장부 계곡을 지키며 비로봉과 중향성을 향해 밤낮으로 정좌해 있고, 비로봉에 오르는 길목을 지키니 비로자나불로 보는 것도 무리가 없을 법하다. 물론 수인은 비로자나불의 전유물인 智拳印을 하고 있지는 않다. 중지를 굽혀 엄지에 대고 가슴에서 위아래로 향한 양손은 아미타여래의 구품인 중 하품하생 수인이다.

마애불의 刻字 묘길상 왼편 하단에 선각의 인물 반신상이 보인다. 2006년 여름 답사 때 새로이 발견한 암각인물상이다. 마애불을 향한 자세는 공양상이라 생각들게 한다. 동파관을 쓰고 심의를 입은 채 양손을 모은 공수 자세는 조선후기 초상화의 표현방식과 흡사하여 흥미롭다. 갸름한 얼굴의 두툼한 입술이 인상적이다. 윤사국 이후 조선후기 누군가 마애불에 기원하며 새긴 문인공양상으로 추정된다(도 12). 이 상의 높이는 50cm 가량으로 인체 실물 크기 정도이다.

마애불의 앞에는 3.6m가량의 불을 밝히는 석등이 놓여 있다. 기단, 기

---

15 전영률·손영종 외, 앞의 책, 1989.
16 최남선, 『금강예찬』, 漢城圖書, 1928.

도 12. 묘길상 마애불 왼쪽 벽면 문인상

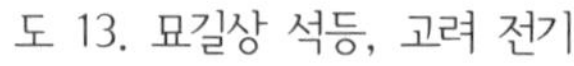

도 13. 묘길상 석등, 고려 전기

도 14. 개성 개국사터 석등,
고려 전기

등, 화사석 받침, 옥개석 등이 모두 사각형이다. 불을 켜는 화사석 공간은
둥근 대나무 통 모양의 기둥으로 네 곳을 받쳐 만들었고, 석등 앞에는 3층

의 돌계단까지 마련해 놓았다(도 13). 고려시대에 유행하던 사각석등 가운데 가장 단순화한 형태미로 미루어, 고려후기에 제작되었을 것으로 추정되기도 한다.[17] 간결한 직선형의 조형미가 거대한 마애불과 적절히 어우러져 있어 제작시기가 마애불과 거의 동시대였을 것으로 생각된다. 이로 보면 석등도 고려전기로 편년해도 좋을 듯 싶다(도 14). 간결하지만 형상의 탄력이 넘치고 후기의 퇴락된 조형미를 보이지 않는 점으로도 그러하다.

거대한 황금부처는 그 석등의 불빛 아래에서라면, 그야말로 살아 생동하는 영험을 내리지 않았을까. 김윤겸, 김홍도, 엄치욱, 김하종 등 조선후기 화가들이 묘길상을 즐겨 그리기도 했다. 그만큼 이 마애불에 많은 애착을 가졌던 때문일 것이다.[18]

Ⅳ. 고려후기 불교유적

고려후기에 오면 고위관료나 문인들은 물론이려니와 서민들까지 일만 이천봉이 분출하는 聖所를 찾는 순례가 부쩍 증가했다. 부모나 가정의 만복을 위해 금강산 불적에 향을 올리고 사찰에 시주를 하거나 금강산 그림을 예배 대상으로 삼는 등 금강불국의 영험이 크게 선전되었다. 이런 정황 아래 금강산의 불교적 성지화가 고려말에 들어 이루어졌다고 보기도 한다.[19] 그리고 영산으로서 금강산은 해외에까지도 널리 알려졌다. 금강산의 국제적인 명성은 원나라의 지배 아래 활발해진 교류를 통해 이루어졌던 것 같다. 충렬왕 30년(1304)에 친원파 관리 송균이 금강산도를 원나라

---

17 홍선, 앞의 책, 2012.
18 이태호, 「한국 산수화의 모태, 조선후기 금강산 그림」, 『조선미술사기행 1』, 다른
　　세상, 1999.
19 김탁, 앞의 논문, 1993.

도 15. <금동관음보살좌상>, 고려 14세기, 강원도 회양군 금강원리 출토, 높이 13.3cm, 국립중앙박물관 소장

에 가져갔으며(『고려사』), 원의 왕실에서도 영험을 받기 위해 금강산의 사찰에 불공을 올리는 일이 빈번해졌다.

원나라 英宗(재위 1320~23)이 표훈사에, 원의 마지막 왕 順帝(재위 1332~1368)의 기씨황후가 충혜왕 복위 4년(1343) 장안사 중창에 크게 후원했다는 얘기들이 전한다. 奇氏는 원나라에 궁녀로 뽑혀가 순제의 아들을 낳은 뒤 황후가 된 고려 여인이다. 이처럼 금강산의 대찰은 元 황실의 번창을 기원하는 願堂사찰로 지목될 정도로 유명해졌다. 자연히 그 유명세는 중국의 불자들과 고위 관료 사회까지 퍼졌고, 금강산을 다녀가는 승려와 관리들도 적지 않았던 모양이다.

상황이 이렇다보니 중국 문인들 사이에서는 "고려국에 태어나 금강산을 한번 보았으면(願生高麗國一見金剛山)"하는 바람마저 유포되었던 모양이다. 고려말에 이어 조선초 15~16세기 중국 사신들이 금강산 탐승이나 금강산 그림을 요구했던 사실들을 통해서도 금강산의 명성을 능히 짐작케 한다.[20] 금강산은 중국뿐만 아니라 일본에까지 그 유명세를 떨쳤다. 고려말~조선초에 금강산을 순례하러 온 승려들도 있었고, 사신들이 금강산 탐방이나 그림을 요구하기도 했다. 임진왜란 때 일본인들이 조선 승려를 만나면 손에다 '금강산'을 써 보였을 정도였다고 한다.

---

20 박은순, 『금강산도 연구』, 일지사, 1997.

금강산에서는 고려말 금동불들이 해방 후 출토되어 주목을 끌었다(도 15). 내강리에서 발견된 고려의 순금불상은 의자에 걸터앉은 자세와 육계 표현이 독특한 모습이다. 상투를 높이 올려튼 듯한 육계의 모습은 고려후기에 유행한 원나라 불교 라마교 형식의 불상을 연상케 한다. 이와 함께 은정곡 바위틈에서 찾아낸 아미타 삼존불을 비롯한 10여 기의 금동불과 내강리에서 발견된 금동아미타여래좌상(1343년 제작) 등 소형 금동보살상의 일부가 평양중앙역사박물관에 소장되어 있다. 꼭지가 딸린 사기 합에 모셔진 채 발견된 지장보살상과 관음보살상이 협시한 아미타삼존불은 고려말의 명품으로 손꼽을 만한 수작이다. 지장과 관음보살을 대동한 아미타여래의 三尊 구성, 격식을 갖춘 의습과 장식 표현, 근엄하면서 원만한 표정 등은 동시기 섬려한 고려불화의 회화미를 연상케 한다.

호림미술관 소장의 금동보살상 한 점도 금강산 지역의 출토품으로 전한다. 높이 16cm의 작은 금동보살상은 보물 제1047호로 지정을 받았다.[21] 연화대좌에 정좌해서 앉은 보살상은 육감적이고 통통한 몸매에 영락과 목걸이, 귀걸이, 정병이 있는 머리장식 등 화려한 모습이다. 정병과 오른 손에 쥔 연꽃 속의 불경으로 미루어 아미타여래를 협시하는 대세지보살로 추정된다. 이 금동대세지보살상의 장식미는 앞의 아미타삼존도와 같은 형식으로 원나라 불상의 영향을 받은 고려말의 전형을 보여준다. 금강산이 원나라 황실과 교류가 잦았던 결과의 형식이다. 그러면서도 미소년의 단아한 표정을 짓는 상호의 조각미는 한국 불상의 맛이 또렷하다.

1. 나옹화상의 족적과 전설-삼불암

묘길상 마애불은 표훈사 입구의 삼불암과 함께 고려말 나옹화상이 조각하였다고 전해온다. 허나 두 조각상의 표현형식이나 수법이 너무 달라 제작시기의 차이가 크게 느껴진다. 당차면서도 신라적 격식을 완전히 잃지

---

21 『대고려국보전』, 호암미술관, 1995.

않은 고려초기의 묘길상 조각에 비하여, 삼불암의 비례나 표정은 정형에서 심하게 벗어난 모습으로 다가온다. 따라서 삼불암의 조성시기는 고려말로 보는 견해가 일반적이다. 나옹화상이 제작에 관여했을 가능성도 없지 않다.[22]

나옹이 금강산에 다녀간 시기는 대략 그의 나이 40대 후반 경으로 짐작된다. 당대와 후대의 불자 대중들로부터 두터운 신망을 받았기에, 금강산에도 삼불암을 조성한 것을 비롯해서 나옹에 대한 일화가 많이 전한다. 삼불암에 얽힌 설화를 요약하면 아래와 같다.[23]

나옹이 장안사에 머물 때 표훈사에 개성 부자인 김동 거사가 주석하고 있었다. 나옹이 김동에게 금강산의 祖師 자리를 두고 장안사와 표훈사 사이에 있는 바위에 불상을 조각하는 내기를 제안하였다. 나옹은 이 바위의 전면에 세 부처를, 김동은 욕심을 내어 뒷면에 60불을 새겼다. 결국 나옹의 조각에 대한 평가가 우세하였고, 조사의 자리를 놓치게 된 김동은 비관하여 그 바위 아래의 작은 못에 뛰어 들었다. 그러자 김동의 아들 삼형제가 그 소식을 듣고 달려와 슬피 울다가 아버지의 뒤를 이어 못에 뛰어 들었다. 장안사를 지나 표훈사로 꺾어지는 길목에 있는 못을, 그에 따라 '울소' 혹은 '鳴淵'이라 부른다.

---

22 懶翁 惠勤(1320~1376)은 고려 말 普愚와 양대 고승으로 꼽히는 禪僧이다. 공민왕 시절 王師와 大曹溪宗師를 지냈을 만큼 당대 정치적으로도 입지가 컸던 것 같다. 전국의 명산 대찰을 편력하고, 한때 元나라에서 활동하는 등 한 곳에서 오래 머물지 않는 생애를 보냈다. 회암사, 신광사, 송광사 등 대찰의 주지는 물론 중국 연경의 廣濟禪寺 주지까지 역임하였다. 대중의 인기도 높아 개성에서 文殊法會를 열 때는 너무 많은 인파가 몰려들어 조정에서 위협을 느낄 정도였다고 한다. 『고려사』(133권)에는 우왕 2년에 나옹이 탐욕스럽다는 이유를 들어 밀양 영원사로 보냈다고 밝혀져 있는데, 밀양으로 가는 도중에 있는 신륵사에서 세상을 떠났다. 사리는 신륵사에서 모셨고, 목은 이색이 지은 비석과 부도는 회암사에 세워졌다. 성은 牙씨이며, 당호가 江月軒일 만큼 풍류를 즐겼던 모양이고, 시서화에도 뛰어났다고 한다. 죽은 뒤의 시호는 禪覺이다. 나옹이 일으킨 선풍은 제자인 無學대사와 그 법통을 이은 서산대사에 계승되어 조선시대 불교의 큰 법맥을 이루게 하였다.
23 전영률·손영종 외, 앞의 책, 1989.

도 16. <내금강 삼불암>, 고려 후기

울소에 있는 형제바위나 시체바위도 이 설화에서 따온 명칭들이다. 다른 설화에서는 나옹 대신에 나옹이 연경에서 만났던 인도 승려 指空을 등장시키기도 한다. 지공 역시 금강산을 참배하였다고 전한다.

표훈사 입구 개울 오른편 길가에 8m 가량 높이의 큰 바위 한 쌍이 나란히 서있다. 마치 표훈사의 일주문처럼 보인다. 실제 삼불이 새겨진 바위의 맞은 편 바위에 누각과 같은 건물을 세웠던 기둥자리가 남아 있기도 하다. 왼쪽 바위의 전면에는 '表訓洞天'과 '長安寺地境處'라는 각자가 보인다. 삼불암이 장안사를 빠져나가는 출구이자 표훈사 입구임을 알리는 표현이다. 한편 이 삼불암 바위는 내금강 전체로 보면, 비로봉과 묘길상 등 내금강의 중심에 오르는 초입의 금강문이기도 하다. 금강불국에 왕래하는 불자들을 지키는 부처이자, 내금강에 들어가는 불자들의 첫 예배 대상인 셈이다.

이 바위문의 오른편 암벽 전면에 3.7m 키의 三佛 입상이 부조되어 있다(도 16). 같은 크기, 같은 상호와 표정으로 나란히 선 세 부처는 손의 모습만 약간 다를 뿐 세쌍둥이처럼 보인다. 모두 정면상이면서 연꽃을 밟고 서있는 발들은 살짝 오른쪽을 향한 포즈이다. 족좌의 연꽃잎들이 하트형인 점이 눈에 띈다. 신체와 좌우로 뻗은 의습의 세부 표현은 치밀하게 입체감을 냈으나, 얼굴이 커서 전체 비례는 4등신이 채 못 된다. 딱딱한 상호에 부처의 위엄을 갖춘 표정이란 찾아 볼 수 없으며, 아예 목은 가슴에 붙은 몸매이다. 그러면서도 얕은 부조감을 살리려 세심하게 잘 다듬은, 정교하게 새긴 가는 눈과 일자형으로 꽉 다문 입술표현이 인상적이다. 육계가 뚜렷하지 않고 투구를 쓴 듯한 나발형 머리에 달걀형 계주표현이 선명하다. 이런 도상적 특징은 이성계가 발원하여 금강산에 모신, 1390년 제작 은제도금 사리기의 음각새김 불상과도 연계된다.

데데하고 우울한 듯 무뚝뚝하면서도 편안한 상호의 세 부처 표정은 원나라 지배 아래에 있던 고려말의 사회상을 적절히 반영한다. 세 부처는 석가모니를 중심으로 한 아미타와 미륵으로 현재, 과거, 미래를 상징하는 三世佛이다. 가운데의 부처가 석가모니이다. 불상의 상호 왼편으로 연꽃무늬를 장식한 위패형태에 '釋迦文佛'이라는 음각 글씨가 있다. 오른손을 든 시무외인의 자세이고, 왼손을 가슴 높이로 구부린 채 엄지와 중지를 맞댄 수인이다. 좌우의 부처는 동일한 자세이다. 오른손은 손바닥을 앞으로 내밀어 내린 여원인이고, 왼손은 엄지와 중지를 맞대 가슴 쪽으로 구부린 수인이다. 손가락의 구부린 자세가 자연스럽고 손톱표현까지 정교한 부조새김을 보인다.

석가모니의 오른편 부처의 상호 왼편에는 '彌勒尊佛'이라 새겨져 있고, 왼편 부처의 상호 왼편으로 '阿彌陀佛'이 보인다. 이처럼 석가모니를 현세불로, 미륵을 미래불로, 그리고 서방극락정토의 아미타여래를 과거불로 삼는 삼세불도상은 중국의 당후기부터 송대까지 나타난 도상으로, 이는 1348년에 제작된 경천사지 10층석탑의 부조 삼세불회도와 같은 고려불적에 영향을 미친 것으로 추정된다.[24] 이처럼 삼세불 신앙이 수용된 이후 부

도 17. 삼불암 뒷면 관음보살입상, 약사여래입상, 53불

처의 이름을 새겨 밝힌 첫 사례이다.

삼불암의 삼세불이 경천사지 10층석탑의 부조도상과도 유관한 점은 고려후기 제작설을 뒷받침한다.[25] 한편 경천사지 10층석탑보다 이를 닮은 원각사 13층석탑(1467)의 부조와 흡사하다고 보아 15세기 세조연간 표훈사, 유점사, 장안사 등이 중창될 때 조성되었다고 추정되기도 한다.[26] 얼핏 도상적 유사성이 눈에 띄나 동세와 의상, 상호나 수인의 섬세함은 경천사지 탑을 따른 원각사 탑의 부조가 한층 뛰어나다. 이로 미루어 보면, 금강산의 삼불은 조선시대까지 내려오지 않을 듯하다.

세 부처는 사람의 키보다 두 배의 크기인데도, 높다란 대좌 없이 맨땅 위에 붙어 서 있다. 참배객과 가까이 호흡하도록 배려한 자세는 우리나라 마애불의 한 특징이기도 하고,[27] 거부감을 주지 않으려는 삼불암의 미덕

24 정은우, 「경천사지 10층석탑과 삼세불회고」, 『미술사연구』 19, 2005, 31~58쪽.
25 정은우, 위의 논문, 31~58쪽.
26 최성은, 앞의 책, 2004.
27 이태호 · 이경화 · 유남해, 앞의 책, 2001.

도 18. 삼불암 뒷면 관음보살입상 부분

일 게다. 정형화된 부처의 도상과 권위와는 멀어졌지만, 오히려 당대의 대중과 친화력을 지닌 형식미이다. 그래서인지 맞은편 삼각형 바위에는 상당히 많은 강원도 관찰사나 지역 관료들의 공덕비들이 잔뜩 새겨져 있다.

삼불의 왼쪽으로 돌면 같은 형식으로 새긴 두 상이 나란하다(도 17, 18). 삼불보다 깊지 않게 새긴 부조입상이다. 정교함이 약간 떨어지면서 단순한 의습 표현이 눈에 띠며, 옷자락 끝이 날카롭게 삐진 모습이나 족좌의 연꽃 무늬가 흡사하다. 삼불의 바로 옆에는 화불이 새겨진 보관을 쓰고 양손에 정병을 든 관음보살이 배치되어 있다. 그 왼쪽의 부처 입상은 왼손에 약함을 든 모습으로 보아 약사여래불이다. 위쪽의 모를 죽인 위패모양 공간 안에 배치한 두 불상과 보살상은 앞면의 삼불에 비하여 선묘가 허술하고 단순하며, 상호도 더욱 침통한 표정이다. 고려말을 살았던 사람들의 무거운 분위기를 두 부처상에 그렇게 담았을까.

뒷면에는 설화대로 치자면 김동이 조각한 60불이 새겨져 있다고는 하나, 4줄이 위로 갈수록 좁아져 60불이 채 못 된다. 아마도 유점사의 설화와 장안사에 모셨던 작은 금동불의 예로 볼 때, 53불을 염두에 두고 조각한 듯하다. 53불은 『觀藥王藥上二菩薩經』에 나오는 부처들이다. 이들을 염불하면 모든 부처를 만날 수 있고, 정성으로 예배하면 죄가 없어지고 깨끗이 되게 해준다고 한다. 김동이 나옹에게 진 이유 중 하나가 ‘귀도 없는 부처가 있다'는 지적대로, 좌불의 형상들이 선명치 않다.

2. 조선의 건국에도 힘을 보탠 금강불국-이성계 발원 사리기

금강산 월출봉에서 1932
년 출토된 이성계 관련 유물
이 국립중앙박물관에 소장
되어 있다. 석함에 들어 있
었다는 네 점의 백자 그릇,
백자 鉢에 들어 있던 청동
합과 금은을 도금한 舍利器,
은제 귀이개가 그것이다(도
19).[28]

도 19. 이성계 발원 사리구, 고려 1390,
1391년, 국립중앙박물관 소장

발과 대접, 향로의 백자는 유색이나 기형이 고려의 것과 다른 편이다.
조선시대로 전환되는 고려 말 백자들의 새로운 변화를 보여준다. 발원문
백자 굽 외각에 '防山 砂器匠 沈龍'라고 쓰여 있어 양구 방산 도요지에서
제작된 것이어서 사료적 가치가 더욱 높다.[29]

백자 발에 들어 있던 은과 금 도금의 사리기는 외함과 내함, 유리 제품
의 사리용구로 구성되어 있다. 외함은 8각 가옥의 형태이고, 내함은 달걀
형으로 전체 형태가 원나라 풍의 라마교 탑과 유사하다. 내함 〈은제도금
라마탑형 사리기〉는 원나라의 영향을 받은 고려후기의 새로운 형식이
다.[30] 얇은 은판으로 만들어 불상과 문양들은 타출기법과 선조기법을 비

---

28 『불사리장엄』, 국립중앙박물관, 1991 ; 『아름다운 금강산』, 국립중앙박물관, 1999.

29 이화여자대학교박물관, 「양구 방산의 도요지 지표조사보고서」, 2001.

30 정은우, 「고려후기 라마탑형 사리기연구」, 『동악미술사학』3, 2002 ; 주경미, 「원
   대 라마탑양식이 한국 불교에 미친 영향」, 『미술사의 정립과 확산』 2권, 2006.

롯한 당시의 금속공예 기술을 충분히 보여주고, 대좌와 상륜부 불상새김 부분 부분에 도금한 점이 눈에 띈다.[31]

연꽃무늬 받침, 은판대 팔각형 내외 통, 팔각기와지붕모양의 뚜껑으로 구성된 외함 〈은제도금 팔각탑형 사리기〉 역시 같은 공예기법을 보여준다. 이들 내외함 사리기는 음각된 부처상이나 연꽃, 당초, 구름무늬 등 장식 문양이 화려하다. 역시 원나라 풍이 짙게 가미된 형식미이다. 특히 내함과 외함에 음각된 합장형 불입상은 고려말 불교도상의 특징을 잘 보여준다. 얼굴이 가슴에 붙어 목이 축소된 표현, 큰 귀의 앞을 향한 형태, 옷자락이 뾰족하게 삐지고, 단순화한 의습처리 등이 그러하다. 이런 도상적 특징과 함께 하트형 연잎이 딸린 족좌의 모습은 삼불암과도 흡사하여 주목된다.

사리기를 담았던 백자 발을 비롯하여 〈은제도금 라마탑형 사리기〉, 〈은제도금 팔각탑형 사리기〉, 청동완, 백자발 등에는 이성계와 관련된 '金剛山毘盧峰舍利安遊記' 명문을 비롯하여 '庚午(1390)'와 洪武 24년 '辛未(1391)'년의 제작시기와 月菴이 이성계와 둘째부인 康氏 등 萬人과 함께 발원하여 조성했다는 발원문이 새겨져있어 주목된다.[32] 발원문에 참여한 인물들은 이성계의 새로운 왕조건국을 안팎으로 후원한 관료와 승려들이고, 그 기원은 彌勒三會를 표방하고 있어 미륵신앙에 의존하였음을 보여준다.

이들 월출봉에서 출토된 이성계 발원 사리구의 銘文 연대는 조선 건국 (1392) 한두 해 전이다. 건국을 코앞에 두고 새나라 건설을 기원하기 위해, 금강산에 사리구를 모신 것은 왜일까. 일종의 쿠데타일진대 그 성공에 대한 불안함을 씻어내고자 하는 마음에서 였을까. 새나라 창조를 신 이데올로그 세력과 함께 하면서도 불교사회의 구세력을 합류시키는데 중요한

---

31 주경미, 위의 논문, 2006 ; 김은애, 「고려시대 타출공예 연구」, 『미술사학연구』 253, 2007.
32 주경미, 「이성계 발원 불사리 장엄구의 연구」, 『미술사학연구』 257, 2008.

역할을 했을까. 미륵의 염원을 담은 이 사리구는 이성계가 금강불국의 힘을 빌리고자 했던 증거이자, 한편 왕위 등극의 성공은 금강부처의 영험이 그토록 컸기에 가능했으리라 생각해본다.

잘 알다시피 이성계는 독실한 불교 신자였고, 많은 사찰을 중창하는데 도움을 주었다. 금강산과 원산 사이에 있는 연변 설봉산 석왕사는 이성계의 야망을 부추긴 곳이다. 석왕사의 창건이 '이성계가 왕이 되리라고 예견한 꿈 이야기'와 관련되어 있기 때문이다. 특히 고려말기~조선초기를 대표하는 무학대사와의 돈독한 관계는 많은 일화를 남겼다. 무학도 금강산의 眞佛菴에서 입적한 것으로 전한다.

V. 맺음말 – 현대까지 이어진 금강산 불교

지금까지 고려 태조 왕건의 탐방부터 조선 건국을 앞두고 설치한 태조 이성계의 발원 사리기까지 고려시대 금강산 불교 유적을 살펴보았다. 이들은 금강산이라는 산 이름을 쓰기 시작했던 시대처럼 불국토로서 '금강산'의 위상을 대변한다. 정양사 3층석탑과 석등과 석불, 금장암 4사자3층석탑과 석등은 신라형식을 계승한 강원도 지역의 형식을 잘 보여준다. 이어 고려전기의 묘길상과 후기의 삼불암은 가장 고려적인 불상조각으로 꼽을 만하다. 그 표현형식은 물론이려니와 묘길상이 금강산 심장부에 은둔자로서 거불의 자태를 한 점과 삼불암이 길목을 지키는 수호신의 역할을 맡긴 점은 한국 마애불의 특성을 잘 보여준다.[33] 2006년 답사에서 삼불암의 '석가문불', '미륵존불', '아미타불'이라는 명문을 재확인하고, 묘길상의 왼편에 음각된 공양 사대부문인상을 새로이 발견한 것이 이번 발표의 성과로 꼽을 수 있겠다.

---

33 이태호 · 이경화 · 유남해, 앞의 책, 2001.

고려에 이은 조선시대에도 삼국시대 이후 오랫동안 불교의 성지이자 영산으로 금강산이 각광을 받았던 것처럼, 왕실의 안녕을 기원하기 위한 후원이 지속되었다. 미륵에 기원한 태조의 건국부터 왕실불교는 여전하였다. 불교에 심취했던 孝寧이 유점사의 중창에 적극적이었고, 세조는 직접 금강산을 찾을 정도였다. 세조는 정권을 장악하면서부터 정확한 조선지도 제작에 착수하였을 때, 세조 13년(1468)에 당대의 최고 화원인 裵連을 파견하여 금강산도를 그려오게 했다(『世祖實錄』). 세조의 후원에 따라 유점사, 장안사, 표훈사 등의 중창이 이루어졌으며, 표훈사와 유점사에는 세조의 願堂인 御室閣이 들어섰다. 이후 선조 때에는 자인왕후가 장안사를 중건하는데 도움을 주었다.

그런데 조선은 崇儒抑佛정책을 편 유교 국가였다. 때문에 금강산은 자연히 불교의 성지에서 성리학적 이념을 표방하는 사대부 문인들의 인격도야를 위한 수신도량으로, 혹은 산수 유람의 풍류터로 자리 잡힌다. 시인이자 서예가인 봉래 楊士彦(1517~84) 같은 금강산 도인이 배출되었고, 시대가 내려올수록 문인들의 금강산 탐승이 계속 확산되었다. 금강산 그림, 시와 기행문이 조선후기부터 현대까지 끊임없이 창작된 점은 그런 변화의 실상을 잘 대변한다.[34] 허나 금강산 불교는 앞서 살펴본 것처럼 여전하였다.

17세기 이후 불교의 중흥 속에서, 금강산 불교는 다시 융성하였다. 금강불국의 수호에는 누구보다도 임진왜란 때 활약한 서산대사 休靜(1520~1604)과 사명당 惟政(1544~1610), 그리고 승군에 참여한 제자들의 역할이 컸다. 서산대사 석조 승탑과 비를 비롯해서 17세기에 세워진 승탑과 비가 白樺庵 터 한 군데에 모여 있다. 백화암 터의 부도전은 소나무와 전나무, 그리고 잡목 숲에 둘러싸인 풍경을 김홍도 등 조선 후기 화가들이 금강산 화첩을 제작할 때 거의 빼놓지 않고 그렸다. 국난극복에 앞장 선

---

34 이태호, 「일만이천봉에 서린 꿈-금강산의 문화와 예술 삼백년」, 『몽유금강』, 일민미술관, 1999.

선승들의 공로를 염두에 두고 백화암 부도전을 화폭에 담은 것 같다. 백화
암 터 부도전은 금강산에 조성한 호국의 성지에 해당되기 때문이다.

조선후기에도 왕실은 물론 사대부가에서도 금강산 사찰의 중창사업을
국비나 사비로 지원한 사례 등이 적지 않게 나타난다. 외금강의 신계사에
는 정조가 아버지 사도세자의 천도를 위해 願佛殿과 御香閣을 신축하기도
하였다. 18세기에는 강원도 관찰사를 지낸 윤사국이 본격적으로 대찰의
복원사업을 일으켰고, 삼불암이나 묘길상 등 명소에 바위글씨를 남겼다.
19세기에는 趙萬永, 金左根 등 세도가문의 원당도 들어섰다. 1950~1951년
에 소실된 조선시대의 불전과 불상, 불화 등은 대부분 왕실과 세도가의 후
원으로 제작된 것들이다.

신계사에서 오선암 계곡으로 이어진 솔밭의 끝자락 넓지 않은 터에 배
밭이 있다. 이 배밭은 한국 현대불교의 거봉으로 일컬어지는 효봉이 자주
언급하던 곳이다. 그리고 배 밭 넘어가 효봉스님이 한때 참선수행 했던 미
륵암 터다. 미륵암은 신계사 부도밭에 세워진 신도비에 밝혀져 있듯이
1917년 유경화 여사의 후원으로 옛 維摩庵터에 중창한 암자로, 1927년부
터는 신계사의 禪院으로 개창되었다.

미륵선원은 장안사의 영원선원과 더불어서 표훈과 진표, 나옹, 서산, 대
응당 등 금강산 선지식의 전통을 토대로 새로운 선풍을 진작시킨 곳이다.
그 법통이 효봉의 발걸음 따라 송광사와 해인사로 이어졌고, 근현대 조계
종단의 부흥을 가져왔다.[35] 1998년 금강산이 개방되면서 신계사가 가장

---

35 효봉(1888~1966)은 평양출신으로 와세다대학 법학부를 졸업하고 당시 조선인으로
   는 최초의 판사였다. 재판과정에서 한 피고인에게 사형선고를 내릴 수밖에 없었던
   사건을 계기로 법복을 벗고 방랑하다가 금강산 신계사에서 뒤늦게 승려가 된 인물
   이다. 30대 중반 엿판을 들고 전국을 떠돌다가 금강산에 이르러 불가의 입문을 결
   심하였다고 한다. 예로부터 이를 두고 金剛發心이라 했다. 역시 금강불국의 靈氣
   가 '효봉'이라는 대선사를 만들어낸 것이다.
   효봉은 신계사 보운암에서 石頭 晉澤(1882~1954)스님에게 머리를 깎았고 신계사
   의 미륵암과 법기암 등 10여 년간 금강산에서 용맹정진하여 구족계와 보살계를

먼저 복원된 것도 그 때문일 터이다. 이렇게 볼 때, 금강산은 한국근현대 불교사에서도 우뚝한 산실인 셈이다.

받았다. 보택스님으로부터 雲峯이라는 법명을 받았고, 그 후 송광사에 내려와 조계종의 종조인 보조국사 지눌의 법통을 잇는다는 의미로 學訥이라는 법호를 갖게 되었다. 그리고 曉峯이라는 가장 일반화된 법명도 보조국사의 16세 法孫인 高峯국사를 꿈속에서 만났다 하여 스스로 지칭하게 된 것이다. 송광사에서 조계선종의 정혜결사 학통을 다시 일으키고, 이어서 해인사의 해인총림의 방장으로 추대되어 후학들을 배출하였다(김용덕, 『누가 오늘 일을 묻는가-효봉선사 일대기』, 불일출판사, 1996).

참고문헌

도록

『대고려국보전』, 호암미술관, 1995.
『불사리장엄』, 국립중앙박물관, 1991.

단행본

김용덕, 『누가 오늘 일을 묻는가-효봉선사 일대기』, 불일출판사, 1996.
『大正新修大藏經』 권 35.
박은순, 『금강산도 연구』, 일지사, 1997.
『아름다운 금강산』, 국립중앙박물관, 1999.
이태호, 「일만이천봉에 서린 꿈-금강산의 문화와 예술 삼백년」, 『몽유금강』, 일
　　　민미술관, 1999.
　　　, 『조선미술사기행 1』, 다른세상, 1999.
이태호 · 이경화 · 유남해, 『한국의 마애불』, 다른세상, 2001.
전영률 · 손영종 외, 『금강산』, 실천문학사, 1989.
주경미, 「원대 라마탑양식이 한국 불교에 미친 영향」, 『미술사의 정립과 확산』
　　　2권, 2006.
최남선, 「풍악유기」, 『육당최남선전집』, 현암사, 1973.
최성은, 『석불 · 마애불』, 예경, 2004.
한국불교연구원, 『북한의 사찰』, 일지사, 1978.
홍선, 『석등』, 눌와, 2012.

논문

곽동석, 「금강산 유점사 53불」, 『아름다운 금강산』, 국립중앙박물관, 1999.
김승희, 「노영의 금강산담무갈(법기) · 지장보살현신도」, 『아름다운 금강산』, 국
　　　립중앙박물관, 1999.
김은애, 「고려시대 타출공예 연구」, 『미술사학연구』 253, 2007.
김　탁, 「금강산 유래와 그 종교적 의미」, 『동양고전연구』 1, 동양고전학회,
　　　1993.
문명대, 「노영의 아미타 · 지장불화에 대한 고찰」, 『미술자료』 27, 1979. 12.

______, 「노영필 아미타9존도 뒷면 불화의 재검토-고려 태조의 금강산배점 담무갈(법기)보살 예배도」,『고문화』18, 1980.

소재구, 「금강산불교가람의 조영과 그 성격」,『아름다운 금강산』, 국립중앙박물관, 1999.

이태호, 「금강산 불교유적, 그 천년의 역사」,『월간미술』, 1999년 2월~5월호.

______, 「한국 마애불의 유형과 변모」,『불교문화연구』7, 2000.

이화여자대학교박물관, 「양구 방산의 도요지 지표조사보고서」, 2001.

정은우, 「경천사지 10층석탑과 삼세불회고」,『미술사연구』19, 2005.

______, 「고려후기 라마탑형 사리기연구」,『동악미술사학』3, 동악미술사학회, 2002.

주경미, 「이성계 발원 불사리 장엄구의 연구」,『미술사학연구』257, 한국미술사학회, 2008.

배천 강서사 조성 지장보살과 조각승 영철

최 선 일*

Ⅰ. 머리말

북한에서 불교조각사 연구는 2009년에 개론서가 발간되었지만,[1] 사찰이나 박물관에 있는 개별 불상에 관한 연구가 거의 진행되지 않았다.[2] 이는

※ 이 논문은 2012년 10월 12일 동북아불교미술연구소와 명지대학교 문화유산연구소에서 주최한 북한의 문화유산 학술대회에서 발표한 내용을 수정·보완하여 『선문화연구』 13(한국불교선리연구원, 2012.12)에 게재한 것이다.

* 문화재청 문화재감정위원

1 장철만, 『조선의 불상연구』, 조선사회과학원 사회과학출판사, 2009.

2 북한에서 발표된 사찰과 불교미술 관련 논문은 다음과 같다. 사찰 관련 논문은 강병기, 「관음사 대웅전의 꽃문살조각과 〈운나〉 전설」, 『조선예술』 592, 문학예술출판사, 2006 ; 강일녀, 「(유적소개)박천 심원사」, 『민족문화유산』 10, 조선문화보존사, 2003 ; 김영춘, 「안불사」, 『천리마』 532, 천리마사, 2003.9 ; 김창길, 「현화사비에 대하여」, 『력사과학』 160, 과학백과사전출판사, 1996.10 ; 문화보존연구소, 「「력사유적소개」연탄 심원사」, 『력사과학』 122, 과학백과사전출판사, 1987 ; 박정식, 「「유적소개」구월산의 월정사」, 『천리마』 516, 천리마사, 2002.5 ; 오희복, 「〈광법사사적비〉를 통하여 본 평양의 력사와 문화」, 『어문학』 332, 김일성종합대학출판사, 2001.7 ; 옥명심, 「(자료)묘향산 보현사비」, 『력사과학』 172, 과학백과사전

북한에서 불교조각사를 비롯한 미술사에 대한 시각이 우리와 많은 차이가 있기 때문이다.[3] 특히, 북한 지역에서 일제침략기에 출토된 불상이 조선총독부 박물관으로 옮겨졌고, 한국전쟁 기간에 항공기 폭격으로 북한 지역의 사찰 전각이 대부분 소실되면서 내부에 봉안된 불상도 파괴되었다. 현재 북한의 여러 지역 박물관에 소장된 불상은 전쟁 이후 금강산이나 묘향산 등에서 출토되거나 일본에 거주하는 조총련 동포들이 기증한 유물이라고 한다.[4]

북한 지역의 불상은 우리나라 연구자가 불상을 실견할 수 없고, 체계적인 현황이나 사진조차 구할 수 없었다. 단지 일제침략기 조선총독부나 북한에서 발간한 도록을 통해서 몇 구의 불상 사진을 볼 수 있을 뿐이었다.[5] 그러나 작년 대한불교조계종 민족공동체추진본부에서는 북한이 공식적으로 인정한 59곳의 사찰과 6곳의 廢寺址를 전수 촬영한 사진을 바탕으로 『북한의 전통사찰』(총10권)을 발간하였다.[6] 이 도록은 북한 사찰 내 현존하는 전각과 성보문화재 사진을 체계적으로 실어 앞으로 개별 문화재의 제작 시기와 작가 등을 추정해 볼 수 있을 것으로 기대된다.[7]

출판사, 1999.4 ; 황선희, 「력사유적 - 현화사비」, 『민족문화유산』 28, 조선문화보존사, 2007.11이고, 불교조각 관련 논문은 조휘남, 「중세 우리 나라 불상조각양식의 변천」, 『력사과학』 88, 과학백과사전출판사, 1979이다.

3 북한에서 불교조각을 바라보는 시각은 김정수, 『조선조각사 1: 고대중세편』, 조선미술출판사, 1990 ; 『조선조각사(원시 - 중세편)』, 사회과학출판사, 2012 ; 장철만, 앞의 책, 조선사회과학원 사회과학출판사, 2009을 통하여 쉽게 알 수 있다.

4 북한의 여러 박물관에 소장된 불교미술품에 대해서는 장경희, 『평양 조선중앙력사박물관』, 예맥, 2008과 『북한의 박물관』, 예맥, 2010 등을 참조할 만하다.

5 북한의 사찰과 성보문화재는 『朝鮮古蹟圖譜』, 조선총독부, 1915 ; 『小川敬吉調査文化財資料』, 文化財管理局 文化財研究所, 1994 ; 『조선유물유적도감』 15, 조선유물유적도감 편찬위원회, 1993 ; 조선유적유물도감 편찬위원회 저, 『북한의 문화재와 문화유적 - 조선시대 II 사찰편』, 서울대학교 출판부, 2002 등을 참조할 만하다.

6 대한불교조계종 민족공동체추진본부, 『북한의 전통사찰』 1 - 10, 양사재, 2011.

7 최선일, 「북한 사찰문화재를 통해 본 남북교류」, 『북한 전통사찰의 어제와 오늘』, 대한불교조계종 민족공동체추진본부 학술토론회 자료집, 2011, 26~39쪽.

본고에서는 북한 지역의 불교조각 연구의 토대를 마련하기 위하여 1877년에 황해남도 白川郡 見佛山 江西寺에서 옮겨온 서울 강북구 우이동 화계사 명부전 목조지장보살삼존상과 시왕상 등을 살펴보고자 한다.[8] 이 불상에서 발견된 조성발원문은 1991년에 온양민속박물관 특별전을 통하여 처음으로 공개되었고,[9] 1994년에 간송미술관 최완수 선생이 쓴 사찰 답사기에 조성발원문의 주요 내용이 언급되어 있다.[10] 그러나 이 자료들이 공개된 1990년대는 조선후기 불교조각사 연구가 거의 진행되지 않아 화계사 명부전 봉안 목조지장보살삼존상과 시왕상의 양식적인 특징이나 조성발원문에 대하여 접근이 이루어지지 않았다. 필자는 2000년부터 조선후기에 활동한 조각승과 불상 양식을 연구하면서 화계사 명부전 봉안 목조지장보살삼존상과 시왕상을 만든 조각승 영철이 17세기 중반 불교조각사에서 매우 중요한 역할을 한 조각승임을 밝혀냈다.[11]

이제까지 조각승 영철은 수화승 수연과 1623년에 인천 강화 전등사 대웅전 목조삼세불좌상, 1634년에 전북 옥구 보천사 목조지장보살삼존상과 시왕상(익산 숭림사 봉안), 1636년에 강화 전등사 명부전 목조지장보살삼존상과 시왕상, 1639년에 전북 남원 풍국사 목조삼세불좌상(예산 수덕사 봉안)을 조성하였다. 그리고 수화승으로 1649년에 배천 강서사 목조지장보살삼존상과 시왕상(서울 화계사 봉안)을 제작하였다.

본고에서는 조각승 영철이 수화승으로 만든 1649년 강서사 조성 목조

---

8 안진호, 『三角山 華溪寺 略誌』, 三角山華溪寺宗務所, 1938 ; 「화계사약지」, 『華溪寺 實測調査報告書』, 서울특별시, 1988, 50~57쪽 재인용.

9 온양박물관, 『1302年 阿彌陀腹藏物의 調査硏究』, 溫陽民俗博物館, 1991, 342쪽 사진 39. 필자는 조각승 운혜를 연구하면서 온양민속박물관 박종민 선생님으로부터 화계사 불상 조성발원문을 찍은 필름을 얻을 수 있었다.

10 최완수, 『명찰순례』 3, 대원사, 1994, 334~335쪽.

11 최선일, 「全羅南道 和順 雙峰寺 木造地藏菩薩坐像과 彫刻僧 雲惠」, 『불교미술사학』 제2집, 불교미술사학회, 2004, 199~219쪽 ; 「17세기 전반 彫刻僧 守衍의 활동과 佛像硏究」, 『東岳美術史學』 제8호, 동악미술사학회, 2007, 149~171쪽(『조선후기 彫刻僧과 佛像 硏究』, 경인문화사, 2011 재수록).

지장보살좌상을 중심으로 양식적인 특징과 조성발원문을 검토하겠다. 그리고 영철의 계보에 속하는 조각승들의 활동과 수화승으로 제작한 불상에 대하여 알아보고자 한다. 이와 같은 연구를 바탕으로 현재 강서사 대웅전에 봉안된 목조여래좌상과 목조보살좌상이 조성된 시기와 조각승 계보를 추정해 보겠다.

Ⅱ. 배천 강서사 조성 목조지장보살좌상(서울 화계사 봉안)과 조성발원문

서울 화계사 명부전 목조지장보살삼존상과 시왕상 등은 1877년에 배천군 견불산 강서사에서 옮겨왔다고 한다.[12] 명부전에는 목조지장보살좌상을 중심으로 도명존자와 무독귀왕을 배치하고(도 1), 좌우로 ㄱ자형 벽면을 따라 시왕상과 판관 등이 봉안되어 있다(도 2).

1. 목조지장보살좌상

목조지장보살좌상은 높이가 101㎝로, 민머리의 성문비구형이다(도 3). 전체적으로 지장보살은 당당한 신체에 상반신을 곧게 세우고, 얼굴을 앞으로 내밀어 구부정하며, 얼굴과 신체가 대략 1 : 3.2의 비례를 이룬다. 계란형의 얼굴에 턱이 약간 뾰족하고, 이목구비가 전형적인 조선후기 불상

---

12 三角山華溪寺事蹟에 "高宗十三年西紀一八七六年五月 草庵和尙이 觀音殿을 重刱하고 尙宮이 織造한 繡成觀音菩薩像을 奉安하다 高宗十四年 西紀一八七七年 黃海道 白川郡 江西寺로부터 地藏菩薩像과 十大王像을 移運 奉安하고 翌年 冥府殿을 重修改彩하였다 此 十大王像은 世傳에 麗末 懶翁禪師의 造成이라 傳한다 高宗十七年 西紀一八八十年 普珝和尙 化主로 趙大妃가 冥府殿 佛糧畓을 獻供하다 이 무렵 此寺는 大妃와 尙宮들의 祈禱處로 世稱 宮절이라(필자 진하게)"이라 적혀 있다.

도 1. 목조지장보살삼존상, 1649년, 서울 화계사(배천 강서사 조성)

도 2. 목조시왕상, 1649년, 서울 화계사(배천 강서사 조성)

도 3. 목조지장보살좌상   도 4. 목조지장보살좌상 상반신

을 따르지만, 코가 짧고 높으며, 인중이 좁은 것이 특징이다. 목 밑에 三
道가 완만하게 새겨져 있다(도 4). 따로 제작된 오른손은 어깨 높이까지
올려 엄지와 중지를, 왼손은 가지런히 무릎 위에 올려놓고 엄지와 중지를
맞댄 手印을 취하고 있다.

  바깥에 걸친 두꺼운 대의는 오른쪽 어깨에서 대의 끝자락이 U자형으로
가슴까지 내려오고, 그 뒤로 두 겹 접힌 후에 팔꿈치와 복부를 지나 왼쪽
어깨로 넘어가며(도 5), 반대쪽 대의자락은 두 겹으로 접혀 수직으로 내려
와 결가부좌한 다리 위에 펼쳐져 있다. 대의 안쪽에 입은 편삼이 왼쪽 어
깨에서 수직으로 내려온 대의 자락 끝부분과 겹쳐 있다. 하반신을 덮은 대
의 끝자락이 S자형을 이루고, 세 번째 자락이 중앙으로 길게 늘어져 끝부
분이 납작하게 접혀 있으며, 그 옆으로 파도가 일렁이듯 동일한 형태의 끝
자락이 펼쳐져 있다(도 6). 왼쪽 측면은 대의자락 한 가닥이 길게 늘어져
Y자형으로 접혀 있다. 소매 자락은 오른쪽 무릎을 완전히 덮을 정도로 넓

도 5. 목조지장보살좌상 측면

도 6. 목조지장보살좌상 하반신의 대의처리

게 펼쳐지고, 안쪽에 몇 가닥의 주름이 새겨져 있다. 대의 안쪽에 입은 승각기 상단은 넓은 연판문을 중심으로 단정하게 접힌 주름이 좌우 대칭을 이룬다.

2. 조성발원문

화계사 지장보살에서 발견된 발원문은 가로 305㎝, 세로 51㎝인 직사각형의 한지에 묵서로 조성시기와 사찰 및 연화질 등이 기록되어 있다(도 7).[13]

---

13 발원문의 석문은 필자가, 감수는 송광사성보박물관 고경관장스님이, 번역은 광주 우리절 동봉주지스님이 해 주셨다. 이에 고경스님과 동봉스님께 지면을 통하여 감사드린다.

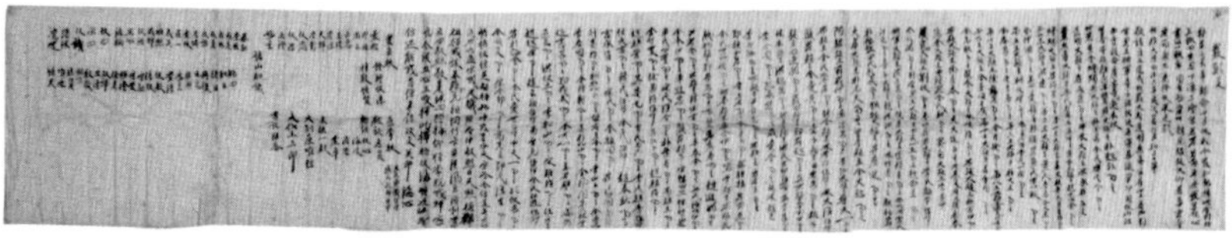

도 7. 조성발원문, 1649년, 서울 화계사 소장

發願文

稽首三界尊歸命十方佛我今發弘願持此金剛經
上報四重恩下濟三塗苦若有見聞者悉發菩提心
盡此一報身同生極樂國親見彌陀佛仰慈尊嘉會
度一切衆生連證佛果之願
時維大淸順治六年歲次己丑九月初三日畢
敬請良工造成地藏大聖道明無毒冥府十王泰山判
官鬼王將軍童子諸位使者等尊像畢功見佛山江
西寺改命廣照寺安邀奉佛
供養布施綵色末醬兼大施主 朴起福 兩主
地藏黃金燈燭兼大施主 朴玉男 金氏庚戌介 兩主
道明大施主 崔永男 兩主 体木大施主 洪承福 兩主
無毒大施主 禹氏加應志 保体 黃金大施主 趙㐇金 兩主
燈燭大施主 崔得男 兩主 第一王大施主 姜大秋 黃氏黑音德 兩主
第二王大施主 洪連 兩主 第三王大施主 黃氏香春 金大連 兩主
金仲閑 兩主 第四王大施主 朴從男 黃氏㐇秋 兩主
第五王大施主 權儀守 兩主 金彦國 金氏一安 兩主
金春男 兩主 李豆萬 兩主 第六王大施主 朴大立 兩主
第七王大施主 徐信男 兩主 金斤檢 兩主 第八王大施主 高氏但香 兩主
第九王大施主 金莫同 灵駕 第十王大施主 姜金同 兩主
金允秋 兩主 候令大施主 林峻得 兩主 布施大施主 朴賓伊 兩主
布施大施主 徐京春 兩主 天大近 兩主 供養大施主 張應春
鳴金大施主 申德龍 金氏夫釦 兩主 茶角大施主 李善伊
莊嚴大施主 劉儀 兩主 泰山府君大施主 李氏鶴帶 保体
金礼龍 兩主 判官鬼王大施主 申氏一丕 兩主 趙命立 兩主

將軍大施主 沈三男 兩主 使者大施主 李德立 兩主 金大用 金氏
汗之 兩主 童子大施主 趙汗伊 兩主 林竹立 兩主 鉄物大施
朴信國 閑氏礼成 兩主 鉄物大施主 崔廣進 兩主
大卓大施主 朴允夫 兩主 供養施主 金大起 兩主
阿膠施主 荊戒仲 兩主 禹信男 兩主 番弘大施主 魯天一 兩主
布施主 金氏水介屎 兩主 候令施主 林孝得 保体 林大得 保体
腹莊施主 金愛先 兩主 童子施主 田忠男 兩主 板子
施主 嚴連龍 兩主 藏嚴施主 鄭有起 兩主 眞末施主 申命伊 兩主
体木施主 洪起男 兩主 供養施主 洪氏生伊 保体 黃貴生 兩主
李介同 兩主 孔永進 兩主 咸愛金 兩主 体木施主
李介孫 兩主 布施主 尹命先 兩主 布施主 方石立 兩主
鄭檢加居 兩主 金玉石 兩主 金莫卜 兩主 比丘 性揖 崔命先 兩主
金氏态德 兩主 供養施主 方亇伊 兩主 鳴金施主 高得先
鉄物施主 鄭希男 兩主 布施主 黃京春 兩主 趙進龍 兩主
尹石金 兩主 布施主 韓太吉 兩主 辛春金 兩主 孫氏沱伊 兩主
金奉伊 兩主 車進忠 兩主 腹莊施主 宝珠 比丘 性賢 比丘
車氏分臺 兩主 宋氏得介 兩主 朴希貞 兩主 南繼立 兩主
金斤業 兩主 徐萬得 保体 吳仁卜 兩主 趙繼得 兩主
趙繼崇 兩主 吳毫色 兩主 曹氏玉只 兩主 李氏繼香 保体
任天吉 兩主 韓氏 保体 金氏 保体 趙奉秋 兩主
吉承賢 兩主 宋氏 兩主 金鶴同 兩主 崔耄同 兩主
劉貴得兩主 權岊卜兩主 俱有荒金 兩主 李山卜 兩主 金五男
李春同 兩主 金德賴 兩主 姜耆山 兩主 金風同 高氏 從金
趙态男 兩主 鄭戒林 兩主 金末心 兩主 姜石壁 兩主 姜仍
邑之 兩主 洪儀立 兩主 李松山 兩主 宋難得 兩主 任元並
趙起宋 兩主 趙己祖 保体 南宋元 保体 金氏仁遊 保体
崔於入叱金 兩主 金氏愛世 保体 申天一 兩主 孔儀男 兩主
金順文 兩主 宋今切 兩主 高光立 鄭氏得生 兩主
時持任 信英 智禪 妙淨 戒嘗 承天 宝冶 令信 道英 元信
道岩 元益 宗式 天機 勝冶 体敏 熙日 天默 德禪
祖禪 戒談 泰雄 宝允 祖冏 竹卞 幸漢 風云 德訓 楚訓

具閑　敬熙　敬彦　休嚴　德梅　仰悟　學悅　戒輝　密
元　令談　雪心　雪峻　擇屹　擇稔　儀海　性还　休冶
信还　能式　首僧　靈信　双文　英印　海心

　　　　　　　　　　　　　　　文氏英藏　保体
畫員秩　　　　　　　色掌秩14　　兼氏礼時　保体
靈哲　　　證師　儀淳　　飯頭　惠贊
印明　　　持殿　性賢　　熟頭　儀心
尙云　　　　　　　　　　海淡
云惠　　　　　　　　　　淸學
玉淳　　　　　　　　　　靈卓
學宗　　　　　　　　來往　一欽
天輝　　　　　　　　大別座　唯信
學軒　　　　　　　　大化主　三印
儀尙　　　　　　　　書記　勝冶
儀浩
玉澄
妙玄

　　　　　　諸山知識
　　泰能　　　　妙嚴
　　覺性　　　　知目
　　戒益　　　　德目
　　戒珠　　　　册後
　　双彦　　　　日元
　　儀諶　　　　勝照
　　學憐　　　　密云
　　靈珠　　　　覺淳
　　道一　　　　儀欽
　　義英　　　　淳儀
　　明照　　　　守能
　　戒輝　　　　守楚
　　儀浩　　　　妙澄

正心   德彦
海欄   双諦
儀嚴   雪淸
宝嚴   釋敏
儀誠   頤凉
隱休   法贊
覺楚   唯安
             性天

　발원문
삼계의 세존께 계수례를 올리옵고 시방의 부처께 귀명례를 바치나이다.
저희들이 이제 크나큰 원을 발하여 금강경을 지송하오며, 위로는 네 가지
중한 은혜를 갚사옵고, 아래로는 삼악도의 고통을 건지려 하나이다. 만일
보고 듣는 자가 있으면 모두 다 보리심을 발하여 이 생애에 받은 몸이 다
한 뒤에는 한가지로 극락세계에 태어나 아미타불을 몸소 뵙고 자애로운
부처님의 아름다운 법회에 참여하여 일체중생을 건지고 어서어서 부처님
의 경지 얻기를 원하나이다.
때는 대청 순치6년 즉 기축년 9월 초사흗날에 마치나니, 즉 예를 갖추어
훌륭한 장인을 모셔다가 지장대성, 도명존자, 무독귀왕을 비롯하여 명부
의 시왕과 태산, 판관, 귀왕, 장군, 동자들과 여러 사자들의 존상을 조성
하되 견불산 강서사에서 공정이 끝난 뒤 다시 광조사로 옮겨 모셔 봉안하
나이다.15
　(후원자와 연하질 생략)

　이 조성발원문에 의하면 1649년에 畵員 靈哲, 印明, 尙云, 云惠, 玉淳,
學宗, 天輝, 學軒, 儀尙, 儀浩, 玉澄, 妙玄이 황남 배천 강서사에서 地藏大
聖, 道明, 無毒, 冥府十王, 判官, 鬼王, 將軍, 童子를 제작히여 해주 광조사
로 이운하여 봉안하였다.16 그런데 1877년에 목조지장보살삼존상과 시왕

---

14 所任과 同語이다.
15 최완수, 앞의 책, 334~335쪽에도 번역문이 있다.
16 해주 광조사는 『梵宇攷』에 "在黃海道海州郡須彌山…"로, 『朝鮮金石總覽(上)』에

상이 강서사에서 서울 화계사로 옮겼다는 기록이 있어 강서사 → 광조사 → 강서사 → 화계사로 이운되었음을 알 수 있다. 조성발원문에 나오는 많은 시주자들은 17세기 중반에 황해도에서 활동한 스님과 신자들로 추정되지만, 이 지역에 관한 다른 문헌기록이 정리되지 않아 아직은 구체적으로 검토할 수 없다. 마지막에 언급된 諸山 知識 41명 가운데 逍遙 泰能(1562~1649), 碧巖 覺性(1575~1660), 虛白 明照(1593~1661), 翠微 守楚(1590~1668), 春坡 双彦(1591~1658), 楓潭 儀諶(1592~1665) 등은 임진왜란 기간에 義僧軍으로 활동한 17세기 전·중반에 활동한 高僧大德이다(참조 1).[17] 특히, 소요 태능은 1649년에 입적하였는데, 불상이 만들어진 9월 초까지 생존하였음을 알 수 있다. 이와 같이 17세기 전·중반을 대표하는 고승대덕이 불상 조성발원문에 언급된 것으로 보면, 당시 강서사가 불교계에서 차지하던 비중을 짐작할 수 있다. 그리고 불상 제작에 후원자로 참여한 李應立, 張應春, 天默, 姜大秋 등은 1665년에 건립된 강서사사적기 후면에 음각된 「四饗招魂位田畓記」에 많은 전답을 사찰에 기부한 인물들이다.[18]

Ⅲ. 영철과 그 계보 조각승의 활동

조각승 영철의 생애와 僧匠이 된 배경에 대한 기록은 전해지지 않는다. 그러나 그가 활동한 단편적인 문헌기록을 통하여 활동 시기와 내용을 접

"在海州郡錦山面冷井里" 언급되어 있다.

17 참조 1)에 첨부된 1649년 황남 배천 강서사 지장시왕상 조성 관련 스님의 略譜는 송광사 성보박물관장 고경스님이 작성하여 필자에게 제공해 주셨다.

18 후면의 보존상태가 좋지 않아 개별 시주자들을 모두 알 수 없지만, 상단에 언급된 시주자들 가운데 使者 大施主 李應立은 "通政大夫李應立田氏淂今兩位 延安番地項 伏交字畓二十七卜四束又 …"로, 供養大施主 張應春은 "延安扵至串伏龍字畓二十二卜五束"으로, 姜大秋, 天默스님 등이다.

근할 수 있다.

1. 조각승 영철의 활동

조선후기 불상에서 발견된 조성발원문에 조각승 영철에 관련된 내용은
다섯 건이 조사되었다(표 1).

<표 1> 조선후기 영철스님 관련 문헌기록

연대	지역	봉안사찰	작업 내용	조각승	비고
1623	인천 강화	전등사 대웅보전	목조삼세불좌상 조성	畵員 守衍 性玉 **靈哲** 察英 法林 惠摠	造成發願文
1634	전북 옥구	보천사	목조지장보살좌상과 시왕상 조성	畵員 守衍 双輝 **靈哲** 性林 大雄 儀哲 省敏	익산 숭림사 봉안 寺蹟記
1636	인천 강화	전등사 명부전	목조지장보살좌상과 시왕상 조성	畵員兼証明 守衍 **靈哲** 密暎 兼持殿義嚴 正元 省敏 法蘭 思信 善行 信觀 信守 冲信	造成發願文
1639	전북 남원	풍국사	목조삼세불좌상 조성	畵員 守衍 **灵澈** 省敏 思忍 信寬 明惠 印宗 夢還	예산 수덕사 봉안 造成發願文
1649	황남 배천	강서사	목조지장보살좌상과 시왕상 조성	畵員 **靈哲** 印明 尙云 云惠 玉淳 學宗 天輝 學軒 儀尙 儀浩 玉澄 妙玄	서울 화계사 봉안 造成發願文

<표 1>에서 보듯이 조각승 영철은 1623년에 강화 전등사 대웅보전 목
조삼세불좌상을 제작한 조각승 여덟 명 가운데 세 번째에 적혀 있다.[19] 이

---

19 「전등사 대웅보전 목조삼세좌불상 조성발언문」, 1623, "歸命西方大慈尊紫金光色
彌陀佛四十八願度含生 接引郡迷登九品願我捨此五蘊聚速往安養蓮華中 親聞圓音悟
無生恒沙菩薩因復遊虛空終爲破有盡 我願曠劫無能盡似此造像佛功德法界衆生同成覺

도 8. 수연, 목조여래좌상, 1619년,
서천 봉서사

도 9. 수연, 목조지장보살좌상, 1634년,
익산 숭림사(옥구 보천사 조성)

불상 제작에 수화승으로 참여한 수연은 17세기 전반을 대표하는 조각승으로, 1618년에 충남 서천 봉서사 목조아미타삼존불좌상을 만들 때 수화승과 증명을 맡을 정도의 명성과 지위가 있던 스님이다(도 8). 따라서 수연이 수화승으로 제작한 불상에 부화승 다음에 영철이 언급된 것을 보면 강화 전등사 목조삼세불좌상을 제작할 때 중추적인 역할을 하였음을 알 수 있다. 그 후 영철은 수화승 수연과 1634년에 전북 옥구 보천사 목조지장보살삼존상과 시왕상(익산 숭림사 명부전 봉안, 도 9),[20] 1636년에 부화승

隨喜造成供養者見者禮者皆成佛天地洞然毫末　盡此像劫石如須臾 … 證明　坦悟　畵員
守衍　性玉　靈哲　察英　法林　惠祐 … 天啓三年癸亥四月十九日未畢終雲守納子大化師
弘敏比丘."

20 「地藏尊像等諸像移安記」와 「地藏菩薩腹藏記文」, 『崇林寺財産臺帳』, 1955, "大明
崇禎七年甲戌二月日　佛像化主敬一者請工良匠刻彫成像尊　幽冥敎主地藏大聖尊及道
明尊者無毒鬼王兩家眞俗作同行　十王判官諸鬼王將軍童子及使者建立　諸形相皆以成
佛道　硏時於三月初工訖于六月晦凡物有始必有終必有始始成之終之得皆一揆也 … 主
上殿下聖壽萬歲　王妃殿下睿笑齊年　世子邸下鶴岺千秋　天下太平法輪轉　于戈息靜國

으로 강화 전등사 명부전 목조지장
보살삼존상과 시왕상,[21] 1639년에
부화승으로 전북 남원 풍국사 목조
삼세불좌상(예산 수덕사 대웅전 봉
안)을 조성하였다(도 10).[22] 따라
서 1630년대 수연이 수화승으로
제작한 불상에 부화승으로 참여한
것을 보면 당시에 조각승으로 명성
과 최고의 기량을 지녔던 시기로
추정할 수 있다. 그는 1649년에 수
화승으로 배천 강서사에서 목조지
장보살삼존상과 시왕상을 제작하
였다. 이 불상 제작에 참여한 조각
승인 印明, 尙云, 云惠, 玉淳, 學宗,

도 10. 수연, 목조석가여래좌상,
1639년, 예산 수덕사
(남원 풍국사 조성)

天輝, 學軒, 儀尙, 儀浩, 玉澄, 妙玄은 불상 제작에 관련 기록이 거의 남아
있지 않은 스님으로, 현재 수화승으로 불상을 제작한 조각승은 운혜 밖에
밝혀지지 않았다. 따라서 영철은 17세기 전반에 활동한 수연과 17세기
중·후반에 활동한 운혜를 이어주는 조각승으로 중요한 위치에 있다.

　이상으로 살펴본 바에 의하면, 조각승 영철은 임진왜란 이전에 태어나
1610년대 수연의 밑에서 불상 제작의 수련기를 거치고, 1620년대 불상 제
작에 중추적인 역할을 하다가 1630년대 40~50대의 나이에 부화승으로 불

　　太平 持事 玄淨比丘 三寶 性雨比丘 持殿 玉淨比丘 畵員秩 證明 泰守比丘 守衍比
　　丘 双輝比丘 靈哲比丘 性林比丘 大雄比丘 儀哲比丘 省敏比丘."
21 「전등사 명부전 시왕상 발원문」, 1636, "顯相幽冥內秘慈朋分苦藥利實中齋心彫造
　　斂尊像普使含灵福海泓 崇禎九年丙子冬孟月 日 畵員秩 兼證明 守衍 靈哲 密暎 兼
　　持殿 義嚴 正元 省敏 法蘭 思信 善行 信觀 信守 冲信 …."
22 「풍국사 목조삼세불좌상 발언문」, 1639, "崇禎十二年歲次己卯秋冬兩節中萬行山豊
　　國寺大雄殿釋迦尊像新造成 … 畵員 守衍 靈澈 省敏 思忍 信寬 明惠 印宗 …."

상을 제작하였을 것으로 추정된다. 현재까지 밝혀진 영철의 활동 시기는 1623년부터 1649년으로, 그가 수화승으로 불상을 만든 배천 강서사 명부전 불상을 만들 때 노년이었을 것이다. 영철이 수연과 같이 불상을 제작한 지역은 강화, 전북 옥구와 남원, 황남 배천 등이다. 이 지역들은 대부분 서해안에 위치하는 것을 보면, 영철이 수로를 통하여 이동이 가능한 지역에 위치한 사찰에 거주하였을 가능성이 매우 높다. 특히 1649년에 배천 강서사 명부전 불상을 제작한 조각승들이 1650년에 수화승 운혜와 전남 해남 서동사 목조삼세불좌상 제작에 참여하였는데. 영철이 빠진 것을 보면 그가 남부 지역보다 중부 지역에서 활동하였을 가능성이 높다.

2. 영철의 조각승 계보

이제까지 영철과 그 계보에 속하는 조각승이 불상을 제작한 문헌기록을 종합해 보면, 그들의 활동 시기와 사승 관계 등을 정확하게 파악할 수 있다. 영철과 師弟之間인 조각승을 밝힐 수 있는 문헌기록은 조성발원문 15건과 사적기 기록 1건이 있다(표 2).

<표 2> 영철과 관련된 조각승 문헌기록

연대	지역	봉안사찰	작업 내용	조각승	비고
1623	인천 강화	전등사 대웅보전	목조삼세불좌상 조성	畫員 **守衍** 性玉 **靈哲** …	造成發願文
1634	전북 옥구	보천사	목조지장보살삼존상과 시왕상 조성	畫員 **守衍** 双輝 **靈哲** …	익산 숭림사 봉안 寺蹟記
1636	인천 강화	전등사 명부전	목조지장보살삼존상과 시왕상 조성	畫員兼証明 **守衍** **靈哲** 密暎 …	造成發願文
1639	전북 남원	풍국사	목조삼세불좌상 조성	畫員 **守衍** **靈澈** 省敏 思忍 ……	예산 수덕사 봉안 造成發願文

1645	경북 상주	남장사 극락보전	목조아미타삼존불좌상 조성	畫匠 海東畫名 淸虛 … **天輝** …	造成發願文
1648	경북 김천	직지사 講院	목조석가불좌상 조성	畫員 玄允 元擇 **天輝** …	『한국의 사찰 문화재 - 경북 II 자료집』
1649	황남 배천	강서사	목조지장보살삼존상과 시왕상 조성	**畫員 靈哲 印明 尙云 云惠 玉淳 學宗 天輝 學軒 儀尙 儀浩 玉澄 妙玄**	서울 화계사 봉안 造成發願文
1650	전남 해남	서동사	목조삼존불좌상 조성	畫員 **雲惠** 雲益 寶印 **學軒** 敏俊 **義尙 義浩** 淨律 **妙玄**	造成發願文
1653	대구 달성	운흥사	목조삼존불좌상 조성	畫員 道祐 信冏 … **玉淳**	造成發願文
1655	대구 달성	용연사 극락전	목조삼존불좌상 조성	畫員 道祐 双照 … **玉淳**	造成發願文
1655	경북 칠곡	송림사 배전	목조아미타삼존불좌상 조성	畫員 道祐 勝浩 … **玉淳**	造成發願文
1661	전남 장성	백양사 약사암	목조아미타불좌상 조성	畫員 **雲惠** 尙前	북제주 월계사 봉안 造成發願文
1665	전남 곡성	도림사	목조아미타불좌상 조성	畫員 **雲慧** 瓊琳 …	造成發願文
1667경	전남 화순	쌍봉사	목조지장보살삼존상과 시왕상 조성	畫員 **雲慧** 印性 …	造成發願文
1672	전남 순천	동화사	목조지장보살삼존상과 시왕상 조성	畫工 雲惠 勝鈞 敬琳 …	造成發願文
1675	전남 고흥	능가사	불상 조성	金魚 **雲慧** 勝鈞 敬琳 …	造成發願文 대웅전 불상 발견
1680	전남 곡성	도림사	목조보살좌상 조성	畫員 **雲惠** 敬琳 …	造成發願文

위의 〈표 2〉에 언급된 조각승의 활동 시기와 내용에 따라 정리해보면

〈표 3〉과 같다.

〈표 3〉 조각승 영철과 공동작업한 조각승

僧名	活動年代	活動 事項
印明	- 1649 -	1649년 수화승 영철과 목조지장보살삼존상과 시왕상을 황해 견불산 강서사에서 제작하여 廣照寺 봉안(서울 화계사 봉안)
尙云	- 1649 -	1649년 수화승 영철과 목조지장보살좌상과 시왕상을 황해 견불산 강서사에서 제작하여 廣照寺 봉안(서울 화계사 봉안)
雲惠 雲慧 云惠	- 1649~1680 -	1649년 首畵僧 영철과 목조지장보살좌상과 시왕상을 황해 견불산 강서사에서 제작하여 廣照寺 봉안(서울 화계사 봉안) 1650년 首畵僧으로 전남 해남 서동사 목조삼세불좌상을 제작 1650년부터 1659년 사이에 충남 공주 마곡사 주지를 맡음 1665년 首畵僧으로 전남 곡성 도림사 목조아미타불좌상을 제작 1667년 首畵僧으로 전남 화순 쌍봉사 목조지장보살좌상과 시왕상을 제작 1672년 首畵僧으로 전남 순천 목조지장보살삼존상과 시왕상을 제작 1675년 首畵僧으로 전남 고흥 능가사 불상을 제작(大禪師) 1680년 首畵僧으로 전남 곡성 도림사 목조협시보살좌상을 제작
玉淳	- 1649~1655 -	1649년 수화승 영철과 목조지장보살좌상과 시왕상을 황해 견불산 강서사에서 제작하여 廣照寺 봉안(서울 화계사 봉안) 1653년 수화승 도우와 대구 달성 운흥사 목조삼존불좌상을 제작 1655년 수화승 도우와 대구 달성 용연사 목조아미타삼존불좌상을 제작 1655년 수화승 도우와 경북 칠곡 송림사 석조아미타삼존불좌상을 제작
學宗23	- 1649 -	1649년 수화승 영철과 목조지장보살좌상과 시왕상을 황해 견불산 강서사에서 제작하여 廣照寺 봉안(서울 화계사 봉안)
天輝	- 1645~1649-	1645년 수화승 청허와 경북 상주 남장사 목조아미타삼존불좌상을 제작 1648년 수화승 현윤과 경북 김천 직지사 목조석가불좌상을 제작 1649년 수화승 영철과 목조지장보살좌상과 시왕상을 황해 견불산 강서사에서 제작하여 廣照寺 봉안(서울 화계사 봉안)
學軒	- 1649~1650 -	1649년 수화승 영철과 목조지장보살좌상과 시왕상을 황해 견불산 강서사에서 제작하여 廣照寺 봉안(서울 화계사 봉안) 1650년 수화승 운혜와 전남 해남 서동사 목조삼세불좌상을 제작
儀尙	-1649~1650-	1649년 수화승 영철과 목조지장보살좌상과 시왕상을 황해 견불산

		강서사에서 제작하여 廣照寺 봉안(서울 화계사 봉안)
		1650년 수화승 운혜와 전남 해남 서동사 목조삼세불좌상을 제작
儀浩	- 1649~1650 -	1649년 수화승 영철과 목조지장보살좌상과 시왕상을 황해 견불산 강서사에서 제작하여 廣照寺 봉안(서울 화계사 봉안)
		1650년 수화승 운혜와 전남 해남 서동사 목조삼세불좌상을 제작
玉澄	- 1649 -	1649년 수화승 영철과 목조지장보살좌상과 시왕상을 황해 견불산 강서사에서 제작하여 廣照寺 봉안(서울 화계사 봉안)
妙玄	- 1649~1650 -	1649년 수화승 영철과 목조지장보살좌상과 시왕상을 황해 견불산 강서사에서 제작하여 廣照寺 봉안(서울 화계사 봉안)
		1650년 수화승 운혜와 전남 해남 서동사 목조삼세불좌상을 제작

17세기 중반에 활동한 영철을 이해하는데 가장 중요한 기년명 불상은 1649년에 제작된 배천 강서사 목조지장보살삼존상과 시왕상이다. 이 불상은 畵員 靈哲, 印明, 尙云, 云惠, 玉淳, 學宗, 天輝, 學軒, 儀尙, 儀浩, 玉澄, 妙玄이 제작하였다.

이 불상 제작에 참여한 조각승 12명 가운데 운혜를 제외하고 불상을 만든 기록이 거의 남아있지 않다. 특히, 인명, 상운, 학종, 옥징은 1649년 배천 강서사 목조지장보살삼존상과 시왕상을 만든 기록만 남아 있다. 그중 인명과 상운은 11명 가운데 두 번째와 세 번째 언급된 것으로 보아 불상 제작에 중추적인 역할을 한 조각승으로 1650년대 수화승으로 제작한 불상이 발견될 가능성이 매우 높다. 그리고 네 번째 언급된 운혜는 영철의 계보를 이해하는데 매우 중요한 조각승이다. 이미 조각승 운혜에 대해서 연구가 진행되었지만, 최근 운혜가 수화승으로 제작한 새로운 기년명 불상이 계속 조사되어 조선후기 불교조각사에서 차지하는 비중이 명확해지고 있다. 조각승 운혜가 제작에 참여한 불상은 1649년에 배천 강서사 목조지장보살삼존상과 시왕상(서울 화계사 봉안)을 시작으로, 1650년에 해남 서동사 목조석가삼세불좌상, 1665년에 곡성 도림사 목조아미타여래좌상(도 11),[24] 1661년 장성 백양사 약사암(북제주 월계사 봉안),[25] 1667년경에 화

---

23 최선일, 『조선후기승장인명사전-불교조소』, 양사재, 2007, 138쪽에는 李宗으로 잘못 읽었다.

도 11. 운혜, 목조아미타여래좌상,
1665년, 곡성 도림사

도 12. 운혜, 목조지장보살좌상,
1667년경, 화순 쌍봉사

순 쌍봉사 목조지장보살삼존상과 시왕상(도 12),[26] 1672년에 순천 동화사
목조지장보살삼존상과 시왕상, 1675년에 고흥 능가사 불상,[27] 1680년에
곡성 도림사 목조관음 · 대세지보살좌상 등이다. 이 가운데 1650년에 해
남 서동사 목조석가삼세불좌상은 畵員 雲惠, 雲益, 寶印, 學軒, 敏俊, 義尙,
義浩, 淨律, 妙玄이 제작하였다. 이들 가운데 雲惠, 學軒, 義尙, 義浩, 妙玄
은 1649년에 수화승 영철을 따라 배천 강서사 목조지장보살삼존상과 시왕

---

24 『谷城郡의 佛敎遺蹟』, 國立光州博物館, 2003, 87~100쪽.

25 김창화 · 김옥희, 『제주 불교문화재 자료집』, 제주특별자치도 제주문화예술재단,
2008, 60~62쪽.

26 崔仁善, 「雙峰寺의 遺蹟과 遺物」, 『雙峰寺』, 木浦大學校博物館 · 和順郡, 1996,
101~156쪽.

27 崔宣一, 앞의 논문, 2004, 199~219쪽. 이제까지 운혜의 활동시기는 1639년부터
1680년까지로 보았다(崔宣一, 앞의 책, 120~121쪽). 그러나 고흥 능가사 불상에서
발견된 운혜가 제작한 불상에 관한 발원문(장헌덕, 「연혁」, 『楞伽寺 大雄殿 實測
調査報告書』, 문화재청, 2003, 60쪽)에 언급된 스님들을 검토한 결과, 운혜가 불상
을 만든 연도가 1639년이 아니라 1675년이라는 것을 알게 되었다.

도 13. 도우, 목조아미타여래좌상,
1655년, 달성 용연사

도 14. 청허, 목조아미타여래좌상,
1645년, 상주 남장사

상을 제작한 스님들이다. 따라서 1649년에 배천 강서사에서 조상 작업을 한 작가들이 이듬해 1650년에 해남 서동사 불상 제작에 참여하였음을 알 수 있다.

배천 강서사 불상 제작에 네 번째로 언급된 옥순는 경북에서 주로 활동한 수화승 도우와 1653년에 대구 달성 운흥사 목조아미타삼존불좌상을, 1655년에 달성 용연사 목조아미타삼존불좌상과 경북 칠곡 송림사 석조아미타삼존불좌상을 제작하였다(도 13). 따라서 옥순은 영철과 작업한 후, 1650년대 중반에 수화승 도우와 같이 영남 지역 사찰에 불상을 제작하였다. 천휘는 영철과 불상을 제작하기 이전인 1645년에 수화승 청허와 경북 상주 남장사 목조아미타삼존불좌상과 1648년에 수화승 현윤과 경북 김천 직지사 목조석가불좌상을 제작하여 이들과 관련이 있는 스님들이다(도 14).

아직까지 배천 강서사 불상 제작에 참여한 조각승들에 대한 구체적인 활동 내용이 밝혀지지 않고, 수화승으로 불상 제작을 주도한 불상이 발견되지 않았지만 모두 17세기 중반에 활동한 조각승임은 분명한 사실이다.

도 15. 목조여래좌상, 배천 강서사

도 16. 목조여래좌상, 배천 강서사

Ⅳ. 배천 강서사 대웅전 목조불상의 조성 시기와 조각승 계보 추론

현재 배천 강서사 대웅전 내 수미단에는 여래상 2구와 보살상 1구가 봉안되어 있다.[28] 삼존불좌상은 양식적으로 보면 향좌측 목조여래좌상이 조선전기에(도 15), 본존인 목조여래좌상과 향우측 목조보살좌상이 조선후기에 제작된 것으로 보인다. 본 장에서는 나무로 만들어진 여래상과 보살상의 조성시기와 조각승 계보를 추정해 보겠다.

---

28 ≪江西寺事蹟碑≫에 의하면 강서사는 도선스님에 의해 창건되고, 고려 말에 크게 중수되어 영은사에서 강서사라 사명을 바꾸었다고 한다. 그 후 임진왜란에 소실되었던 것을 원래대로 복구하였지만 1651년(효종 2)에 다시 화재를 당해 대웅전을 비롯하여 동서에 있던 건물이 소실되어 1665년에 대웅전을 재건하였다고 한다.

1. 목조여래좌상과 목조보살좌상의 양식적 검토

목조여래좌상과 목조보살좌상은 손과 손목의 갈라진 부분을 보면 나무로 제작된 것을 쉽게 알 수 있다.[29] 목조여래좌상은 머리에 뾰족한 螺髮과 경계가 불분명한 肉髻로 표현되고, 육계 밑에는 반원형의 긴 中間髻珠가 있다(도 16). 머리와 나발은 청색으로, 중앙계주의 테두리는 진한 청색으로 칠해져 있다. 계란형의 얼굴에 턱이 약간 뾰족하고, 좁고 오똑한 코와 얇은 입술이 다른 조각승이 만든 불상의 표현과 차이가 난다. 얼굴에 비해 귀가 크고, 목은 원통형으로 긴 편이며, 거의 수평으로 三道가 새겨져 있다. 착의법은 석가불이라 편삼을 걸치지 않아 오른쪽 손목이 노출되어 있다.[30] 바깥에 걸친 두꺼운 대의는 오른쪽 어깨에서 대의자락 끝단이 가슴까지 U자형으로 늘어지고 그 뒤로 두 겹 접힌 후에 팔꿈치와 복부를 지나 왼쪽 어깨로 넘어간다. 그리고 왼쪽 어깨에서 두 겹으로 접힌 대의자락이 수직으로 흘러내리고, 왼쪽 어깨에 U자형으로 접힌 옷자락이 끝부분에서 뒤쪽으로 삐쳐있다. 조선후기에 제작된 불상의 대부분은 대의자락이 접힌 부분이 측면에 늘어져 있는데, 배천 강서사 목조불상은 앞쪽에 늘어져 있는 것이 특징이다. 하반신을 덮은 대의 끝자락이 짧게 늘어지고, 두 번째 자락이 넓게 펼쳐져 있으며, 세 번째 자락이 복부에서 밑으로 완만하게 흘러내리고 있다. 왼쪽 무릎에 늘어진 소매 자락의 양 옆이 둥글게 접혀 있으며 밑으로 넓게 펼쳐져 있다. 가슴을 덮은 승각기는 상단을 한 번 말아 도톰한 仰蓮形으로 표현되었다.

목조보살좌상은 火焰文이나 雲文 등의 장식이 없어진 뾰족한 형태의 커다란 보관을 쓰고 있다(도 17). 얼굴형과 耳目口鼻의 표현은 본존인 목조

---

29 이 불상은 북한에서 17세기 후반에 제작된 것으로 보고 있다(장철만, 앞의 책, 247쪽 표 20).

30 조선후기 석가불은 대부분 항마촉지인을 하고 있는데, 이 불상을 자세히 보면 손목을 따로 만들어 신체와 결합하였음을 명확하게 알 수 있다.

도 17. 목조보살좌상, 배천 강서사

도 18. 혜희, 목조관음보살좌상, 1655년,
보은 법주사

여래좌상과 거의 유사하여 동일한 조각승이 제작하였음을 알 수 있다. 그런데 이 보살상은 조선후기에 제작된 보살상이 대의와 편삼을 걸친 것에 비하여 양 어깨에 천의를 두르고 있을 뿐이다. 이와 같은 조선후기 천의식 보살상 중 제작연대를 알 수 있는 작품은 2~3점이 남아 있는 현황이다(도 18). 그리고 하반신에 걸친 치마의 상단이 레이스 같이 촘촘하게 접혀 있고, 팔목과 팔뚝의 팔찌는 조선전기 보살상에서 볼 수 있는 요소이다.

2. 제작시기와 조각승 추론

조선 후기 불상 가운데 발원문과 사적기를 통해 제작연대를 알 수 있는 불상은 250여 점에 이른다. 이 가운데 배천 강서사 대웅전에 봉안된 목조여래좌상과 목조보살좌상은 전체적으로 조선후기에 제작된 불상과 유사하지만, 얼굴의 이목구비 처리와 착의법이 다르다.

배천 강서사 봉안 목조여래좌상은 조선후기 전형적인 불상의 각진 방형

도 19. 목조여래좌상, 1649년, 포천
　　　동화사(순천 만일사 조성)

도 20. 운혜, 목조석가여래좌상, 1650년,
　　　해남 서동사

얼굴이 아니라 계란형으로 턱이 약간 뾰족하다. 특히, 가늘고 뾰족한 콧날
과 좁은 인중 등의 표현은 조각승 사인이 1649년에 전북 순창 회문산 만
일사에서 제작한 목조여래좌상(포천 동화사 봉안)과 가장 유사하다(도
19).31 흥미로운 것은 영철과 사인이 1639년에 조각승 수연과 함께 남원
풍국사 목조삼세불좌상(예산 수덕사 봉안)을 제작하였다.

그리고 강서사 대웅전 봉안 목조여래좌상의 상반신에 걸친 大衣가 오른
쪽 어깨에 걸쳐 짧게 늘어져 있는 옷자락 표현은 사인, 영철, 운혜가 1650
년 전후하여 제작한 불상에서 볼 수 있는 요소이다. 그러나 같은 시기에
활동한 무염, 도우, 승일 등이 제작한 불상의 오른쪽 어깨에 걸친 대의자
락 형태와 차이가 많다. 또한 하반신에 걸친 옷자락의 가장 안쪽 대의자락
끝부분이 곡선으로 처리된 표현도 1649년에 사인이 순창 만일사 목조여래
좌상(포천 동화사 봉안)이나 1650년 해남 서동사 목조삼세불좌상에서 볼

---

31 崔宣一, 「京畿道 抱川 東和寺 木造如來坐像과 彫刻僧 思忍」, 『17세기 彫刻僧과 佛
　　像研究』, (재)한국연구원, 2009, 59~76쪽.

수 있다(도 20). 뿐만 아니라 왼쪽 무릎에 늘어진 소매 자락은 양 옆이 둥글게 접혀 있으며 밑으로 넓게 펼쳐져 있는데, 이러한 소매자락의 처리도 조각승 사인이나 운혜가 제작한 불상에서만 볼 수 있는 요소이다.

따라서 현재 강서사 봉안된 목조여래좌상과 목조보살좌상은 수연의 계보에 속하는 조각승에 의하여 1650년대 제작된 불상으로 추정된다. 특히, 영철이 만든 화계사 봉안 지장보살좌상과 거의 같은 시기에 제작된 것으로 보인다.

V. 맺음말

이상으로 서울 화계사 지장전에 봉안된 목조지장보살좌상과 조각승 영철에 대하여 살펴보고, 이러한 연구 성과를 바탕으로 현재 배천 강서사 대웅전에 봉안된 목조여래좌상과 목조보살좌상이 수연의 계보에 속하는 조각승에 의해 1650~60년대 제작되었음을 밝혀보았다.

조각승 영철은 임진왜란 이전에 태어나 1610년대 수연의 밑에서 불상 제작의 수련기를 거치고, 1620년대 불상 제작에 중추적인 역할을 하다가 1630년대 부화승으로 불상을 제작하여 이 시기가 40~50대일 것으로 추정된다. 현재까지 밝혀진 영철의 활동 시기는 1623년부터 1649년으로, 수화승으로 배천 강서사 명부전 불상을 만들 때는 노년이었을 것으로 보인다. 영철이 수연과 같이 불상을 제작한 지역은 강화, 전북 옥구와 남원, 황남 배천 등이다. 이 지역들은 대부분 서해안에 위치하는 것을 보면, 영철이 수로를 통하여 이동이 가능한 지역에 위치한 사찰에 거주하였을 가능성이 매우 높다. 특히, 1649년에 배천 강서사 명부전 불상을 제작한 조각승들이 1650년에 수화승 운혜와 전남 해남 서동사 목조삼세불좌상 조성에 참여하였는데, 영철이 빠진 것을 보면 그가 남부 지역보다 중부 지역에 거주하였을 가능성이 높다고 보인다.

1649년 백천 강서사 명부전 불상에서 가장 흥미로운 사실은 17세기 불상들은 대부분 조성 사찰에서, 18세기 후반부터 서서히 조각승이 거처하거나 재료 수급이 가능한 사찰에서 조성해서 봉안 사찰로 보낸 것으로 알려져 있는데, 이 불상들은 배천 강서사에서 만들어 해주 광조사로 옮겨 봉안되었다. 이 사찰들이 인접한 지역에 위치하고 있어 바닷길을 통하여 옮겼을 것으로 보인다. 뿐만 아니라 강서사사적기에 의하면 임진왜란 동안에 파괴된 후에 17세기 초반에 중건되었지만, 1651년 봄에 화재로 대웅전과 동서 건물이 불타버렸다고 한다. 그리고 불상 두 구를 만들었다는 기록이 남아있어 현재 대웅전에 봉안된 목조여래좌상과 목조보살좌상일 가능성도 있다.

현재 남한의 연구자들이 북한 사찰 내에 봉안된 불상을 연구한다는 것은 매우 어려운 일이다. 그러나 북한에도 불교조각사 연구자가 있기에 우리들의 연구 성과가 그들에게 알려진다면 체계적인 불상 조사와 연구가 진행될 수 있을 것이다. 또한 이러한 불교조각사 연구를 통하여 남북의 연구자들이 연구 교류를 통하여 민족의 공동체 의식이 서로 공유되었으면 한다.

<참조 1> 1649년 황남 배천 강서사 지장시왕상 조성 관련 스님의 略譜

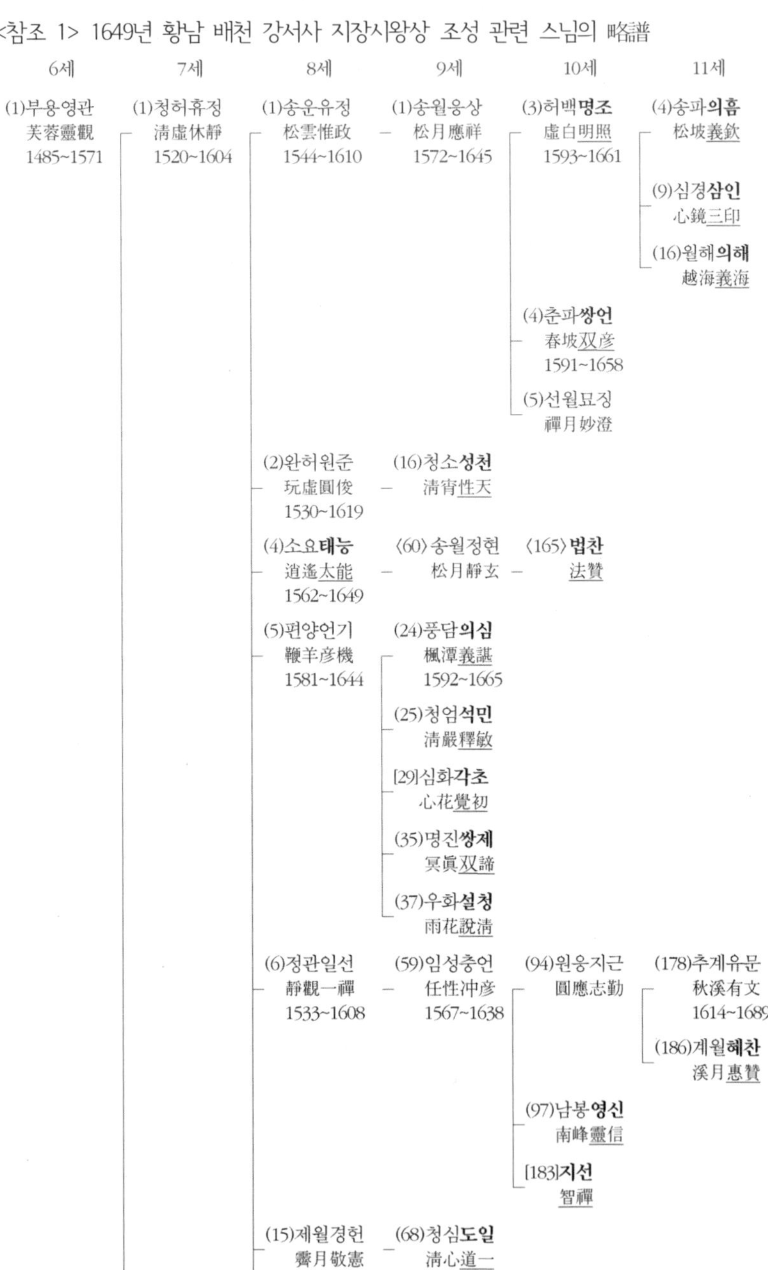

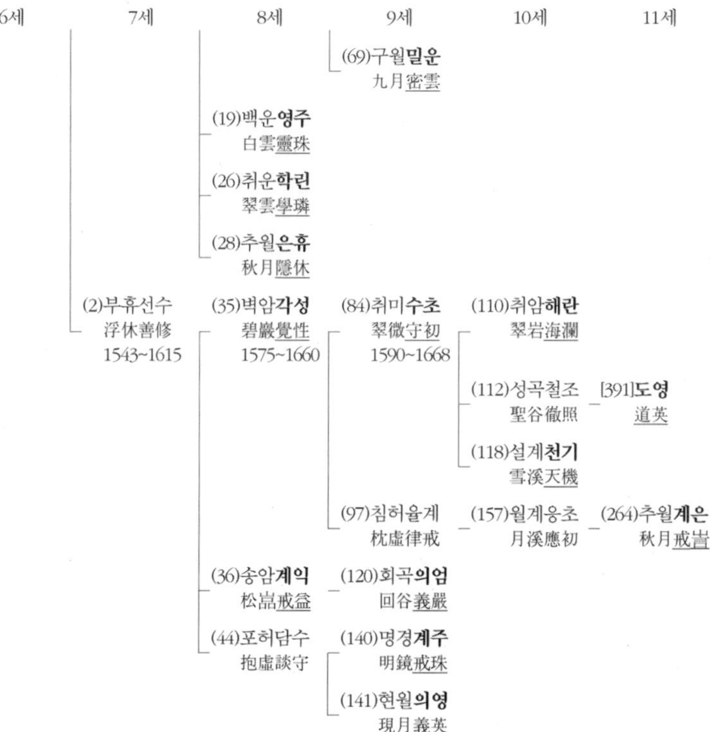

※ 송광사 성보박물관장 고경스님 작성
資料Ⅰ 雲嶽英茂, 『增補佛祖源流』, 1980 : ( )저본
資料Ⅱ 耕雲炯拨, 『海東佛祖源流』, 1978 : 〈 〉
資料Ⅲ 獅巖采永, 『西域中華海東佛祖源流』, 1764 : [ ]

참고문헌

사료

『梵宇攷』.

보고서·도록

국립광주박물관, 『谷城郡의 佛敎遺蹟』, 國立光州博物館, 2003.
국립문화재연구소, 『북한의 전통건축』, 황해남도 Ⅰ 월정사 극락보전·강서사 대웅전, 국립문화재연구소, 2007.
______, 『小川敬吉調査文化財資料』, 文化財管理局 文化財研究所, 1994.
김창화·김옥희, 『제주 불교문화재 자료집』, 제주특별자치도 제주문화예술재단, 2008.
대한불교진흥원, 『북한의 사찰』, 대한불교진흥원, 2009.
文明大 外, 『조선시대 기록문화재 자료집Ⅰ- 서울·仁川·京畿·江原·忠淸 編』, (사)한국미술사연구소, 2011.
문화재청, 『楞伽寺 大雄殿 實測調査報告書』, 문화재청, 2003.
문화재청·대한불교조계종 문화유산발굴조사단, 『한국의 사찰문화재』, 충청남도/대전광역시, 2002.
______, 『한국의 사찰문화재』, 전라북도/제주도, 2003.
______, 『한국의 사찰문화재』, 전라북도 / 제주도 자료집, 2003.
미술공예연구실, 『北韓文化財解說集1-石造物 篇』, 國立文化財研究所, 1997.
서울특별시, 「화계사약지」, 『華溪寺 實測調査報告書』, 서울특별시, 1988.
안진호, 『三角山華溪寺略誌』, 三角山華溪寺宗務所, 1938.
온양민속박물관, 『1302年 阿彌陀腹藏物의 調査研究』, 溫陽民俗博物館, 1991.
張慶浩, 『北韓文化財解說集2-寺刹建築編』, 국립문화재연구소, 1998.
鄭之益 撰, 鄭翼周 書, 「江西寺事跡碑銘」, 『朝鮮佛敎叢報』 17호, 30본산연합사무소, 1919.
『朝鮮古蹟圖譜』, 朝鮮總督府, 1915.
『조선유물유적도감』15, 조선유물유적도감 편찬위원회, 1993.
朝鮮總督府, 『朝鮮金石總覽』, 日韓印刷所, 1919.
「地藏尊像等諸像移安記」와 「地藏菩薩腹藏記文」, 『崇林寺財産臺帳』, 1955년 필사본.

단행본

김정수, 『조선조각사 1(고대중세편)』, 조선미술출판사, 1990.
______, 『조선조각사(원시 - 중세편)』, 사회과학출판사, 2012.
대한불교조계종 민족공동체추진본부 엮음, 『북한의 전통사찰』 1 - 10, 양사재, 2011.
신법타, 『북한불교연구』, 민족사, 2000.
장경희, 『평양 조선중앙력사박물관』, 예맥, 2008.
______, 『북한의 박물관』, 예맥, 2010.
장철만, 『조선의 불상연구』, 조선사회과학원 사회과학출판사, 2009.
최선일, 『조선후기승장인명사전-불교조소』, 양사재, 2007.
______, 『17세기 彫刻僧과 佛像 硏究』, 재)한국연구원, 2009.
최완수, 『명찰순례』 3, 대원사, 1994.
韓國學文獻硏究所 編, 『朝鮮金石總覽』 上 · 下, 아세아문화사, 1976.

논문

崔宣一, 「朝鮮後期 全羅道 彫刻僧 色難과 그 系譜」, 『미술사연구』 제14호, 미술사연구회, 2000.
______, 「全羅南道 和順 雙峰寺 木造地藏菩薩坐像과 彫刻僧 雲惠」, 『불교미술사학』 제2집, 통도사성보박물관 불교미술사학회, 2004.
______, 「朝鮮後期 彫刻僧의 활동과 佛像硏究」, 홍익대학교 대학원 박사학위청구논문, 2006.6.
______, 「17세기 전반 彫刻僧 守衍의 활동과 佛像硏究」, 『東岳美術史學』 제8호, 동악미술사학회, 2007(『조선후기 彫刻僧과 佛像 硏究』 재수록).
______, 「朝鮮 後期 彫刻僧과 佛像樣式의 변천」, 『美術史學硏究』 제261호, 미술사학회, 2009.3(『조선후기 彫刻僧과 佛像硏究』 재수록).
______, 「京畿道 抱川 東和寺 木造如來坐像과 彫刻僧 思忍」, 『17세기 彫刻僧과 佛像硏究』, 재)한국연구원, 2009.
______, 「17세기 중반 彫刻僧 懷鑑의 활동과 佛像硏究」, 『17세기 彫刻僧과 佛像硏究』, 재)한국연구원, 2009.8.
______, 「북한 사찰문화재를 통해 본 남북교류」, 『북한 전통사찰의 어제와 오늘』, 대한불교조계종 민족공동체추진본부 학술토론회 자료집, 2011.
崔仁善, 「雙峰寺의 遺蹟과 遺物」, 『雙峰寺』, 木浦大學校博物館 · 和順郡, 1996.

황윤아, 「화계사 명부전의 왕실 발원 불사 연구」, 서울대학교 대학원 석사학위
　　논문, 2010.8.

묘향산 용주봉의 진신사리 탑을 통해 본 球形 浮屠[*]와 사리구

강 병 희^{**}

Ⅰ. 머리말

묘향산 보현사는 968년 探密祖師가 안심사를 짓고 뒤를 이어 제자가 된
宏廓이 靖宗 8년(1042)에 234간(間)의 정사를 안심사 동북간에 지음으로
시작되었다.[1] 현재 보현사는 조계문, 해탈문, 천왕문을 지나 중심 공간에
고려 靖宗 10년(1044)의 보현사 9층 석탑, 14세기 말 만세루, 고려 말 8각

※ 이 논문은 동북아불교미술연구소와 명지대학교 문화유산연구소에서 주최한 북한
  의 문화유산 학술대회에서 발표한 내용을 수정·보완하여 『불교미술사학』 15(불
  교미술사학회, 2013)에 게재한 것이다.

 * 球形浮屠는 여러 글에서 球形은 圓球形으로, 浮屠는 승탑으로 지칭되기도 하나 본
  논문에서는 球形浮屠를 중심으로 다루고 있는 조봉진, 「朝鮮前期 球形浮屠의 始原
  에 관한 考察」, 서울대학교 고고미술사학과 석사학위논문, 1991 ; 전미숙, 「고려
  말~조선전기 구형부도 연구」, 충북대학교 고고미술사학과 석사학위논문, 2011과
  「고려말~조선전기 구형부도 연구」, 『불교미술사학』 13집, 2012의 경우를 따랐다.

** 경기도 문화재위원

 1 金富軾, 「妙香山普賢寺之記」, 『朝鮮寺刹史料』, 國書刊行會, 1971(영인본), 873~
  875쪽.

13층 석탑, 대웅전이 사찰의 중축선을 따라 늘어서 있다.

한편 과거 보현사 8각 13층 석탑에 관한 글을 쓰면서 접하게 된 「普賢寺塔之部」의 기록에는 萬曆 연간(1573~1620)에 조성된 13층 불탑의 존재가 언급되고 있는데,[2] 이 내용은 시기적으로 9층 석탑이나 8각 13층탑과도 연결되지 않아 그 내용의 진위나 관련 탑의 존재에 대해 관심을 가지고 있었다.

그러다 2001년 10월 13일 방영된 역사스페셜 북한문화유산시리즈 제 2편 묘향산 편에서 김영숙 보현사 1급 강사가 소개하는 용주봉의 사리탑이 휴정대사가 지은 진신사리 탑비와 짝을 이루는 유물임을 확인하게 되었다.[3] 萬曆 연간의 기록은 이와 관련된 내용일 가능성이 높았다. 그 후 조선 중기 8각 불탑의 논문 자료로서 이 사리탑의 관련 보고서나 논문 등을 찾아보았으나 2005년 경 보현사를 방문한 시동생을 통해 어렵게 전해 받은 『묘향산의 보현사』라는 관광용 小 책자 이외에는 더 이상의 학술적 자료 획득은 불가능하였다.

이렇게 실재 답사도 할 수 없었고 관련 자료의 습득도 빈약하여 오랜 시간 논문화 되지 못하고 있던 이 자료에 대해 또 다른 학술적 가치를 발견하게 된 것은 최근까지 이어진 고려, 조선시대 승탑[浮屠]에 관한 여러 연구자들의 축적된 성과를 통해서였다.[4]

---

2 「普賢寺塔之部」, 『朝鮮寺刹史料』, 國書刊行會, 1971(영인본), 872쪽.

3 신재국프로듀서, 북한문화유산시리즈 제2편(2001. 10. 13) 방영분.

4 최완수, 「회암사지 사리탑의 건립연기」, 『고고미술』 8권 10호, 1967 ; 장충식, 「석조계단고」, 『불교미술』 4, 동국대박물관, 1979 ; 조봉진, 앞의 논문, 1991. 8 ; 강병희, 「홍천사 사리전과 석탑에 관한 연구」, 『강좌미술사』 19, 한국미술사연구회, 2002 ; 정은우, 「고려 후기 라마탑형 사리구 연구」, 『동악미술사학』 3, 동악미술사학회, 2002 ; 소재구, 「신라하대와 고려시대 승탑 연구」, 한국정신문화연구원 한국학대학원 박사학위논문, 2003 ; 엄기표, 『신라와 고려시대 석조부도』, 학연문화사, 2003 ; 노미경, 「고려후기 승탑 연구」, 영남대학교 미학미술사학과 석사학위논문, 2005.6 ; 주경미, 「원대 라마탑 양식이 한국 불교미술에 미친 영향」, 『미술사의 정립과 확산2-한국 및 동양미술』, 사회평론, 2006 ; 여이숙, 「고려시대 계

용주봉의 사리탑은 원래 묘향산 내원
암 지구에 있었으나 1915년경 대홍수로
밑으로 떠내려 왔던 것을 1930년경에 용
주봉으로 옮겨 세웠다고 한다. 이 탑은 8
각 2단의 층단 위에 8각 4층 중층 누각
식 탑신이 놓이고 그 위에 기단과 연화
받침이 있는 球形浮屠가 올려진 모습으
로(도 1),[5] 휴정대사가 지은 진신사리 塔
碑에 조성 배경, 시기, 조성자 등 관련
자료가 밝혀져 있다.[6]

사리 탑비기록에는 현재 학계에서 球
形, 圓球形, 卵形으로 호칭하고 있는 탑
신이 올려진 용주봉 사리탑, 통도사 계단
의 석종형 탑, 인도 스투파와 같은 복발
형 탑 등을 모두 '鍾'이라 부르고 있어

도 1. 용주봉의 진신사리탑

단형 승탑 연구」, 고려대학교 문화재협동과정 석사학위논문, 2007.2 ; 박언곤·이
재인·최효석, 「한국 불교사원의 계단과 계단도경의 비교 연구」, 『건축역사연구』
16권 2호, 2007.4 ; 이수정, 「조선전기 승탑 연구」, 동국대학교 미술사학과 석사학
위논문, 2009 ; 전미숙, 앞의 학위논문, 2011과 앞의 논문, 2012.3 ; 이재인, 「일본
계단 배치와 형제에 관한 연구」, 『대한건축학회논문집』 27권 5호, 2011.5 ; 최효
식·이재인, 「중국 북경 지역 계단 배치와 형제에 관한 연구」, 『대한건축학회논문
집』 28권 10호, 2012.10.
5 각주 4)의 내용에서 묘향산 김영숙 강사는 이를 5층탑이라 하였다. 도 1은 국가관
광총국, 앞의 책, 45쪽의 사진이다.
6 휴정대사, 「娑婆敎主釋迦世尊金骨舍利浮屠碑銘」, 『淸虛堂文集』淸虛集 補遺편, 동
국대학교 한국불교전서검색시스템, 전자불전문화콘텐츠연구소. 다른 문헌에는 明
高麗釋迦金骨舍利浮屠碑의 명칭이 앞에 함께 있다. 조선총독부의 『朝鮮金石總覽』
下를 참고한 한국금석문 종합영상정보시스템에서는 「보현사석가여래사리비」로
나와 있다.

17세기 초의 기록이기는 하지만 이러한 형태의 탑, 부도, 사리기 등의 기원과 발전에 대한 중요한 단서를 제공해 준다.[7]

따라서 본 논문에서는 '鍾'에 대한 위와 같은 개념을 기왕의 중요한 관련 사례들의 의문점과 흐름에 대입해 보려 한다. 이는 각 사례들이 단편적으로 고찰되어질 때 참고할 수 없었던 전체적인 맥락을 조명해 주며 합리적인 결론을 이끌어내는 단서가 될 것이다. 그리고 이에 따라 제시되는 문제의식은 관련 연구의 진전을 위한 인식 전환의 또 다른 계기가 될 것이라 생각한다.

이를 위해 본론에서는 첫째, 용주봉 진신사리탑과 탑비를 통해 구형, 석종형, 복발형의 탑, 부도가 '鍾'의 개념에 포함될 수 있다는 사실을 정리하고 둘째, 이를 통해 「佛國寺西石塔重修形止記」에 보이는 '銀鐘' 사리기의 형태를 '鍾'의 모습과 대비하여 살펴보았으며 셋째, 남아 있는 구형 탑신의 최초 예인 정토사 홍법국사실상탑이 중국 당나라 8세기 중엽 경 조성된 南陽 慧忠國師의 '無縫塔'에 영향 받았음을 밝혀 이로부터 '鍾'의 의미적, 형태적 확장이 이루어져 이후 고려말 조선초의 球形부도로 계승되었으며 넷째, 학계에서 조선 초인 15세기 이전 조성으로 의견이 모아진 회암사지 부도탑의 형태가 부도탑이 아니라 진신사리탑이 될 수 있으며 따라서 관련 사료에 의해 세조 10년(1464)에 세워졌음을 재확인해 보았다.

---

7 통도사 石鐘과 같은 모습의 지공·나옹, 혹은 나옹선사 승탑을 '石鐘'으로 기록한 예는 1377년에 조성된 양주 회암사 「禪覺王師之碑」, 1379년의 「驪興郡神勒寺普濟舍利石鐘記」, 1384년의 「高麗國平壤道延山府妙香山安心寺石鐘碑」에서 보인다(여이숙, 앞의 학위논문, 31~40쪽, 2007 ; 이수정, 앞 학위논문, 2009, 19쪽 각주 35, 36 재인용) 다만 세 비문에 보이는 종이 鐘인지 鍾인지는 비문 확인이 필요하다. 원문을 실은 각 책들은 인쇄본으로 책마다 혹은 한 책에서도 원문과 해석문의 글자가 다르기 때문이다.

Ⅱ. 용주봉 진신사리탑과 탑비를 통해 본 鍾의 의미

현재 보현사 박물관에는 휴정이 쓴 진신사리 탑비가 깨어져 비문 일부만 보관되어 있다(도 2).[8] 그러나 서산대사가 짓고 쓴 [金剛山退隱國一都大禪師禪教都惣攝賜紫扶宗樹教兼登階普濟大師病老休靜謹撰幷書] 비문은 「娑婆教主釋迦世尊金骨舍利浮圖碑」라는 제목으로 『淸虛堂文集』淸虛集補遺편에 실려 있다.

내용은 석가모니의 이름 글자 풀이를 통한 세존의 종교적 의미를 설명하는 것을 시작으로 석가모니의 일대기 즉 출생, 출가, 득도, 초전법륜을 비롯한 설법, 열반, 다비, 사리 출현과 불탑 조성 등을 차례로 서술하였다. 이어 萬曆 20년(1592) 왜병의 침입에서 당시 유정대사가 통도사의 사리를 지켜 금강산 휴정대사에게로 가져와 봉안하려 하였으나 안전하지 못하다고 여겨 묘향산과 옛 통도사로 나누어 봉안하게 되었으며 묘향산에 이전된 사리를 부도에 모시고 낙성식을 하였다는 것이다.[9]

이 중 본 글과 관련하여 주목되는 부분은 '鍾'이라는 단어가 등장하는 세 단락이다.

도 2. 용주봉 진신사리탑비편

8 도 2는 국가관광총국, 앞의 책, 31쪽.
9 각주 6)의 碑 銘文.

(가)

(부처님 : 필자 첨가) 당시의 사리는 (열반하신) 會上에서 菩薩과 □覺聖衆과 人天 등 八部神衆이 각각 나누어 받아 지녀 티끌처럼 무수한 刹土에 탑을 세우고 '鍾'을 만들어 안치하였으니(諸刹建塔 安鍾) 공양한 사람들이 그 몇이었 겠는가.

(나)

불행히도 萬曆 20년 日本의 해병이 나라의 남쪽으로 쳐들어와서 분탕질하니 수많은 백성들이 魚肉이 되어 그 화가 浮圖에 까지 미치어 보물이 장차 흩어 져 없어질지도 모른다고 고심하고 있었다. 때마침 蒙僧大將 惟政이 병사 수 천을 거느리고 마음을 다해 지켜내어 완전하게 보호할 수 있었다.

그러나 유정은 뒷날의 염려가 없지 않다고 여겨 금골 사리 2구를 은밀히 금 강산으로 옮겨 病老로 하여금 안치하게 하려 하였다. 휴정이 그것을 받아 안 치 하려 하였다. 그러나 생각해보니 "금강산은 수로가 가깝기 때문에 뒷날 반드시 이러한 근심이 있으리라 여겨 금강산에 안치하는 것은 먼 안목을 가 진 계책이 될 수 없다"고 생각하였다. 또 "해병이 안으로 침입하여 부도를 훼손하는 것은 전적으로 그 의도가 금과 보물에 있을지언정 사리에 있지 않 기 때문에 보물을 취한 다음에는 사리 보기를 흙과 같이 할 것이기 때문에 차라리 이전 장소를 보수하여 그곳에 안치함만 못하다"라고 여겼다 한다. 그래서 함 하나를 유정에게 주었으며, 유정도 그 계획에 수긍하여 그 함을 받 은 즉시 과거의 장소로 돌아가 '鍾'에 안치하였다고 한다(政然其計 受凾即還 古基而安鍾焉).

(다)

또 하나의 함은 휴정 스스로 지니고 太白山에 안치하여 부도를 세우려하였으 나 혼자 힘으로는 어찌할 수가 없었다. 이에 門人인 智正과 法蘭 등에게 명 하여 그 일을 담당케 하여 '鍾'을 안치하였다. 이 두 禪僧이 지극 정성으로 널리 힘을 빌어 몇 개월만에 부도를 다듬어 그곳에 안치하였다(命門人智正法 蘭之輩幹其事使安鍾 二禪子至誠廣募 不數月 鍊浮圖而安之).[10]

---

10 (가), (나), (다) 내용 모두 각주 6의 번역본 인용.

도 3. 통도사 계단 석종   도 4. 건봉사진신사리탑

　먼저 본 주제와 관련된 (다)의 내용을 살펴보면 현 용주봉 진신사리탑을 호칭하여 '鍾'이라 하고 있고 (나)의 통도사 사리탑도 동일한 '鍾'이라 하여 球形의 용주봉 진신사리탑과 석종형인 통도사계단의 사리탑을 모두 '鍾'으로 인식하고 있음을 알 수 있다(도 3).

　한편 유정대사는 1604년 일본으로 가 도쿠가와 이에야스와 강화를 맺고 포로 3,000명과 통도사 사리를 찾아 왔다고 하니 통도사에 두었던 사리는 결국 임진왜란 때 탈취되었던 것으로 보인다. 이 때 찾아 온 사리를 금강산 건봉사에 안치하였는데 그 불탑도 球形부도의 모습이다(도 4).[11] 따라서 球形부도와 통도사 계단의 석종이 모두 '鍾'에서 비롯되었음을 알 수 있다.

　그런데 (가)를 보면 석가모니의 불탑도 '鍾'으로 표현하고 있음이 주목된다. 불탑은 초기 둥근 봉분 형태에서 시작되어 여러 변화를 거치면서도

---

11 고성문화원 홈페이지 자료 중 「건봉사사적기」와 김광식 편, 『금강산 건봉사의 역사와 문화』, 인북스, 2011 참조.

도 5. 唐招提寺 계단, 8세기 초창 昭和시대 재건

그 원형을 상륜부에 남기고 있는데 이러한 둥근 형태도 '鍾'이라 인식하고 있는 것이다.

결국 '鍾'은 통도사, 금산사 등에 설치된 모습에만 한정되어 지칭할 수 없는 좀 더 확장된 의미로 쓰여 지고 있음을 알 수 있다. 당나라 승려 鑑眞이 759년에 세운 일본 율종의 총본산인 唐招提寺의 계단은 현재 3단 중앙에 인도 스투파가 놓여져 있는데(도 5), 돌로 조성된 3단은 鑑眞이 나라에 도착하여 754년 처음 수계를 준 東大寺의 초기 흙 계단의 초창기 모습을 간직하고 있다고 평가된다.[12]

여기서 '鍾'의 사전적인 의미를 찾아보면 '鍾'은 叢, 聚(풀 등이 모여 봉긋한 모양), 重, 當, 天所賦予, 술을 담아 두는 배가 부른 그릇 형태인 '鍾' 등의 뜻으로 원래 '鐘'과는 다른 글자이나 같이 통용되기도 하며(도 6, 도 7),[13] 손잡이가 없는 작은 술잔이라는 뜻을 가진 글자라고 한다.[14] 결국

---

12 이재인, 앞 논문, 2011.5, 125~129쪽. 唐招提寺의 계단은 수차의 파괴와 재건을 거쳤다.

13 〈도 6〉은 諸橋轍次, 『大漢和辭典』 11, 大修館書店, 1968(2쇄), 600쪽 ; 〈도 7〉은 국립중앙박물관편, 『樂浪』, 2001, 115쪽 도 104.

14 고려대학교 민족문화연구소, 『현대중한사전』, 창작마을, 2002(혁신판).

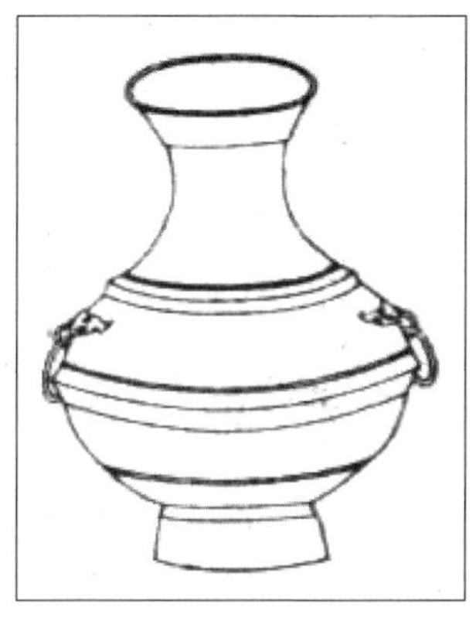

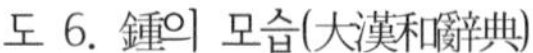

도 6. 鍾의 모습(大漢和辭典)

도 7. 석암리 9호분 출토 銅鍾

'鍾'은 복발과 비슷한 둥근 무덤 형태를 의미하는 단어임을 알 수 있다.

唐 道宣(596~667년)이 찬한 『戒壇圖經』에는 처음 기원정사 북쪽의 金鐘이 있는 鐘臺를 언급하며 계를 계단에서 받을 때 이를 울려 수행의 과위를 얻고 악도를 쉬게 했다고 하며, 이어 계단이 지닌 형태가 상징하는 바에 대해 설명하면서 3쯔을 표현한 3단 위에 사리를 안치한 가마를 엎은 모양을 올리고 그 위에 무가보주를 두는데 모두 5단으로 5분법신을 의미한다고 한다.[15]

이상을 종합해 보면 묘향산 용주봉 진신사리탑의 5층 구형부도, 계단에 두는 석종, 부처의 초기 복발형 불탑은 모두 '鍾'이라 할 수 있으며 원래 '鐘'과 다른 글자이나 서로 통용되기도 하며 계단의식과 관련하여 등장하는 鐘臺에서 '鍾'이 '鐘'으로 불려질 수 있는 실마리가 제공되었음을 추정해 볼 수 있다.[16]

---

15 『大正新修大藏經』45권, no. 1892, 「關中創立戒壇圖經」 808下-809上(여이숙, 앞의 논문, 2007, 19~21쪽과 이수정, 앞의 논문, 2009, 72~73쪽 재인용).

16 박언곤·이재인·최효석(2007.4), 앞의 논문, 112~114쪽에서는 계단과 종대가 결합되어 석종형 사리부도가 만들어졌다고 추정함.

Ⅲ. 「佛國寺西石塔重修形止記」에 보이는 '銀鐘'의 형태

　1967년 불국사 석가탑을 해체하는 과정에서 2층 탑신석 사리공에서 출토된 사리 장엄구는 일부 후대 유물이 섞여 있다는 언급이 있기도 하였으나 오랜 동안 통일신라시대 유물로 편년되어 왔다.

　그러나 최근, 발견 당시 금동사리함 아래 있었던 「佛國寺西石塔重修形止記」의 내용이 밝혀지면서 은제 사리 내, 외합이(도 9, 10-1, 2) 고려시대 만들어져 새로 안치되었을 가능성이 제기되었다. 이는 참으로 중요한 사항이다. 학계의 다양한 검토가 필요한 이때 용주봉 진신사리탑과 탑비를 통해 알 수 있는 '鍾'의 개념과 형태는 새로운 시각을 제공한다.

　당시 비단에 싸여 있던 '墨書之片'은 여러 겹 응고된 채로 보관되다 1997년부터 분리, 해체를 시작하여 2007년 10월 중간보고를 하였고, 2009년 2월 해독 내용과 연구 성과를 집약한 『불국사 석가탑유물 2-중수문서』가 발간되었다.

　'墨書之片'은 「寶篋印陀羅尼經」, 1024년의 「佛國寺無垢淨光塔重修記」, 1038년의 「佛國寺西石塔重修形止記」와 「佛國寺重修布施名公衆僧小名記」 등의 4종의 문서였는데 이 중 「佛國寺西石塔重修形止記」에는 해체 후 탑을 재조립하면서 이전의 사리장치와 함께 새로 조성해 납입한 사리장엄구에 "僧英漢亦銀鐘乙作成是△ … □鐘一 外鐘一盖具"로 구성된 '銀鐘'이

도 8. 석가탑 은제사리호와 소합(복제품)

도 9. 석가탑사리기은제외합

도 10-1. 석가탑사리기은제외합

도 10-2. 석가탑사리기은제합 밑면

있음을 언급하고 있다.[17]

이 기록은 사리공에서 함께 출토된 사리 장엄구 중, 고려시대 조성된 내, 외기로 추정되는 '銀鐘' 2개가 포함되어 있음을 전하고 있다. 현재 이 '銀鐘'에 대해서는 은제사리호와 은제소합(도 8)[18]으로 보기도 하고,[19] 은제사리 내, 외합(도 9, 10-1, 2)[20]으로 생각하는 견해가 있다.[21]

이중 은제사리 내합은 외합보다 유려한 선각을 보이고 내부의 어자문도 고식이며 그 문양도 통일신라시대 보상화문전에서 쉽게 찾을 수 있다(도 10-1, 10-2). 국립경주박물관에 소장된 보상화문전의 중앙 문양은 가운데

---

17 노명호·이승재, 「釋迦塔에서 나온 重修文書의 判讀 및 譯註」, 『중수문서』, 국립중앙박물관, 대한불교조계종, 2009, 77쪽의 번역문과 30쪽의 원문. 관련 원문은 "舍利安藏爲白乎矣前物不動爲(自확정) ××× 〈종이 부식으로 분리〉 □△是白乎矣寺依止僧英漢亦銀(鐘확정)乙作成是△△是白乎於爲乙議爲慶□　×××〈종이　부식으로 분리〉 □遷等乙以成是乎銀三兩五刀以作 □ □(內추정)鐘一外鐘一盖具△紅綾服子一"이다(□는 일부 획이 남아 있으나 판독이 어려운 글자, ×××는 몇 글자인지 알 수 없는 훼손된 부분, △는 완전한 글자이나 입력이 안 되는 글자임).
18 불교중앙박물관, 『불국사 석가탑 사리장엄구』, 2010, 50쪽 도 7.
19 노명호·이승재, 앞의 책, 2009, 77쪽 251항.
20 불교중앙박물관, 앞의 책, 2010, 39~44쪽 도 2와 도3.
21 한정호, 「〈佛國寺無垢淨光塔重修記〉와 小倉컬렉션 傳 경주 남산출토 사리장엄구」, 『미술사논단』 27, 2008, 56~59쪽에서는 은제사리내외합으로 보고 이를 고려시대 유물로 편년하였다.

도 11. 국립경주박물관소장 보상화문전
      문양

부분을 밑바닥으로 하여 합 모습
으로 둥글게 올리면 은제사리 내
합의 문양과 굵은 윤곽선이 동일
하다(도 11).[22] 여기서 문양이 시
문된 평면 차이를 감안해 연꽃잎
을 6개로 줄이고 꽃잎 내부를 어
자문으로 장식하며 연꽃잎 사이
에 표현된 3개의 꽃술을 여러 개
로 표현하면 석가탑 출토 은제사
리 내합의 문양이 된다.

이러한 보상화문은 먼저 당나
라에서 유행하였는데 신라에는 7
세기 중엽에 나타나기 시작하여 사천왕사, 보문사지에서 출토되는 가장자
리에 연주문이 있고 연꽃잎 사이에 꽃술이 표현되는 와당들은 9세기 초로
편년되며 이후 9세기 말인 보림사 보조선사창성탑의 연판에서는 완전히
변형된다고 한다.[23]

실재로 동일한 문양을 중국 당나라 유물인 西安 法門寺塔 지궁 출토 사
리장엄들에서도 찾아볼 수 있는데 鎏金鴻雁紋壺門座五環銀香爐의 기대 위
伏蓮(도 12), 鎏金圈足銀水碗의 구연부 仰蓮 등이 그것이다(도 13).[24] 법
문사탑은 당나라 고종 때부터 탑 안의 사리를 꺼내 봉양하고 다시 봉안하
는 불사리 봉안식을 7번 치른 것으로 유명한데 마지막 의식이 僖宗 함통

---

22 임영신, 「統一新羅時代의 瓦當과 塼에 나타난 宝相花紋의 硏究」, 동아대학교 교육
   대학원 석사학위논문, 1982, 39쪽 도 19와 52쪽 도 61. 동일 문양의 안압지 출토
   調露2년명(680) 쌍록보상화문전도 있다(진홍섭 등, 『한국미술사』, 문예출판사,
   2006, 도 368).
23 서경옥, 「보상화문 양식 변화 연구」, 이화여자대학교 석사학위논문, 1975, 78~79쪽.
24 文物出版社·光復書局企業股分有限公司編, 『佛門秘寶大唐遺珍』10-陝西扶風法門寺
   地宮, 文物出版社, 1994, 도 75.

도 12. 법문사지궁 출토 유금홍안문호문좌오환은향로 연판

도 13. 법문사지궁 출토 은수완 구연부 연판

도 14. 미륵사지서탑 금동제사리
외호, 639년

도 15. 부여 왕흥사지 출토
은제사리외호

15년(874)에 있었으므로 이들은 적어도 874년 이전에 조성된 것들이다.[25]

한편 2009년 1월 14일 해체 과정에서 발견된 익산 미륵사지서탑(639년) 사리장엄구 중 금동제사리외호와 금제사리내호(도 14)[26], 2007년 부여 왕흥사지 8차 발굴에서 나온 사리장엄구 중 은제사리외호(도 15)[27]의 형태가 실재 탑신에서 보이는 둥근 모습이 아니라, II장에서 서술한 漢代 '鍾'의 器形을 그대로 형상화하고 있다(도 6, 7).

이러한 형태의 사리기는 중국에서도 河北省 定縣 華塔유지 출토 銀製瓶(북위 481년), 陝西省 耀縣 新德寺止 출토 사리장엄구 중 유리병(隨 仁壽年間), 四川省 成都市 출토 사리장엄구 중 銀罐(唐代) 등이 있으며 이들은 瓶, 罐, 壺로 분류되고 있다.[28]

陝西省 藍田縣 蔡拐村 法池寺止 출토 옥제 사리함(7세기 말~8세기 초) 4면에는 舍利迎賓圖, 分舍利圖, 舍利奉送圖, 舍利神異圖가 있는데 分舍利圖는 기다리고 있는 사람들에게 사리를 나누는 장면이다(도 16).[29] 이 중 分舍利圖에 사리를 담은 큰 항아리의 '鍾' 같은 모습, 414년에 쓰여진 『佛國記』에 북인도 나갈국 혜라성에 석가모니 정골을 봉안한 불정골정사에서 매일 새벽에 불정골을 꺼내어 고좌 위에 모시고 '琉璃鍾'으로 덮은 다음 국왕이 참배하였다는 기록,[30] 북위시대 대표적 불탑인 永寧寺九層木塔

---

25 文物出版社·光復書局企業股分有限公司編, 1994, 위의 책, 95~136쪽. 웨난·상청 융지음 심규호·유소영 옮김, 『법문사의 불지사리』1, 일빛, 1990, 183~199쪽.

26 국립문화재연구소 건축문화재연구실기획, 『백제 불교문화의 보고 미륵사』 브로서, 2009, 8쪽 도판.

27 국립부여문화재연구소, 『왕흥사 III-목탑지 금당지발굴보고서』 도판편, 2010, 8쪽 도판 9.

28 주경미, 「중국 고대 불사리장엄 연구」, 서울대 고고미술사학과 박사학위논문, 2002, 57, 94, 145~146쪽.

29 조윤재, 「고대 한국의 鳥羽冠과 실크로드」, 『실크로드와 한국불교문화』, 고려대 한국사연구소와 고려대 BK21 한국교육사학연구단, 2012. 10. 12-13, 111~113쪽. 주경미, 앞 학위논문, 2002. 2, 95~98쪽과 도 V 22, 23.

30 法顯, 「法顯傳」, 『大正新修大藏經』, 권 51, no. 2085, 858쪽(이수정, 「조선전기 승

도 16. 남전현 사리석함 분사리 장면

도 17. 피프라하와 대탑 출토
사리기

도 18. 마우리아왕조시대 사리기

(516-517년) 금찰 위에 25斛(250말)을 담을 수 있는 金寶瓶이 있었고 큰
바람이 불어 떨어져 한 길 남짓 깊이로 땅이 파이고 다시 주조하였다는
기록,[31] 석존의 입적 후 카필라바스투의 사카족이 그 한 부분을 가져 가
스투파를 세웠는데 카필라바스투 유적의 유력한 후보로 거론되는 피푸라
하와의 대 스투파 유적에서 발견된 사리 용기(도 17),[32] 마우리아 왕조(기

탑 연구」, 동국대 미술사학과 석사학위논문, 2009, 72~73쪽 재인용).
31 楊衒之 撰 / 林東錫 譯註, 『洛陽伽藍記』, 동서문화사, 2009, 85·95쪽.

원전 317~180년) 시대의 목제 사리기(도 18) 등을 고려해 볼 때,[33] '鍾'의 명칭은 이러한 사리기와 탑의 모습에서 비롯된 것으로 생각되며 이들의 배부른 형태가 복발과 동일한 개념으로 이해되고 차용되었음을 알 수 있다.

이러한 점들을 고려할 때 「佛國寺西石塔重修形止記」 기록의 '鐘'은 '鍾' 과 같은 의미로 쓰였다고 생각되며 그렇다면 출토된 석가탑 사리 장엄구 중, 통일신라시대의 양식적 특징이 보이는 은제사리내, 외합(도 9, 10-1, 10-2)보다 '鍾'의 모습에 부합하는 은제사리호와 은제소합이 해당 유물일 수도 있겠다(도 9). 출토 사리 장엄구에 대한 좀 더 신중한 고찰이 요구된 다 하겠다.

IV. 南陽 慧忠의 無縫塔과 정토사 홍법국사실상탑

불탑의 覆鉢 즉 鍾의 형태가 당나라시기에 이르러 새로운 모습과 상징 을 더하게 되었음은 정토사 홍법국사실상탑의 조성 배경을 통해서 드러난 다.

南陽 慧忠국사(?~775)는 靑原行思, 南嶽懷讓, 荷澤神會, 永嘉玄覺과 더 불어 육조혜능의 제자로 스승에게 인가를 받은 후, 河南省 白崖山 堂子谷 에 香嚴寺를 창건하고 40년 동안 하산하지 않다가 숙종의 간곡한 청으로 국사가 되었다.

물, 숲과 같은 삼라만상이 설법한다는 무정설법을 선사로서 처음 주창 하고 南岳 慧思를 사모하였으며 혜능의 제자이면서도 경전을 중시하였다. 또한 97종의 圓相을 개발, 활용하여 제자들을 가르쳤는데 이것이 南嶽懷

---

32 中村元 著 / 金知 見譯, 『佛陀의 世界』, 김영사, 1984, 121쪽과 도판 2-10.
33 마릴리아 알바네스 저 / 이명혜 역, 『고대인도』, 생각의 나무, 2003, 30~31쪽과 도 판 30.

讓(677~744)-馬祖道一(709~788)-백장회해(720~814)-潙山靈祐(771~853)를 계승한 위앙종 仰山慧寂(807~883)에게 전해져 앙산 문풍의 특징이 되기도 하였다.[34]

그는 입적을 예감하고 숙종의 뒤를 이은 대종에게 이별을 고하고 無縫塔을 만들어 줄 것을 청했다. 송대 圜悟克勤(1063~1135)의 『벽암록』 18則,[35] 고려 말 慧諶(1178~1234)·覺雲의 『禪門拈頌拈頌說話會本』 4권 146則,[36] 本則에는 慧忠국사의 '無縫塔'에 대한 화두가 있는데 그 내용은 다음과 같다.

와서 숙종황제가 혜충국사에게 묻기를 '돌아간 뒤에 필요한 것은 무엇입니까?' 국사가 말하기를 '老僧에게 무봉탑을 만들어 주십시오.' 황제가 말하기를 '국사에게 탑 모양을 묻습니다.' 국사가 한참 있다 말하기를 '아셨습니까?' 황제가 '모르겠습니다.' 국사가 말하기를 '나에게 付法 제자 耽源이 있어 이 일을 알 것이니 그를 불러 물어보십시오.' 국사가 돌아간 후 황제가 탐원을 불러 그 뜻이 무엇인지 물어 보니 탐원이 '湘의 남쪽 潭의 북쪽 그 중에 황금이 있어 一國을 채운다. 그림자 없는 나무 아래 같은 배를 탔으나 유리 대궐에는 아는 이 없어라'라고 云하였다.[37]

---

34 『祖堂集』 3권 慧忠國師傳(김월운, 앞의 책, (2008 개정판, 213~237쪽). 『宋高僧傳』, 『佛祖統紀』, 『佛祖歷代通載』, 『釋氏稽古略』의 慧忠傳(학담 평창, 『남양혜충선사어록』, 큰수레, 2007, 19~54쪽 재인용).

35 圜悟克勤 저 / 안동림 역, 『碧巖錄』, 현암사, 2011(11쇄), 140~144쪽.

36 혜심 각운 지음 / 김월운 옮김, 『선문염송·염송설화』 2, 동국역경원, 2005, 144~159쪽.

37 圜悟克勤 저 / 안동림 역, 앞의 책, 2011(11쇄), 140~144쪽과 혜심 각운 지음 / 김월운 옮김, 앞의 책, 2005, 144~159쪽의 本則 원문과 번역문 참조. 원문 "擧 肅宗皇帝 問忠國師 百年後 所須何物 國師云 與老僧 作箇無縫塔 帝曰 請師塔樣 國師良久云 會麼 帝云不會 國師云 吾付法弟子耽源 却諳此事 請詔問之 國師遷化後 帝詔耽源 問此意如何 源云 湘之南 潭之北 中有黃金充一國 無影樹下合同船 琉璃殿上無知識"

도 19. 호북성 황매현 중생석탑, 당초창건 송대중수

무봉탑은 꿰맨 자국이 없는 둥근 형태를 의미한다.[38] 그러나 그의 탑은 민국 때 건물을 지으면서 허물어지고 탑의 지궁 터만 남았으며 현재는 관리소 직원들이 침실로 사용하는 건물이 그 위에 세워져 있다.[39]

현재 중국에 전하는 무봉탑은 당나라 초기에 조성되었으나 宋代인 1099년에 중수된 호북성 황매현 破額山 魯班亭 內 衆生石塔(도 19), 운남성 大姚縣城의 탑, 절강성 雁蕩山의 "宋□□年造"의 명문이 탑에 새겨진 송탑 등을 비롯한 몇몇 例들이 卵塔의 모습으로 남아 있다(도 20).[40]

한편 卵塔의 모양을 한 정토사 홍법국사실상탑의 주인공인 홍법국사는 동일 寺址에 태조 2년(943)의 塔碑를 남긴 法鏡대사 玄暉(879~941)의 제자로 그의 뒤를 이어 정토사에 주석하였다(도 21). 이곳 주민들은 이들의

---

38 혜심 각운 지음 / 김월운 옮김, 위의 책, 2005, 154쪽.

39 이은윤, 『밥그릇이나 씻어라』 중국선불교답사기 1-하남 하북성편, 자작나무, 1997, 350쪽.

40 張馭寰, 『中國佛塔史』, 科學出版社, 2006, 125~126쪽 ; 孫波 林鐸主編 羅哲文撰文, 『中國古塔』, 華藝出版社, 1990, 81쪽.

卵形 부도를 큰 알독, 작은 알독
으로 불렀다고 한다.[41] 현재 이
부도들은 寺址에 남아 있지 않고
法鏡大師慈燈塔碑만 부근에 옮겨
져 있다.

법경대사는 그의 慈燈塔碑文에
따르면 성주산문을 연 무염[42]의
제자인 심광대사, 중국의 석상경
저(807~888)의 제자인 道乾에게
배우고 계합하였다.[43] 중국 천태
산의 異蹟을 앙모하여 천태조사
의 탑에 참배하고 호남의 여러
선사들을 친견하였으며, 북으로
燕과 蜀 등 여러 곳을 둘러보고
귀국하자 태조가 충주 정토사에
머물 것을 청하여 여기서 선법을
펼쳤다고 한다.

이외 그의 비문 중 주목되는
것은 그가 중국에 가기 전 세상
이 어지러워 이를 피해 남쪽으로

도 20. 절강성 안탕산 무봉탑, 송대

도 21. 정토사홍법국사실상탑 전경

향할 때 도적을 만나 목숨이 위태로웠음에도 이들을 교화한 사실이 남양
혜충국사의 경우와 동일하다는 언급, 남양 혜충국사가 왕의 신임을 받다
가 입적 전에 왕을 만나 문답을 주고받고 무봉탑 조성을 부탁한 내용을

41 鄭永鎬, 앞 보고서, 1984, 80~81쪽.

42 최병현, 「신라하대 선종구산파의 성립」, 『한국불교선문의 형성사연구』, 민족사, 1992
　　(3쇄), 44쪽. 뒤 도표에 의하면 무염은 마곡 보철의 제자이다.

43 석상경저는 육조혜능의 제자 청원행사-석두희천-약산유엄-도오원지-석상경저로 이
　　어진다.

염두에 둔 듯, 입적 전 노구를 이끌고 왕을 찾아 불법의 흥왕 만을 부탁하고 다른 청을 하지 않았다고 한 부분이다. 그리고 남양 혜충국사가 천태종의 시조인 혜사를 존경하였듯이 그도 천태산의 조사를 사모하여 그 탑을 참배하고 있음도 그의 남양 혜충국사에 대한 관심을 전해주는 부분이다.[44]

실재로 마조도일과 남양 혜충국사 제자인 探源應眞과의 '馬祖捏目' 화두,[45] 마조와 참문선승과의 '馬祖一圓相' 화두,[46] 馬祖道一의 제자들인 南泉普願, 歸宗智常, 麻谷寶徹(무염의 스승)이 남양 혜충국사를 참문하기 위해 가다가 圓相으로 서로 시험을 해 보고 갈 필요가 없다고 여겨 그만 두었다는 '南泉一圓相' 화두 등이 전해지고 있어 육조 제자들 간에 남양 혜충국사의 圓相이 자주 이용되고 있음을 알 수 있다.[47]

---

44 최언위 찬, 「충주 정토사 법경대사 자등탑비문」(李智冠, 『역대 고승비문-고려편 1』, 가산문고, 1994, 207~248쪽) 관련 원문 "…尋山陟嶺東去獲投靈覺山寺 謁深光大師 傾盖如新 欣然自得 追念東山之法 實謂得人 倍切歡娛 寧知昏旭 闡揚吾道 不在他人 所以仰惟祖宗 仍是崇嚴之子 猶認先系 亦爲麻谷之孫也 足見聖道 所傳曹溪爲祖 代代相契 至于大師 所以來自江西 波於海左海隅 聖住 天下無雙 於是 許其探玄…乾寧五年 受具□伽倻山寺 旣而戒珠更淨 油盆彌堅…不久往於彼處 謂云何以棲遲者焉居 無何 忽遇綠林 潛侵玄室 便爲御剝 俱煞同行訖 次至大師 大師臨□刃□神色怙□ 志靑雲而目光塋爾 唯無悚懼 自若從容 魁首觀其風度怡怡 語聲切切 投劒羅拜 請師事焉 至於豺狼革心 寇賊知禮 譬如玄裝三藏 抛西域之爲牲 慧忠大師 免南陽之遇禍 夫先聖之遭難也 如彼 … 天祐三年 獨行沿海 尋遇乘槎之者 請以俱西 以此寓載凌洋 達于彼岸 邐迤西上 行道遲遲 路出東陽 經過彭澤 遂至九峯山下 虔謁道乾大師…所以 天台仰異 地境觀風 嶺外擔登 虔禮祖師之塔 湖南負笈 遠投禪伯之居 其後況復 北抵幽燕西臻邛蜀 或假途諸道…大師謂大衆曰 曾修香火之因 於大王殿下 永言咐囑 虔託王臣 所以老僧 忍病趨風 貪程就日 冀於一訣 不在它求 以此卽到上都 親申誠懇…臨終之際 奉表告辭云 老僧不遂素懷 永辭聖代矣 上乃披覽 皇情悼焉 乃贈諡曰 法鏡大師 塔名慈燈之塔 則知尊師之道 焯然…"
45 혜심 각운 지음 / 김월운 옮김, 『선문염송·염송설화』 2, 동국역경원, 2005, 291~292쪽.
46 혜심 각운 지음 / 김월운 옮김, 앞의 책, 2005, 259~261쪽.
47 圓悟克勤 저 / 안동림 역, 『碧巖錄』, 현암사, 2011(11쇄), 359~363쪽.

선종에 있어서 圓相과 無縫塔은 절대세계, 진여불성, 본체자성을 상징한다. 이로써 중국은 8세기경에 자국의 사상적 발달을 반영하는 인도의 둥근 봉분 형태의 불탑에 새로운 의미를 더한 형태적으로 좀 더 둥근 모습의 승탑을 창안해 내게 되었다. '鍾'의 의미적, 형태적 확장이 이루어진 것이다.

현재 淨土寺 法鏡大師慈燈塔은 일제강점기에 반출되어 남아 있지 않다. 다만 그의 뒤를 이은 홍법국사 탑이 국립박물관에 남아 있는데 스승의 비문에서 보이는 남양 혜충국사의 무봉탑 모습을 하고 있어 홍법국사 탑의 조성 배경에 대한 실마리를 전해 준다. 홍법국사는 잠시 중국의 절강성과 복건성을 다녀왔으므로,[48] 스승의 가르침과 함께 무봉탑에 대한 실제 견문도 이루어졌을 가능성도 있다고 생각된다.[49]

이러한 탑류는 중국 절강성 천동사 7탑, 절강성 천태산 국청사 7탑, 산동성 제남시 장청현 영암사 탑림, 복건성 천주시 개원사탑[50] 등 당나라에서 청나라까지 이어지며 나타나고 있어 당나라 이후 시대를 이어 계승 발전 되었던 것으로 보인다.

우리나라에서도 고려 전기 작으로 추정되는 불국사 사리탑, 희종 6년(1210) 열반하여 희종이 시호를 내리고 강종 2년(1213)에 비와 함께 세워

---

48 孫夢周 撰,「정토사홍법국사실상탑」,『서울금석문대관』, 서울특별시, 1987, 89~98쪽.

49 한국미술사학회 제 185회(2012. 9. 22) 월례연구발표회에서 발표한「정토사 홍법국사실상탑의 기원과 의미」에서는 이상의 내용을 더욱 심화시켜 보았다. 즉 2012년 5월 12일에 있었던 본 발표 내용에는 없었던 둥근 중대석이 기단부에 나타나는 이유, 남양혜충의 천태선과 경전을 중시하는 것은 동산종 즉 북종선의 경향이라는 점, 이러한 남양혜충의 성향이 마조도일 계인 위앙종에도 계승되는 등 그의 선종사에서의 영향력, 남양혜충 국사의 탑 모양이 실재로 둥굴었다는 기록 제시, 이러한 탑신 모양이 원래 복발형 스투파에서 기인되나 선승들의 부도에서는 여래장사상에 의한 본체자성, 진여를 의미함 등을 밝혔다.

50 조봉진, 앞의 논문, 1991 ; 孫波 林鐸主 編 / 羅哲文 撰文, 앞의 책, 1990, 128~129쪽.

도 22. 송광사보조국사감로탑

진 순천 조계산보조국사감로탑(도 22)이 球形의 '鍾' 형태를 잇고 있다.[51] 이후 고려말 조선초에 계단의 석종과 球形의 부도 조성이 유행하게 되고 이후 확산되고 있다.[52]

麗末鮮初에 이러한 일명 '鍾' 형태의 석종과 구형부도가 유행한 것은 한국 불교계에 있어서 지눌의 위상,[53] 그리고 麗末鮮初의 나옹, 보우, 경한 선사들이 중국에서 공부하여 인가 받은 것이 아니라 自國에서 이룬 수행을 검증받기 위해 중국을 방문하고 있다는 점을[54] 고려하면 새로운 임제종이나 라마불교 미술 등 중국적 영향도 물론 있었겠지만 기본적으로 우리의 전통에서 비롯된 이해가 밑받침되었을 것으로 생각한다.

---

51 보조국사 감로탑은 원래부터 현 위치에 있었으나 이후 6번에 걸쳐 다른 곳으로 옮겨 다니다가 1926년 원래 장소에 해체 복원되었다 한다. 당시 탑 안에서 분청자사리호가 출토되었으나 다시 봉안하였다 한다(성춘경, 「불일보조국사 감로탑에 대한 재검토」, 『불일회보』 229, 송광사, 2000, 20~21쪽 ; 한성욱, 「순천 조계산 송광사 자정국사, 고봉화상 사리기」, 『불교고고학』 5, 2005, 107~128쪽).
52 보조국사감로탑과 고려말 조선초의 구형부도는 각각 중국에 새롭게 전래된 문화적 교류에서 기인된 측면이 크다. 그러나 기본적 의미는 시대를 이어 계승된다. 이에 대해서는 각 논문에서 상세히 밝히고자 한다.
53 심재룡, 『지눌연구』, 서울대학교출판부, 2004, 143~297쪽.
54 종호, 『임제선 연구』, 경서원, 2001(2쇄), 545~581쪽.

V. 회암사지 부도탑의 조성 연대와 의의

경사진 대지 위에 조성된 회암사지는 8개의 단으로 이루어져 있으며 회암사지 부도탑은 절 터 동북쪽 8단 위에 한 단 높게 위치하고 있다. 회암사지는 7단 지역부터 다년 간 내리 덮고 있는 북쪽 산의 흙으로 유적이 일부 매몰되어 있었는데 이 부도탑도 땅에 묻혀 있던 것을 1945년 해방 직후에 발굴하여 다시 세웠다고 한다.[55]

회암사는 고려 말에 나옹에 의해 크게 중창된 이후 세종, 세조, 성종 대에 중수되었다.[56] 이 사리탑은 높이가 6m로 형식은 여러 개의 장대석으로 8각

도 23. 회암사지부도탑

의 지대석을 만들고 2중의 기단을 놓았으며 기단 상부에는 3중의 받침 위에 球形의 탑신석을 두고 다시 그 위로 옥개석과 상륜부를 조성하였다(도 23). 이 탑은 연대가 확실한 조선 왕실의 능침 조각과 비교해 볼 때 예종 대 이전인 15세기 이전의 조성으로 판단된다.[57]

---

55 최성봉, 「회암사지의 연혁과 그 사지 조사-가람 배치를 중심으로」, 『불교학보』 9, 동국대학교 불교문화연구원, 1972, 182~185쪽.

56 세종실록 16년 4월, 18년 6월조. 세조실록 8년 4월조. 예종실록 1년 5월조. 김수온, 「회암사중창기」, 『식우집』 권2(진홍섭, 『한국미술사자료집성』 3, 일지사, 1991, 122~124쪽 재인용).

57 최완수(1988), 앞의 논문 ; 조봉진(1991), 앞의 학위논문 ; 엄기표(2003), 앞의 책과 「회암사지의 석조부도와 탑비에 대한 고찰」, 『문화사학』21, 2004. 6월, 790~796쪽 등에서는 1464년 조성으로, 소재구(2003), 앞의 논문에서는 15세기 경 ; 강병희(2002), 앞의 논문에서는 15세기 이전으로, 전미숙(2011), 앞의 논문에서

한편 「圓覺寺碑銘」, 『세조실록』 10년 5월 甲寅日條, 「興天寺新鑄鍾銘」에 보이는 효령대군의 회암사 불사 기록 중 회암사 불탑과 관련한 내용을 살펴보면 아래와 같다.

주상전하 재위 삼십년 갑신에(1464년) … 효령대군 보가 회암 동쪽 기슭에 석종형 탑을 세워 석가사리를 모시고 원각경을 講하니 그날 저녁에 여래가 공중에 나타나고 신승이 단상을 마음대로 걷고 서기가 널리 퍼지고 빛이 저절로 빛나고 단 샘물이 널리 흡족하고 사리 800여립의 분신 등의 영험이 있어 신령스러움을 갖추어 세조에게 알리고 사리를 받치자 왕과 왕비가 이를 듣고 함원전에서 정례하자 또 사리 400여립이 분신하였다. … 이를 기념하기 위해 흥복사 터에 원각사를 세우게 되었다.[58]

이를 근거로 일찍부터 회암사지 부도탑을 1464년 효령대군이 조성한 것으로 보았으나,[59] 전통적인 승탑의 형태를 계승한 것으로 보아 세조의 비인 정희왕후의 중창불사가 이루어진 성종 3년(1472)에 주지로 있었던 處安의 부도로 보기도 한다.[60] 두 가지 견해는 『회암사지발굴보고서』에도

는 조선 초기로 편년하고 있다.

58 김수온, 「大明朝鮮國圓覺寺碑銘」, 『拭疣集』(진홍섭, 앞의 책, 1991, 90~93쪽 원문). 원문 내용 "襲惟我主上殿下在位三十年甲申 … 是年夏四月庚戌 孝寧大君 補 於檜菴東岡竪石鍾 唐釋迦舍利 仍說法會 講圓覺經 是夕 如來現相空中 神僧徑行壇 上 瑞氣彌布 放光照耀 甘泉普洽 舍利分身八百餘粒 五月甲寅 補具靈跡奉舍利以聞 殿下與王妃 頂禮于含元殿 舍利又分身四百餘粒 … 遇此希有 宜重營興福舊刹 名之 圓覺" 이에 앞서 세조 7년 夏五月 壬子, 丙辰, 丁巳일에 걸쳐 분신사리 異蹟이 3회 있어 세조가 능엄경을 친히 번역하고 불상을 조성하여 사리와 함께 흥천사에 모시고 흥천사종을 주조하였다.

59 최완수, 앞의 논문, 50~100 합본집, 1967, 343~345쪽. 이후 강병희(2002), 앞의 논문, 257~262쪽에서 위의 기록과 함께 광해군 11년(1619)에 중국에서 가져 온 석가모니 사리를 봉안한 봉인사 부도암 석가사리탑(1620년 조성)이 동일한 유형임을 근거로 역시 1464년 조성의 진신사리탑임을 다시 언급하였다.

60 소재구, 「회암사지의 석조유물」, 『고려말 조선전기의 불교문화와 회암사』, 기전문화재연구원·경기도박물관, 2003, 121~123쪽.

함께 소개되어 있다.[61]

한편 II장에서 묘향산 용주봉 진신사리탑과 휴정대사가 쓴 진신사리탑 비문을 살펴보았듯이 계단의 석종뿐만 아니라 球形 浮屠, 심지어 초기 복분형 불탑도 '鍾'으로 인식하고 있음을 알 수 있었다. 이를 참조하면 위 기사에 등장하는 석종형 탑은 구형 부도나 계단의 석종 모습임을 짐작할 수 있으며 그렇다면 효령대군이 寺址 동쪽에 세운 불탑은 양식상, 형태상 회암사지 부도탑과 일치한다. 결국 용주봉 진신사리탑과 조성 비문을 통하여 회암사지 부도탑은 부도가 아니며 세조 10년(1464)에 조성된 진신사리탑임을 재확인할 수 있다.

이로써 회암사지 부도탑은 이후 萬曆 31년(1603)에 세워진 용주봉 진신사리탑을 비롯하여 1620년의 봉인사 부도암 세존사리탑, 1692년의 낙산사 공중사리탑, 1724년의 건봉사 세존사리탑, 법주사세존사리탑들의 시원 양식으로서 새롭게 자리매김 할 수 있을 것이다.[62]

VI. 맺음말

묘향산 보현사 대웅전 뒤로 용주봉이 있고 그 곳에는 석가모니 진신 사리탑이 있다. 이 사리탑은 원래 묘향산 내원암 지구에 있었으나 1915년경 대홍수로 밑으로 떠내려 왔던 것을 1930년경에 용주봉으로 옮겨 세웠다고 한다. 이 탑은 8각 2단의 층단 위에 8각 4층 중층 누각식 탑신이 놓이고 그 위에 기단과 연화 받침이 있는 球形 浮屠가 올려진 모습으로 휴정대사가 지은 진신사리 塔碑에 탑의 조성 배경, 시기, 조성자 등 관련 자료가

---

61 경기도박물관·기전문화연구원, 『회암사』II 본문, 2003, 100~102쪽.
62 회암사지 부도탑은 강병희, 「양주 회암사지 부도탑」, 『회암사지 부도탑』 회암사지 박물관 연구총서 I, 회암사지박물관, 2013에서 구체적인 양식적 비교와 기원 등을 자세히 다루었다.

밝혀져 있다. 용주봉 사리탑과 탑비문의 내용은 아래와 같은 새로운 미술사적 시각을 제시해 준다.

첫째, 초기 인도의 복분형 불탑, 계단의 석종, 구형부도 등이 모두 '鍾'으로 표현될 수 있다. '鍾'은 원래 鐘과 다른 뜻으로 봉긋한 풀섶, 술을 담아 두는 '鍾'의 기형, 손잡이 없는 술잔 등의 둥근 형태를 의미하며 이는 원래 초기 불탑의 형태와 동일한 모습이다. 한편 '鐘'이 불탑의 모습으로 차용되는 것은 도선의 『戒壇圖經』에서 언급되듯이 계단에서 계를 받을 때 울렸던 鐘臺의 故事에서 비롯된 것으로 추정되기도 한다.

둘째, 「佛國寺西石塔重修形止記」 기록에 보이는 '鐘'과 '鍾'은 이 시기 같이 쓰이고 있으며 석가탑 출토 사리 장엄구 중 은제사리 내호의 문양이 당나라 법문사 지궁출토 금속 사리기들과 통일신라시대 보상화문전의 모습을 그대로 닮고 있어 통일신라시대 양식이라 생각된다. 또한 익산 미륵사지서탑 사리장엄구 중 금동제사리 외호와 금제사리 내호, 부여 왕흥사지 사리장엄구 중 은제사리 외호가 II장에서 서술한 漢代 '鍾'의 器形을 그대로 형상화하고 있어 '鍾'에 해당하는 고려시대 유물은 은제 사리호와 은제 소합일 가능성도 있다. 출토 사리장엄구에 대한 신중한 연구가 요구된다.

셋째, '鍾'이라 불리는 옛 복발형 불탑은 중국 선종의 발달과 함께 8세기에 진여, 불성, 자성 등의 의미를 상징하는 圓相과 無縫塔의 의미를 더한 승려 탑으로 확장되어 나타나게 되고 이에 따라 형태도 좀 더 둥근 모습으로 조성된다. 이러한 변화의 근원은 남양 혜충국사로 부터 기인하며 정토사 법경대사탑 비문의 내용을 통해 볼 때 그의 탑과 제자인 정토사 홍법국사실상탑의 卵塔 형상도 여기에서 비롯한 것임을 알 수 있다. 이후 이러한 모습의 승탑과 불탑이 계승되다가 국내적, 국외적 연고에 따라 麗末鮮初에 다시 유행하게 된다.

넷째, 용주봉 진신사리 탑비에 구형부도와 계단형 석종이 모두 '鍾'으로 표현됨으로 세조 10년(1464) 5월 효령대군이 회암사 동쪽에 조성한 석가모니 진신사리 탑은 양식과 형태상 현재 8단 위 동북쪽에 있는 회암사지 부도임을 재확인할 수 있다. 이로써 이 탑은 이후 조성되는 球形 세존사리 탑의 시원 양식으로서 그 가치가 주목된다 하겠다.

참고문헌

사료

『宋高僧傳』.
『祖堂集』.
『洛陽伽藍記』.
『大正新修大藏經』.
『拭疣集』.
『朝鮮寺刹史料』, 豊島:國書刊行會, 영인본, 1971.
『淸虛堂文集』 淸虛集 補遺篇.

보고서 · 도록 · 사전

경기도박물관 · 기전문화연구원, 『회암사』II 본문, 2003.
국립부여문화재연구소, 『왕흥사 III-목탑지 금당지발굴보고서』 도판편, 2010.
국가관광총국, 『묘향산의 보현사』.
국립중앙박물관편, 『樂浪』, 2001.
文物出版社 · 光復書局企業股分有限公司編, 『佛門秘寶大唐遺珍』10-陝西扶風法
　　　門寺地宮, 文物出版社, 1994.
불교중앙박물관, 『불국사 석가탑 사리장엄구』, 2010.
고려대학교 민족문화연구소, 『현대중한사전』, 창작마을, 2002(혁신판).
諸橋轍次, 『大漢和辭典』 11, 大修館書店, 1968(2쇄).

단행본

김광식 편, 『금강산 건봉사의 역사와 문화』, 인북스, 2011.
마릴리아 알바네스 저 / 이명혜 역, 『고대인도』, 생각의 나무, 2003.
서울특별시, 『서울금석문대관』, 1987.
孫波 林鐸主 編 / 羅哲文 撰文, 『中國古塔』, 華藝出版社, 1990.
심재룡, 『지눌연구』, 서울대학교출판부, 2004.
엄기표, 『신라와 고려시대 석조부도』, 학연문화사, 2003.
圜悟克勤 저 / 안동림 역, 『碧巖錄』, 현암사, 2011(11쇄).
웨난 · 상청융 지음 / 심규호 · 유소영 옮김, 『법문사의 불지사리』1, 일빛, 1990.

이은윤, 『밥그릇이나 씻어라』 중국선불교답사기 1 – 하남 하북성편, 자작나무, 1997.

李智冠 『역대 고승비문-고려편 1』, 가산문고, 1994.

張馭寰, 『中國佛塔史』, 科學出版社, 2006.

종호, 『임제선 연구』, 경서원, 2001(2쇄).

中村元 著 / 金知 見譯, 『佛陀의 世界』, 김영사, 1984.

진홍섭, 『한국미술사자료집성』 3, 일지사, 1991.

진홍섭 등, 『한국미술사』, 문예출판사, 2006.

鶴潭 평창, 『남양혜충선사어록』, 큰수레, 2007.

혜심 각운 지음 / 김월운 옮김, 『선문염송·염송설화』 2, 동국역경원, 2005.

논문

강병희, 「홍천사 사리전과 석탑에 관한 연구」, 『강좌미술사』 19, 한국미술사연구회, 2002.

노명호·이승재, 「釋迦塔에서 나온 重修文書의 判讀 및 譯註」, 『중수문서』, 국립중앙박물관·대한불교조계종, 2009.

노미경, 「고려후기 승탑 연구」, 영남대학교 미학미술사학과 석사학위논문, 2005.6.

박언곤·이재인·최효석, 「한국 불교사원의 계단과 계단도경의 비교 연구」, 『건축역사연구』 16권 2호, 2007.4.

서경옥, 「보상화문 양식 변화 연구」, 이화여자대학교 석사학위논문, 1975.

성춘경, 「불일보조국사 감로탑에 대한 재검토」, 『불일회보』 229, 송광사, 2000.

소재구, 「회암사지의 석조유물」, 『고려말 조선전기의 불교문화와 회암사』, 기전문화재연구원·경기도박물관, 2003.

______, 「신라하대와 고려시대 승탑 연구」, 한국정신문화연구원 한국학대학원 박사학위논문, 2003.

엄기표, 「회암사지의 석조부도와 탑비에 대한 고찰」, 『문화사학』 21, 2004.

여이숙, 「고려시대 계단형 승탑 연구」, 고려대학교 문화재협동과정 석사학위논문, 2007.

이수정, 「조선전기 승탑 연구」, 동국대학교 미술사학과 석사학위논문, 2009.

이재인, 「일본 계단 배치와 형제에 관한 연구」, 『대한건축학회논문집』 27권 5호, 2011.5.

임영신, 「統一新羅時代의 瓦當과 塼에 나타난 宝相花紋의 研究」, 동아대학교 교육대학원 석사학위논문, 1982.

장충식, 「석조계단고」, 『불교미술』 4, 동국대박물관, 1979.

전미숙, 「고려말~조선전기 구형부도 연구」, 『불교미술사학』 13, 2012.

______, 「고려말~조선전기 구형부도 연구」, 충북대학교 고고미술사학과 석사학위논문, 2011.

정은우, 「고려 후기 라마탑형 사리구 연구」, 『동악미술사학』 3, 동악미술사학회, 2002.

조봉진, 「朝鮮前期 球形浮屠의 始原에 관한 考察」, 서울대학교 고고미술사학과 석사학위논문, 1991.

조윤재, 「고대 한국의 鳥羽冠과 실크로드」, 『실크로드와 한국불교문화』, 고려대 한국사연구소와 고려대 BK21 한국교육사학연구단, 2012. 10.

주경미, 「중국 고대 불사리장엄 연구」, 서울대학교 박사학위논문, 2002.

______, 「원대 라마탑 양식이 한국 불교미술에 미친 영향」, 『미술사의 정립과 확산2-한국 및 동양미술』, 사회평론, 2006.

최병현, 「신라하대선종구산파의 성립」, 『한국불교선문의 형성사연구』, 민족사, 1992(3쇄).

최성봉, 「회암사지의 연혁과 그 사지 조사-가람 배치를 중심으로」, 『불교학보』 9, 동국대학교 불교문화연구원, 1972.

최완수, 「회암사지 사리탑의 건립연기」, 『고고미술』 8권 10호, 1967.

최효식 이재인, 「중국 북경 지역 계단 배치와 형제에 관한 연구」, 『대한건축학회논문집』 28권 10호, 2012.10.

한성욱, 「순천 조계산 송광사 자정국사, 고봉화상 사리기」, 『불교고고학』 5, 2005.

한정호, 「<佛國寺無垢淨光塔重修記>와 小倉컬렉션 傳 경주 남산출토 사리장엄구」, 『미술사논단』 27, 2008.

19세기의 사찰 벽화 연구

-북한과 남한의 일반회화를 중심으로-

최 경 현*

Ⅰ. 머리말

사찰의 여러 전각은 예배공간으로 불교 조각상을 안치하였을 뿐만 아니라 관련 尊像圖를 내외부 벽면에 그려 엄숙한 종교적 분위기를 연출하였다. 이러한 벽화는 불교를 통해 인간을 교화하고 신자로 적극 유도하기 위한 방편이었으며, 부처가 불법을 설파하던 시기에 건립된 祇園精舍에 최초로 그려졌다고 한다.[1] 따라서 예배공간의 벽면을 그림으로 장엄하는 것은 불교가 성립된 초기부터 시작되었다고 할 수 있다. 우리나라에서는 삼국시대부터 사찰 전각의 내외부 벽면에 敎化를 목적으로 한 불교 尊像圖가 그려졌고, 화훼도나 화조도처럼 장식성이 강한 일반회화는 벽면의 부속 공간을 장식하며 단청과 함께 전각의 위용을 배가시켰던 것으로 추정

※ 이 논문은 2012년 5월 12일 동북아불교미술연구소와 명지대학교 문화유산연구소 주최로 열린 북한의 문화유산 학술대회에서 발표했던 내용을 수정·보완하여『文化史學』38(한국문화사학회, 2012.12)에 게재한 것이다.

* 문화재청 문화재감정위원, 홍익대학교 겸임교수

1 김정희,『불화』, 돌베개, 2009, 25~28쪽.

된다. 따라서 기존의 사찰 벽화 연구는 佛畵인 존상도 위주로 전개되었으며, 19세기에 이르러 주요 벽면을 장엄한 일반회화에 대한 논의는 거의 이루어지지 않고 있다.[2] 그러므로 본고에서는 일반회화의 비중이 가장 높아진 19세기의 사찰 벽화를 중심으로 그림의 종류와 상징적 의미를 분석하고, 이를 토대로 일반회화가 적극 수용될 수밖에 없었던 시대적 배경이나 불교계의 상황을 알아보려고 한다.

먼저 19세기 이전의 사찰 벽화 양상은 북한의 자료가 거의 남아 있지 않기 때문에 남한 지역의 사찰을 중심으로 살펴본 다음, 19세기에 그려진 남한과 북한 지역의 사찰 벽화에 포함된 일반회화를 비교 분석하여 공통점이나 차이점을 구체적으로 파악해 보려고 한다.[3] 이러한 연구의 목적과 시도는 19세기의 사찰 벽화에서 일반회화의 비중이 커지고 종류가 다양해진 것이 당시 불교계의 어떠한 양상과 관련이 있는가를 밝히는 데 있다.

II. 19세기 이전의 사찰 벽화

우리나라에서 사찰 전각에 벽화가 그려진 것은 삼국시대로 거슬러 올라간다. 현재까지 알려진 관련 기록으로 가장 이른 예는 『三國遺事』 卷5 「仙

2 사찰 벽화에서 일반회화를 다룬 논문으로는 정병모, 「조선말기 불화와 민화의 관계」, 『講座 美術史』 20, 한국미술사연구소, 2003, 141~183쪽 ; 최경현, 「松廣寺 星壽殿의 花卉花鳥 벽화에 대한 고찰」, 『松廣寺 觀音殿 壁畵 保存處理 報告書』, 2003, 46~61쪽 ; 차미애, 「龍珠寺 大雄寶殿 內壁畵의 道釋人物畵」, 『한국의 사찰 벽화』 인천광역시 · 경기도 · 강원도, 2006, 266~283쪽 ; 최경현, 「관룡사 약사전의 화훼 화조화 벽화」, 『관룡사 약사전 보수공사 보고서』, 2009, 7~20쪽 ; 이용윤, 「朝鮮後期 寺刹에 건립된 耆老所 願堂에 관한 考察」, 『불교미술사학』 3, 불교미술사학회, 2005, 184~211쪽 등이다.
3 본 연구에서 다룬 남한과 북한 지역의 사찰 벽화는 문화재청 · 성보문화재연구원, 『한국의 사찰벽화』 6권(2006~2011)과 대한불교조계종 민족공동체추진본부 엮음, 『북한의 전통사찰』 10권(양사재, 2011)에 전적으로 의거하였음을 밝혀둔다.

桃山聖母隨喜佛事」에서 "진평왕(579~631 재위) 때 安興寺의 스님이 꿈에 선도산 신모로부터 금 10근을 받아 삼존불을 조성하고, 53佛·六類聖衆·諸天神·五岳神君을 벽화로 그린 다음 법회를 개최하라는 계시를 받았다."는 내용이다.[4] 이는 매우 단편적인 기록이지만 경주에 있던 삼국시대의 사찰에 불교 존상도가 벽화로 그려졌던 정황을 알려주는 것이라 할 수 있다. 또한 통일신라시대의 경덕왕(742~764 재위) 때 率居가 芬皇寺나 斷俗寺에 각각 관음보살상과 유마상을 그렸다거나 분황사의 북벽에 千手大悲觀音菩薩이 그려져 있었다는 기록,[5] 경명왕(917~923 재위) 때 靖和와 弘繼가 興輪寺에 보현보살도를 그렸다는 기록 등이 확인되고 있다.[6] 이러한 문헌자료들은 통일신라시대에 이르러 사찰 벽화로 불교 존상도가 보편화되었다는 사실을 뒷받침해준다. 하지만 솔거가 皇龍寺의 금당 벽면에

---

4 『三國遺事』卷5 感通 7 仙桃山聖母隨喜佛事 "眞平王朝 有比丘尼名智惠 多賢行 住安興寺 擬新修佛殿而力未也. 夢一女仙風儀婥約 珠翠飾鬘 來慰曰 我是仙桃山神母也 喜汝欲修佛殿 願施金十斤以助之 宜取金於予座下 粧點主尊三像 壁上繪五十三佛六類聖衆 及諸天神 五岳神君. 每春秋二季之十日 叢會善男善女 廣爲一切含靈 設占察法會以爲恒規. 惠乃驚覺 率徒往神祠座下 掘得黃金一百六十兩 克就乃功 皆依神母所諭 其事唯存 而法事廢矣." 박도화, 「韓國 佛教壁畵의 研究: 高麗時代를 중심으로」, 『佛教美術』6, 동국대학교박물관, 1981, 103쪽 재인용.

5 『三國史記』列傳 "(생략) 又慶州芬皇寺觀音菩薩像 晉州斷俗寺維摩像 皆其筆蹟 世傳爲神畵." 秦弘燮 編, 『韓國美術史資料集成』1 삼국시대-고려시대, 一志社, 1987, 343쪽 재인용. 『三國遺事』卷3 塔像 4 芬皇寺千手大悲·盲兒得眼 "景德王代 漢岐里女希明之兒 生五稔而忽盲. 一日 其女抱兒 詣芬皇寺左殿北壁畵千手大悲前 令兒作歌禱之 遂得明." 박도화, 위의 논문, 103쪽 재인용.

6 『三國遺事』卷3 塔像 4 興輪寺壁畵普賢 "第五十四景明王時 興輪寺南門及左右廊廡 災焚未修. 靖和弘繼二僧募緣將修 貞明七年辛巳五月十五日 帝釋降于寺之左經樓 留旬日 殿塔及草樹土石 皆發異香 五雲覆寺 南池魚龍喜躍跳擲 國人聚觀 嘆未曾有 玉帛梁稻施積丘山 工匠自來 不日成之 工既畢 天帝將還 二僧白曰 天若欲還宮 請圖寫聖容 至誠供養 以報天恩 亦乃因兹留影 永鎭下方焉. 帝曰 我之願力 不如彼普賢菩薩遍垂玄化 畵比菩薩像 虔設供養而不廢宜矣. 二僧奉教 敬畵普賢菩薩於壁間 至今猶存其像." 秦弘燮 編, 위의 책, 347쪽.

그린 老松圖를 새들이 보고 날아들었다는 기록은 비교적 이른 시기부터 일반회화가 사찰 벽화로 그려졌던 사실을 알려주는 것으로 주목된다.[7] 고려시대에는 불교를 국가에서 적극 후원하였기 때문에 많은 사찰 벽화가 조성되었다. 특히 문종(1046~1083 재위)이 1076년 겨울 崔思訓과 화공을 하남성 開封에 위치한 相國寺에 보내 벽화를 모사해 귀국하도록 한 것은 당시의 활발했던 벽화 제작 양상을 유추케 한다.[8] 하지만 현재는 경상북도 영주에 있는 浮石寺의 조사당 벽면에 1377년 그려진 사천왕상, 제석천, 범천과 1937년부터 1940년 사이에 충청남도 예산의 修德寺 대웅전을 해체 수리하면서 林泉이 옮겨 그린 蓮花唐草, 極樂鳥, 水生花 등 30여 점의 모사도만 남아 있다.[9] 이 가운데 水生花圖나 野生花圖는 장식성이 강하여 공양화로 기능하였던 것으로 유추되며 사찰 벽화로 화훼화가 그려졌던 사실을 알려주는 중요한 자료이다.

조선 초기에는 억불숭유정책으로 인해 왕실 관련 사찰의 佛事를 제외하고는 대부분 크게 위축되었다. 이는 1469년 윤2월 22일 崔安과 沈繪가 예종(1468~1469 재위)의 명령을 받들어 興天寺에 예불을 드리고, 세조의 후

---

7 『三國史記』 列傳 "率居新羅人 所出微故不記其族系生而善畫 嘗於黃龍寺壁畫老松 體幹鱗皴枝葉盤屈 烏鳶燕雀往往望之飛入 及到蹭蹬而落 勢久色暗 寺僧以丹青補之 烏雀不復至 (생략)." 秦弘燮 編, 앞의 책, 298쪽.

8 郭若虛, 『圖畫見聞誌』 卷6 高麗國, "丙辰冬復遣使崔思訓入貢 因將帶畫工數人奏請 模寫相國寺壁畫歸國 詔許之 於是盡模之持歸 其模畫人頗有精於工法者." 郭若虛, 박은화 옮김, 『圖畫見聞誌』, 시공사, 2005, 588~589쪽.

9 수덕사 대웅전의 벽체와 모사도는 현재 국립중앙박물관에 보관되어 있다. 이들 벽화는 1937년 벽체 분리 중에 발견된 "至大元年戊甲四月十七日立柱"라는 1308년 묵서명과 당시 林泉이 모사하면서 발견한 1528년(중종 23) 단청을 改彩했다는 기명에 의해, 1308년 대웅전 건립 때 그려진 벽화와 1528년 새로 단청을 하면서 일부 그림이 다시 그려진 것으로 판단된다. 하지만 1308년 그린 그림 위에 단순히 改彩만 한 것인지 아니면 새로 그린 것인지는 앞으로 적외선 촬영을 통해 규명되어야 할 과제이다. 문화재청·성보문화재연구원, 『한국의 사찰벽화』 충청남도·충청북도, 2007, 183~209쪽.

원으로 창건된 圓覺寺를 방문해 불상과 벽화 등을 보고 감탄하였다는 기록을 통해서도 확인된다.[10] 반면 연산군(1496~1506 재위)은 僧科를 폐지하였을 뿐만 아니라 원각사를 궁정 기녀가 머무는 妓館으로 만들어 버렸고, 중종(1506~1544 재위)은 경주에 있는 銅製佛像들을 녹여 무기를 제작케 하는 등 불교를 억압하는 분위기가 점차 확산되어 갔다.

하지만 임진왜란과 병자호란을 계기로 부흥의 기반을 마련한 불교계는 17세기 중반부터 사찰의 중창 또는 중건 사업이 전국적으로 활발하게 전개되었다. 이때 주요 벽면은 阿彌陀三尊圖 · 藥師三尊圖

도 1. 불교 존상도, 17세기 후반, 신흥사 대광전 내부 서벽, 경남 양산

· 八相圖 · 四天王圖 · 神衆圖 등의 존상도로 채워졌고, 부속 공간에는 여래도나 나한도 이외에 화훼도 · 화조도 · 산수도 · 사군자 등의 일반회화가 그려졌다. 현재 경상남도 양산에 있는 新興寺 大光殿의 내부 동벽에는 17세기 후반에 그려진 약사삼존도 · 아수라왕도를 중심으로 좌우 상단에 兜率來儀相과 踰城出家相의 팔상도가 있고, 서벽에는 아미타삼존도 · 육대보살도 · 사천왕도를 중심으로 좌우 상단에 雪山修道相과 雙林涅槃相의 팔상

---

10 『睿宗實錄』 卷4, 1年(1469) 閏2月22日 "崔安等往興天寺, 掛皇帝皇后所送幡, 安及沈澮又各懸私幡, 燒香禮佛. 又往圓覺寺亦如之. 周覽佛像 · 幡蓋 · 壁畵及海藏殿, 嘆曰太好. 繪曰制度極精巧, 天下難得. 住持僧請入西室, 行茶禮, 仍饋飯, 竝饋頭目等于禪堂. 命都承旨權瑊往慰."

도 2. 산수도, 17세기 후반,
율곡사 대웅전 내벽,
경남 산청

도가 배치되어 있다(도 1). 불단의 후불벽에는 18세기 초에 그려진 관음삼존도가 있고, 동서남북의 내목도리 윗벽과 포벽에는 19세기 초의 여래도가 남아 있다. 외벽의 경우 남벽 포벽에는 18세기에 그려진 화조도·화훼도, 동벽에는 19세기 초의 奏樂飛天圖·龍女騎龍圖·童子飛鶴圖, 서벽에는 19세기 초의 奏樂飛天圖·騎象普賢童子圖·騎獅文殊童子圖가 남아 있다.[11] 이처럼 후보된 시점이 다른 것은 외벽의 위치에 따라 비바람에 의해 훼손된 벽화의 상태가 다르기 때문이다. 하지만 17세기 후반에 그려진 사찰 벽화의 원형을 유추할 수 있다는 점에서 중요한 의미를 지닌다고 할 수 있다.

이밖에 경상북도 울진에 있는 佛影寺 應眞殿[12]과 경상북도 청도의 大悲寺 대웅전[13]에도 포벽, 대량, 천장의 부속 공간에 각각 17세기에 그려진 여래도·운룡도·주악비천도가 남아 있는 것으로 보아 신흥사 대광전처럼

11 신흥사 대광전은 1657년 중창된 이후의 연혁은 알려지지 않았지만 1801년 중수되었고, 내부의 벽화는 후보된 것으로 보인다. 문화재청·성보문화재연구원, 『한국의 사찰벽화』 경상남도 1, 2008, 29~79쪽.

12 불영사의 응진전은 1984년 해체 보수 때 상량문이 발견되어 1578년 靈山殿으로 건립된 것이 확인되었다. 정면 3칸, 옆면 2칸 규모의 多包系 맞배지붕 목조건축물로 栱包가 건물의 측면까지 돌려진 것이 특징이다. 내부에는 17세기에 그려진 벽화들이 남아 있다. 문화재청·성보문화재연구원, 『한국의 사찰벽화』 대구광역시·경상북도 1, 2010, 380~382쪽.

13 대비사 대웅전은 정면 3칸, 옆면 3칸의 多包系 맞배지붕 건물이며, 栱包는 임진왜란 이전의 다포양식으로 고졸한 품격을 보여준다. 건물 내부에 있는 후불도가 1695년(康熙 34) 제작된 것으로 보아 그 이전에 건립된 것으로 판단된다. 문화재청·성보문화재연구원, 위의 책, 2010, 396~399쪽.

도 3. 호계삼소도, 18세기 후반, 용주사 대웅보전 내벽, 경기 화성

주요 벽면에는 불교 존상도가 그려졌던 것으로 유추된다. 그러므로 17세기에는 주요 공간을 불교 존상도로 장엄하고, 부속 공간에는 여래도나 나한도를 포함한 산수도·화훼도·화조도를 그리는 것이 사찰 벽화의 보편적인 양상이었던 것으로 이해된다. 하지만 경상남도 산청에 있는 율곡사 대웅전의 내목도리 윗벽에 17세기 후반 그려진 산수도는 18세기의 사찰 벽화에서 일반회화의 비중이 커지고 종류도 다양해지는 변화를 예고한 것으로 주목된다(도 2).[14]

　대구광역시의 龍淵寺 極樂殿과 把溪寺 圓通殿, 경상북도 경주의 佛國寺 大雄殿, 경기도 화성의 龍珠寺 大雄寶殿 등에도 18세기의 벽화가 남아 있는데, 이들은 일반회화가 부속 공간에서 점차 주요 벽면으로 이동해가는 양상을 보여준다. 먼저 용연사 극락전의 내부 북측면 포벽과 후불벽에는 각각 蝦蟆仙人圖와 群仙圖가 그려져 있고, 파계사 원통전의 내부 남벽과 북벽 내목도리 윗벽에는 화훼도 10점, 불국사 대웅전의 내부 북벽 포벽에는 산수도·竹鳥圖·산수인물도가 남아 있다. 특히 용주사 대웅전의 내부

---

14 율곡사 대웅전은 1679년 중수된 조선 후기의 대표적 목조건물이며, 2002년 벽체 탈락으로 해체 보수하면서 내목도리 윗벽을 보존 처리하고 새로 단청하였다. 내부의 산수도는 자연 경물이 원경과 근경으로 이루어진 이단구도이며 필법에서 조선 중기의 화풍과 밀접한 연관이 있어 1679년 중수 때 그려진 것으로 보인다. 문화재청·성보문화재연구원,『한국의 사찰벽화』부산광역시·경상남도 2, 2009, 191~197쪽.

벽면은 도석인물화로 장엄되어 있어 사찰 벽화의 내용이 빠르게 세속화되어 갔음을 알려준다(도 3). 이러한 도석인물화는 백성들의 현실적 소망인 財福이나 長壽 등을 상징하는 감상용 회화로 널리 선호되었던 18세기 화단의 동향과도 일맥상통하는 것으로 주목된다. 더불어 화훼화가 포벽처럼 작은 공간에서 내목도리 윗벽으로 이동한 것 역시 예배공간을 백성에게 친숙한 분위기로 조성하려는 의도가 작용한 것이라 할 수 있다. 이밖에 1728년 중건된 용연사 극락전의 내부 남벽이나 북벽의 내목도리 윗벽과 포벽에는 석가모니의 일생과 불교 전파를 다룬 『釋氏源流應化事蹟』이 그려져 있다. 또한 불국사 대웅전의 내부 동서쪽 포벽에도 동일한 소재가 그려져 있는데, 이는 백성의 수준에 맞추어 경전보다 설화처럼 재미있는 이야기를 벽화의 소재로 선택한 것으로 이해된다.[15]

이상에서 살펴본 것처럼 18세기의 사찰 벽화에서 도석인물화, 화훼화, 고사인물화 등으로 일반회화의 비중이 커진 것은 소망을 의탁하는 예배공간을 백성의 수준에 맞추어 친숙한 분위기로 꾸미려 했던 제작 태도가 반영된 것이다. 그리고 이러한 현상은 임진왜란 이후 불교계가 왕실이나 사대부 같은 지배층보다는 피지배층인 일반백성을 포교의 대상하였던 입장 변화와도 밀접한 관련이 있다고 할 수 있다.

Ⅲ. 19세기 사찰에 그려진 일반회화

사찰 벽화에서 17세기까지는 불교 관련 존상도가 주요 벽면을 장엄하고, 공양적 성격을 지닌 화훼도나 화조도 및 나한도·산수도 등의 일반회화가 부속 공간에 그려지는 것이 보편적인 양상이었다. 18세기에 이르러

---

15 문화재청·성보문화재연구원, 앞의 책, 2010, 42~51·169~176쪽. 『釋氏源流應化事蹟』이 사찰 벽화로 그려진 경우를 다룬 논고는 김정희, 「佛國寺 大雄殿 壁畵考: 『釋氏源流應化事蹟』 벽화를 중심으로」, 앞의 책, 2010, 579~603쪽.

길상성과 장식성을 지닌 도석인물화, 화조화, 화훼화, 고사인물화, 설화를 그린 것 등으로 일반회화의 종류가 다양해지고 비중이 확대되었다. 이러한 양상은 19세기에 이르러 절정을 이루었으며, 대표적인 예로 전각의 내외부 벽면이 화조도와 화훼도로 장엄된 경상남도 창녕의 관룡사 관음전을 꼽을 수 있다.[16] 특히 일반회화 중에서 장수·부귀·복록·다산 등의 길상적 의미를 지닌 도석인물화를 비롯해 화조화, 고사인물화, 선종 조사의 일화를 표현한 그림 등이 그려졌는데, 남한과 북한에 현전하고 있는 사례들을 비교 분석하여 공통점과 차이점을 파악해 보려고 한다.

1. 남한 지역

19세기에 일반회화가 사찰 벽화로 그려진 예는 상당수 확인되고 있으며, 이러한 양상을 비교 분석하기 위해 현전하는 예를 〈표 1〉로 작성하였다.[17] 이러한 자료에 따르면 일반회화 가운데 장수와 재물, 질병 퇴치 등의 현실적 소망이 의탁된 도석인물화가 가장 많이 그려졌으며, 그 다음은 공양화로 일찍부터 그려지면서 길상성과 장식성을 지닌 민화풍의 화훼화나 화조화, 민간에서 회자된 고사나 통속 소설을 소재로 한 고사인물화, 禪宗 祖師와 관련한 일화를 묘사한 그림의 순서로 되어 있다.

충청남도 공주에 있는 마곡사 대광보전은 북벽에 李鼻涕圖, 藍采和圖, 曹國舅圖, 李鐵拐圖, 蝦蟆仙人圖, 神仙圖의 다양한 도석인물화가 그려져 있어 주목된다. 이 가운데 李鼻涕는 질병을 구제하는 宋代의 신선이며,[18]

---

16 최경현, 앞의 논문, 2009, 7~20쪽.

17 문화재청·성보문화재연구원, 『한국의 사찰벽화』 6권(2006~2011)을 중심으로 작성한 것이다.

18 "李鼻涕宋紹聖初 劉延仲寓秀州. 嘗有道人過門 忽從求藥則鼻涕和垢膩爲丸與之, 病立效因自號李鼻涕. 延仲延之坐曰今日適無酒爲□ 道人笑曰床頭珍珠泉一罇何不出以待客. 劉大□呼童取罇道人曰不必取. 但將空罇來罇至索紙覆之少焉. 香溢於外成美酒矣. 坐者皆醉月維有他客出所謂珍珠泉者而罇中無涓滴矣. 一日詣劉別云後二十年某月

도 4. 하마선인도, 19세기 초, 마곡사
대광보전 내벽, 충남 공주

하마선인은 財福을, 나머지는 장수의 의미를 지닌 것으로 백성의 절실한 현실 소망이 의탁되면서 즐겨 그려졌던 것이다(도 4). 이처럼 마곡사의 주요 전각인 대광보전의 내벽에 19세기 초에 도석인물화가 그려졌다는 것은 18세기에 시작된 변화가 보편적인 양상으로 자리매김하였음을 알려준다. 더불어 사찰의 주요 전각 내벽을 인간의 현실적 소망을 의탁한 도석인물화가 불교 경전의 내용을 그린 불화를 제치고 그려졌다는 사실은 이곳에서 편안하게 현실적 소망을 의탁하도록 배려한 것이라 할 수 있다.

<표 1> 19세기 남한 사찰에 그려진 일반회화

사찰 전각	조성시기	일반회화의 종류	위치	지역
麻谷寺 大光寶殿	19세기 초	李鼻涕圖 · 藍采和圖 · 曹國舅圖 · 李鐵拐圖 · 蝦蟆仙人圖 · 神仙圖	내부 북벽	충남 공주
雙溪寺 大雄殿	19세기 초	西王母圖	내부 동벽	충북 논산
神勒寺 極樂殿	1809년	花卉圖3점, 四溟大師行日本之圖, 魏王黿錯圖, 慧可斷臂圖, 游仙圖	내부 북벽, 외벽	충북 제천
桃李寺 極樂殿	1875년	梅花圖2점 · 果實圖4점 · 花卉圖9점 · 老松圖2점 ·	내부 동서남벽 평방과 창방, 남벽	경북 구미

某日當於眞州相見至期劉卒於眞州." 王圻 編, 『三才圖會』, 민속원, 2004, 818쪽.

		松葛圖, 松鶴圖・蓮花圖・鳳皇圖	내목도리 윗벽	
海印寺 冥府殿	1881년	花鳥圖・花蝶圖와 花鳥圖2점, 胡獵圖2점・花鳥圖2점・雙鹿圖・騎驢圖, 松鶴圖・雲龍圖・鳳凰圖	내부 동쪽과 서쪽 대량, 남벽 상인방 윗벽, 장혀도리 합벽	경남 합천
觀龍寺 藥師殿	1882년	梅鳥圖・蘭鳥圖・花蝶圖・竹鳥圖와 花蝶圖・蓮鳥圖(連子貴生)・葡萄圖・花蝶圖, 梅花圖4점, 梅花圖・菊圖・松圖・牡丹怪石圖	내부 동벽과 서벽, 내부 북벽, 외부 뒷벽	경남 창녕
鳳停寺 靈山庵 應眞殿	1886년	神人捕龍圖・松鶴圖와 毫鷲凝兎圖・玉杵圖・松鷲圖・雙鹿圖・虎鵲圖, 芭蕉圖・墨梅圖・騎牛童子圖・南極老人圖・花鳥圖・鳳凰圖・商山四皓圖와 葡萄圖・墨鳥圖・漁夫釣圖・樓松道人圖・童子得牛圖・梅鶴圖, 墨鳥圖・墨鳥圖・達磨祖師圖	외부 동벽과 서벽, 내부 동벽과 서벽, 내부 남벽 포벽	경북 안동
通度寺 冥府殿	1888년	雲龍圖・松鶴圖, 水宮圖・虎鵲圖, 楓橋夜泊圖・石廩圖・鳳凰圖・雙稚圖, 孟浩然欲行寒山寺圖・寒江獨釣圖・彈琴走敵圖・三顧草廬圖	내부 동서북벽, 외벽 포벽	경남 양산
鳳停寺 知照庵 七星殿	1890년	鳳凰圖・花卉圖・紫微大帝圖와 雙鶴圖・花鳥圖・太上老君圖	내부 동벽과 서벽	경북 안동
通度寺 龍華殿	19세기 후반	蝦蟆仙人圖・蕭史圖, 虎鵲圖	외부 동벽, 서벽	경남 양산
普光寺 大雄殿	19세기 후반	蝦蟆仙人圖	천장 빗반자	경기 파주
月裡寺 祝聖殿	19세기 후반	呂洞賓圖	내부 동벽	충북 청원

도 5. 서왕모도, 1842년, 쌍계사 대웅전 내벽, 충남 논산

도 6. 소사도, 19세기 후반, 통도사 용화전 외벽, 경남 양산

이처럼 충청남도 제천에 있는 신륵사 극락전 외벽에 그려진 游仙圖
(1809)[19]를 비롯해 충청남도 논산의 쌍계사 대웅전 내부 동벽에 그려진
西王母圖(1842), 경상북도 안동의 鳳停寺 산내 암자인 靈山庵 應眞殿의 내

[19] 신륵사 극락전의 외벽은 1960년 보수되었지만 원본은 1809년 그려진 것으로 판단
하였다. 이용윤, 「신륵사 극락전 벽화」, 『忠北史學』 20, 2008, 164~173쪽.

부 동벽에 각각 그려진 南極老人圖와 商山四皓圖(1886), 동일 사찰의 산내 암자인 知照庵 七星殿의 내부 동벽과 서벽에 각각 있는 紫微大帝圖와 太上老君圖(1890), 경상남도 양산의 통도사 龍華殿의 외부 동벽과 서벽에 각각 있는 蝦蟆仙人圖와 蕭史圖(19세기 후반), 경기도 파주의 보광사 대웅전 빗반자에 있는 하마선인도(19세기 후반), 충청북도 청원의 월리사 대웅전의 내부 동벽에 있는 呂洞賓圖(19세기 후반) 등이 있다(도 5, 6). 벽화에 그려진 서왕모, 남극노인, 자미대제, 태상노군, 상산사호, 蕭史 등은 선선의 종류는 다르지만,[20] 장수라는 동일한 상징성을 지녔기 때문에 19세기의 일반백성들이 추구했던 소박한 소망의 단면을 유추할 수 있다. 이밖에 봉정사 산내 암자인 지조암 칠성전은 조선 후기에 불교가 토착화되는 과정에서 민간신앙을 수용하면서 사찰의 뒷편에 山神閣, 獨聖閣과 함께 조성된 것이다. 이는 한국 사찰에서만 볼 수 있는 독특한 전각으로 대개 민간신앙이나 도교와 관련된 내용의 조상이나 벽화로 장엄되었다. 칠성각은 壽命長壽神인 七星을 모시는 전각이었기 때문에 봉정사의 산내 암자인 지조암 칠성전에는 북극성을 상징하는 자미대제와 태상노군이 그려진 것이다. 더불어 칠성각처럼 민간신앙을 근간으로 한 전각이 사찰 경내에 건립되었다는 것은 조선 후기의 불교계가 교세를 민간으로 확장하기 위해 다양한 노력을 기울였다는 사실을 알려준다.

다음으로는 사찰 벽화에서 장식성과 길상성을 동시에 지닌 화훼화와 화조화가 많이 그려졌는데, 동시기에 민간 수요로 인해 성행한 민화의 화풍이 강하게 반영된 것이 특이한 점이다. 이는 사찰에서 벽화를 일반회화로 그릴 때 지방을 떠돌며 그림을 그려 팔았던 지방화가들이 참여하였기 때문에 나타난 결과가 아닐까라는 추론을 가능케 한다. 현전하는 예들 가운데 경상북도 구미의 桃李寺 극락전 내부는 민화풍의 화훼도와 화조도로 장엄되어 있다. 이는 1875년 용해 스님이 중수 단청할 때 그려진 것이며,

---

20 蕭史는 퉁소로 鸞鳥와 鳳凰 소리를 잘 냈던 청년으로 춘추시대 秦 穆公의 딸 弄玉과 결혼하여 부부가 함께 신선이 되었다. 王圻 編, 앞의 책, 800쪽.

도 7. 과실도(석류), 1875년, 도리사 극락전 내벽, 경북 구미

장수·부귀·다산·번영의 길상적 의미와 장식적 효과를 지닌 민화풍 화
조도나 화훼도가 집중적으로 표현되었다는 점이 특이하다. 남벽의 내목도
리 윗벽에는 松鶴圖·蓮花圖·鳳凰圖가 배치되어 있고, 동서남북의 평방
과 창방에는 梅花圖 2점, 果實圖 4점, 花卉圖 9점, 老松圖 2점, 松葛圖가
그려져 있다.[21] 이 가운데 송학도, 노송도, 송갈도는 십장생도의 일부로
장수를 상징하는 대표적 소재이며, 부속 공간인 평방과 창방에 그려진 석
류·복숭아·佛手柑 등의 과일 열매도 장수를 의미하는 것으로 조선 말기
에 성행한 器皿折枝圖에서 자주 접할 수 있다(도 7).[22] 따라서 도리사 극
락전을 장엄한 화훼화나 화조화는 사찰 벽화에서 고려시대부터 그려진 것
이지만, 동시기에 성행한 기명절지도나 십장생도의 소재를 취하였을 뿐만
아니라 표현기법도 민화풍으로 대중적 미감을 적극 포함하고 있다. 이러
한 변화는 19세기에 이르러 사찰이 일반백성을 위한 예배공간을 조성하려
노력하였음을 알려주는 것이라고 할 수 있다.

　해인사의 명부전 내부에도 다수의 화조화가 민화풍으로 그려져 있으며,
도리사와 동일한 맥락에서 이러한 벽화가 제작된 것으로 이해된다. 이 전
각은 1873년 普淨에 의해 건립된 이후 「冥府殿丹雘記」에 따르면 金魚 繡
龍琪銓을 중심으로 貫虛宜官, 鏡潭映善 등이 1881년 벽화를 제작하였다고
한다. 건물 내부의 동쪽과 서쪽 대량에는 각각 花鳥圖·花蝶圖와 花鳥圖

---

21 문화재청·성보문화재연구원, 『한국의 사찰벽화』 경상북도 2, 2011, 52~59쪽.
22 허보인, 「韓國의 器皿折枝圖 硏究」, 홍익대학교 석사학위논문, 1998.

도 8. 쌍록도, 1881년, 해인사 명부전 내벽, 경남 합천

도 9. 송학도, 1881년, 해인사
명부전 내벽, 경남 합천

2점, 남벽 상인방 윗벽에는 胡獵圖 2점·화조도 2점·雙鹿圖·騎驢圖, 그 위의 창방 장혀도리 합벽에는 松鶴圖·雲龍圖·鳳凰圖가 민화풍으로 그려져 있는데 구도나 채색감각 등에서 뛰어난 면모를 보여준다.[23] 특히 쌍록도와 송학도는 거의 모든 사찰에 그려지고 있어 조선 말기에 장수를 상징하는 대표적 코드였다고 할 수 있다(도 8, 9). 花蝶圖는 19세기 이전에는 자주 보이지 않던 것으로 나비의 '蝶'자가 80세까지 산다는 장수의 의미를 지니면서 조선 말기의 문인화가 南啓宇 이후 胡蝶圖가 성행하였던 화단의 동향이 적극 반영된 것이다.[24] 또 다른 예로는 경상남도 창녕에 있는 觀龍寺 藥師殿이 있는데, 특이하게도 건물의 내외부 벽면이 화훼도와 화조도로 장엄되어 있다. 이들 벽화는 1882년에 그려진 것으로 추정되며, 내벽 정면 중앙의 梅花圖 4점을 중심으로 동벽에는 梅鳥圖·蘭鳥圖·花蝶圖·竹鳥圖가, 서벽에는 花蝶圖·蓮鳥圖(連子貴生)·葡萄圖·花蝶圖가 병풍이 둘러진 것처럼 그려져 있다(도 10). 외벽은 훼손되어 박락이 심하지만 매화도·菊圖·牡丹怪石圖 등의 흔적이 남아 있다. 역시 花

---

23 문화재청·성보문화재연구원, 앞의 책, 2009, 318~324쪽.

24 이소연, 「一濠 南啓宇(1811~1890) 蝴蝶圖의 研究」, 『美術史學研究』242·243, 한국미술사학회, 2004, 291~318쪽.

도 10. 화훼도와 화조도, 1882년, 관룡사 약사전 내부 서벽, 경남 창녕

蝶은 장수, 蓮鳥와 포도는 자손 번창, 모란은 부귀 등의 길상적 의미를 지 님과 동시에 화려한 장식성을 지닌 화훼화와 화조화로 예배공간을 장엄한 것은 백성들이 편안하면서도 친숙한 느낌을 갖도록 배려한 것이다.

경상북도 안동의 鳳停寺 산내 암자인 靈山庵 應眞殿의 외벽 동쪽과 서 쪽에 각각 1886년 민화풍으로 그려진 松鶴圖와 松鷺圖 · 雙鹿圖 · 虎鵲圖가 있다.25 이밖에 충청북도 제천에 있는 신륵사 극락전의 내부 북벽에 화훼 도 3점(1809)이 있고, 경상남도 양산의 통도사 용화전 외부 동벽에는 虎鵲 圖가 민화풍으로 그려져 있다. 이러한 민화풍의 화훼화와 화조화는 공양 화의 계보를 잇는 것으로 장수 · 부귀 · 복록 · 다산 등의 길상적 상징성이 더해지면서 祈福的 성격이 커진 것이라고 할 수 있다.

민간에서 회자된 고사나 통속 소설의 내용도 민화풍으로 사찰 벽화에 그려졌는데, 대표적인 예로는 경상남도 양산에 있는 통도사 冥府殿을 꼽 을 수 있다. 이 전각은 1887년 화재 때 圓通房 · 華嚴殿과 함께 소실된 이 후 虎星大師에 의해 다음해 중건되었으며, 이때 건물의 내외부 벽면에 대

---

25 문화재청 · 성보문화재연구원, 앞의 책, 2009, 448~458쪽.

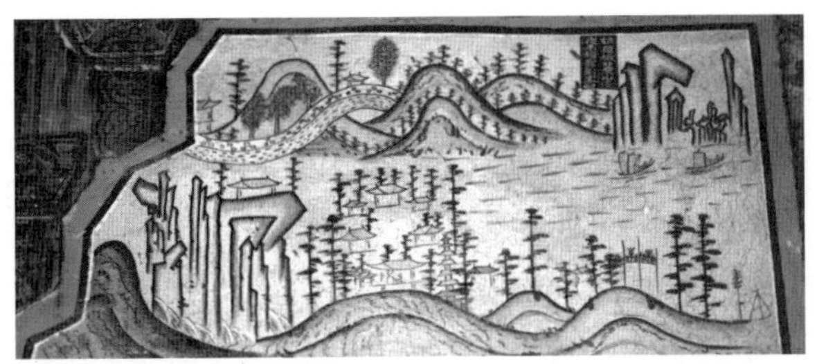

도 11. 풍교야박도, 1888년, 통도사 명부전 내벽, 경남 양산

중적 선호도가 높았던 중국 고사와 통속 소설이 민화풍으로 그려졌다. 이는 명부전이 지닌 통속적인 성격과 밀접한 연관이 있으며, 건물 내부의 북벽에 그려진 楓橋夜泊圖·石廩圖와 鳳凰圖·雙雉圖를 중심으로 동벽의 雲龍圖·松鶴圖와 서벽의 水宮圖·虎鵲圖가 마주 하고 있다. 외벽 포벽에는 孟浩然欲行寒山寺圖·寒江獨釣圖·三顧草廬圖·彈琴走敵圖가 그려져 있다. 이들 벽화는 사대부와 백성들 사이에 널리 회자된 중국 고사나 통속을 소재로 하였다는 점에서 더욱 주목된다.[26]

내벽의 풍교야박도는 당나라 시인 張繼가 강소성 楓橋鎭에 도착했을 때 근처 寒山寺의 종소리를 듣고 나그네의 시름을 읊은 「풍교야박」을 그린 것이며, 외벽의 맹호연욕행한산사도는 장계가 詩를 지은 이후 문인들이 한산사를 즐겨 찾았던 정황을 표현한 것이다(도 11). 민화풍 금강산도를 연상시키는 석름도는 화면 왼쪽 상단에 있는 "家家有廩高如許 大好人間快活年(집집마다 노적가리 있어 높으니, 참 좋은 사람 세상이로구나)"에 의해 송대 성리학자 朱熹의 「家家有廩」이라는 詩를 그렸다는 사실을 확인할 수 있다(도 12). 이처럼 중국 고사를 소재로 한 것은 문인 취향을 고려한 것이라면, 三顧草廬圖와 彈琴走敵圖는 민중이 즐겨 읽었던 『삼국지』의 내용을 그린 것이다(도 13). 전자는 유비가 賢者 제갈량을 세 번이나 찾았던 것을, 후자는 제갈량이 司馬懿 군사로부터 공격받을 위기에 처하자 오히

---

26 문화재청·성보문화재연구원, 앞의 책, 2008, 202~204쪽.

도 12. 석름도, 1888년, 통도사 명부전 내벽, 경남 양산

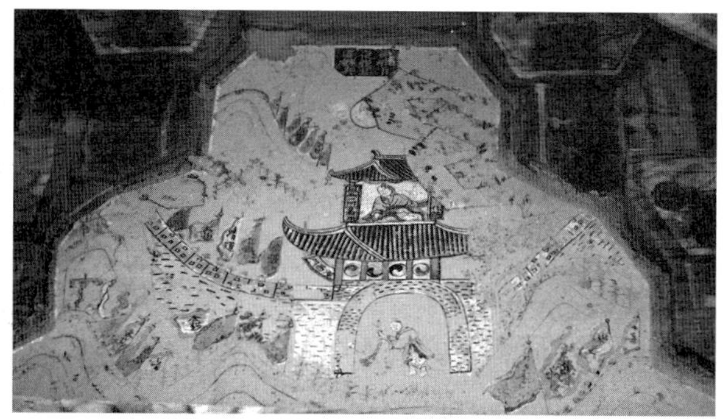

도 13. 탄금주적도, 1888년, 통도사 명부전 외벽, 경남 양산

도 14. 수궁도, 1888년, 통도사 명부전 내벽, 경남 양산

려 西城의 성문을 열어 놓고 거문고를 연주하며 태평스러운 상황을 연출하여 적군이 퇴각하도록 했던 내용을 표현한 것이다. 이밖에 水宮圖는 용왕의 병을 고치기 위해 자라가 토끼를 용궁으로 유인하는데 성공하였지만 토끼가 꾀를 내어 다시 육지로 도망했다는 이야기를 그린 것이며, 조선 후

기에 판소리 水宮歌로 민중문화를 대표하였다는 사실은 익히 알려진 것이다(도 14). 따라서 통도사 명부전은 19세기 후반으로 갈수록 불교의 기복신앙이 강화됨과 동시에 사찰 경제가 개인 시주자들의 후원에 의존하면서 민중의 취향을 사찰 벽화에 적극 반영한 대표적인 사례 중 하나라고 할 수 있다.

신륵사 극락전의 외부 동벽에 있는 魏王轝錯圖 역시 중국의 통속소설인 『삼국지연의』의 내용을 그린 것이다. 그 내용은 위나라 왕인 조조가 적벽대전에서 패하고 華容島로 도망하였으나 제갈량의 명을 받은 關羽가 그곳에서 그를 기다리고 있다가 체포하였다는 것이다. 화면의 중앙에서 말을 타고 靑龍偃月刀를 들고 있는 인물이 관우이며, 그 앞에서 무릎을 꿇고 두 손을 모은 채 애원하고 있는 사람은 조조이다.[27] 이러한 민화풍의 고사인물화가 사찰 벽화로 그려진 것은 불교의 기복신앙이 정착되면서 나타난 결과이며, 당시 대중문화의 경향을 유추할 수 있다는 점에서도 중요한 의미를 지닌다.

마지막으로는 禪宗의 6대 祖師와 관련된 내용이 벽화로 그려졌는데, 이는 18세기의 사찰 벽화에 다수 그려진 나한도가 아니라 선종을 개창한 달마대사와 그의 법맥을 이은 2대 慧可, 5대 弘忍, 6대 惠能의 일화를 그린 것이 남아 있다.[28] 충청북도 제천에 있는 신륵사 극락전의 외벽에 있는 慧可斷臂圖와 四溟大師行日本之圖가 그러한 예에 해당된다(도 15). 이는 1809년 중국과 조선 선종의 법맥을 이은 2대 조사인 혜가와 사명대사의 이야기를 각각 서벽과 동벽에 그린 것이다. 慧可斷臂는 洛陽 崇山의 少林寺에서 面壁으로 수행하던 달마를 찾아간 혜가가 자신의 팔을 절단한 것이 계기가 되어 禪法을 잇게 되었던 일화를 그린 것이며 운문사 비로전, 대원사 극락전, 범어사 대웅전에도 그러한 벽화가 남아 있다. 사명대사행

---

27 이용윤, 앞의 논문, 154~157쪽.
28 선종은 위진남북조시대에 達磨大師에 의해 시작된 이후 慧可를 거쳐 僧璨, 道信, 弘忍, 惠能과 神秀로 이어진다.

도 15. 혜가단비도, 1809년, 신륵사 극락전 외벽, 충북 제천

일본지도는 그가 1604년 임진왜란 이후에 일본을 방문해 강화를 맺고 포로들을 데리고 귀환했던 장면을 그린 것이다.[29] 또한 경상북도 안동의 봉정사 영산암 웅진전에도 1886년 그린 달마조사도가 남아 있다. 이와 같이 사찰 벽화에 선종 祖師들이 그려진 것은 19세기에 이르러 禪과 화엄을 병행하던 불교계의 문제점을 쇄신하기 위해 白坡 亘璇(1767-1852)이 주도한 새로운 禪風운동으로 인해 선종 조사들이 새롭게 조명된 것으로 보인다. 19세기 전반에 활동한 백파는 休靜의 법맥을 이은 喚醒 志安의 5대손으로 대표적인 선지식이었으며, 그는 敎와 禪의 균형을 지향하며 전통적인 선론을 『禪門手鏡』으로 정리하며 새로운 불교운동을 주도하였다.[30] 따라서 19세기의 사찰 벽화에 선종 조사들과 관련한 일화가 그려진 것은 당시 백파가 선종을 중심으로 전개한 불교계의 혁신운동과 밀접한 연관이 있는 것으로 유추된다.

　이상에서 살펴본 것처럼 19세기 남한 지역의 사찰에 일반회화가 벽화로 다수 그려졌다. 현전하는 일반회화의 내용을 정리한 〈표 1〉에 의하면 도

---

29 이용윤, 앞의 논문, 153~158쪽.
30 정병삼, 「19세기의 불교계의 사상적 추구와 불교예술의 변화」, 『韓國思想과 文化』
　　16, 한국사상문화학회, 2002, 162~164쪽.

석인물화의 비중이 가장 크며, 다음으로는 민화풍으로 그려진 화훼화와 화조화, 중국 고사나 통속 소설의 내용을 소재로 한 고사인물화, 禪宗 祖師의 일화를 그린 것 순으로 되어 있다. 특히 도석인물화와 화훼 화조화처럼 장수·부귀·다산·복록 등의 길상성이 강조된 일반회화가 사찰 벽화에 적극 수용된 것은, 불교의 기복신앙이 정착되면서 사찰의 예배공간을 일반백성에게 친숙한 분위기로 조성하려 하면서 나타난 결과라고 할 수 있다. 그리고 대부분의 화훼화와 화조화, 고사인물화에서 민화풍이 강한 것은 당시 민화를 그렸던 지방화가들이 사찰 벽화의 제작에 직접 참여하였을 가능성을 시사해준다. 끝으로 선종 조사의 일화를 그린 그림들은 19세기의 불교계가 자체적으로 정화를 주도하면서 선종의 법맥을 강조했던 경향에서 기인된 것이라 할 수 있다.

2. 북한 지역

현재 북한 지역에 위치한 사찰은 종교적 무관심으로 인해 옛 모습이 잘 보존된 예가 드물어 벽화의 구체적인 양상을 파악하는 것이 매우 어려운 상황이다. 따라서 최근 촬영한 북한 사찰의 이미지를 근간으로 제작된 도록을 중심으로 사찰 벽화에 보이는 일반회화의 종류와 양상을 개괄적으로 살펴보려고 한다. 〈표 2〉는 북한의 사찰에 보이는 일반회화의 내용을 정리한 것이며, 남한의 사례와 비교했을 때 그림의 수준이나 상태가 좋지 못할 뿐만 아니라 사례도 적은 편이다.[31]

---

31 대한불교조계종 민족공동체추진본부 엮음,『북한의 전통사찰』10권(양사재, 2011)을 근거로 표를 작성하였으며, 원래 벽화가 남아 있는 그 위에 加彩를 한 것이라 판단되는 예들은 최근 후보된 것이라도 본고에 포함시켰음을 밝혀둔다.

<표 2> 19세기 북한 사찰에 그려진 일반회화

사찰 전각	조성시기	일반회화의 종류	위치	지역
安佛寺 極樂寶殿	1843 중건	羅漢圖 · 曹國舅圖 · 鍾離權圖 · 王子橋圖 · 壽老人圖 · 蕭史圖 · 呂洞賓圖 · 蝦蟆仙人圖 · 羅漢圖,	내부 천장	함경남도 금야군 동흥리
金光寺(金剛寺) 白華殿	1848 중건	慧可斷臂圖 · 商山四皓圖 · 怪石牡丹圖 · 弘忍傳法慧能圖	외부 정면 툇간	평안북도 의주군 石崇山
普賢寺 靈山殿	1875 재건	牡丹怪石圖2점, 龍圖 · 鳳凰圖과 虎圖 · 十長生圖	외부 정면 툇간, 내부 서벽과 동벽	평안북도 향산군 묘향산
普賢寺 祝聖殿	1875 창건	風俗圖, 蕭史圖	외부 정면, 왼쪽 날개채 내부	평안북도 향산군 묘향산
普賢寺 萬壽閣	1875 창건	竹裏館圖	외부 정면 서쪽 툇간	평안북도 향산군 묘향산
陽和寺 奉祝殿	1879 중건	獻鹿圖 · 花鳥圖 · 花卉圖, 松鹿圖와 力士호랑이그림	외부 정면, 동벽과 서벽의 툇간	평안북도 태천군 상단리
萬年寺 大雄殿	19세기 말	花鳥圖 · 松虎圖 · 蘆雁圖와 花卉圖 · 動物圖 · 竹圖	외부 동벽과 서벽 액방	평안북도 구성시 성안동

역시 〈표 2〉에서 알 수 있는 것처럼 북한의 사찰에서도 현실구복적 성격이 강한 도석인물화가 벽화로 가장 많이 그려졌고, 다음으로는 화훼 화조화, 고사인물화, 선종 조사의 일화 순으로 되어 있다. 앞서 살펴본 남한의 사찰 벽화와 동일한 양상을 보이는 것으로 주목되며, 이는 19세기의 불교가 기복신앙으로 자리매김하면서 백성이 편안하게 현실적 소망을 의탁할 수 있도록 예배공간을 조성하면서 일반회화를 적극 수용하는 것이 지역에 상관없이 보편적인 현상이었음을 의미한다.

북한에 현전하는 사찰 벽화들 가운데 도석인물화가 그려진 비교적 이른 예로는 함경남도 금야군에 있는 安佛寺 極樂寶殿을 꼽을 수 있다. 이 사찰

도 16. 왕자교·수노인·소사도, 1843년, 안불사 극락보전 내벽, 함남 금야

은 1393년 이성계 외조부의 능찰로 창건되었으며, 1841년 소실된 극락보
전을 1843년 중건할 때 그려진 벽화를 최근 후보한 것으로 보이는 蝦蟆仙
人, 壽老人, 蕭史 등의 도석인물화 9점이 내부 천장의 빗반자에 남아 있
다. 양쪽 끝에는 지팡이를 든 나한도가 있고, 오른쪽에서 왼쪽으로 차례로
살펴보면 첫 번째 신선은 관복을 입고 있어 宋 曹太后의 동생인 曹國舅라
판단되며, 두 번째는 체격이 건장하지 않지만 얼굴의 수염과 파초 잎사귀
를 들고 있어 八仙의 우두머리인 鍾離權이라 생각된다. 세 번째 생황을 불
고 있는 동자는 白鶴이 아닌 봉황을 타고 있지만, 생황으로 봉황소리를 잘
냈던 周나라 靈王의 태자인 王子喬를 그린 것이라 판단된다.[32] 네 번째는
높이 솟은 이마와 영지로 보아 壽老人이며, 다섯 번째 학을 타고 피리를
불고 있는 동자는 통소를 잘 불어 秦 穆公의 딸 弄玉과 결혼해 신선이 된
蕭史로 추정된다(도 16).[33] 여섯 번째는 등에 칼은 없지만 머리에 쓴 華陽

---

[32] "王子喬周靈王太子也 好吹笙作鳳鳴 遊伊洛之間道人浮丘公 接晋上嵩高山 三十餘年
　　後見 百良謂曰可告我家七月七日待我於緱山頭至 期果乘白鶴駐山頭可亡不可到俯首
　　謝時人 數日方去後立祠緱氏山下." 王圻 編, 앞의 책, 788쪽.
[33] "蕭史得道好吹簫 秦穆公以女弄玉妻之 遂敎弄玉吹簫作鳳鳴 有鳳來止其屋公爲作鳳

巾으로 보아 劍仙 呂洞賓으로 유추되며, 일곱 번째는 조선 후기에 財福을 상징하면서 일반회화로 널리 그려진 하마선인이다. 따라서 안불사 극락보전의 도석인물화는 불교를 믿으면 인간의 본능적 소망인 장수나 부귀 등이 성취된다는 사실을 시각적으로 표현한 것이라 할 수 있다. 또한 평안북도 의주군에 있는 金剛寺 白華殿의 정면 툇간 위에 1848년 그려진 것으로 추정되는 商山四皓圖가 남아 있다.[34] 이밖에 평안북도 향산군 묘향산의 普賢寺에 명성황후가 1875년 태자를 낳고 아들의 장수를 기원하며 건립한 祝聖殿의 왼쪽 나라채인 白蓮寺 내부 벽면에 남녀가 각각 학을 타고 피리를 불고 있는 장면이 그려져 있다.[35] 이는 피리로 봉황소리를 잘 내어 신선이 된 蕭史와 秦 穆公의 딸 弄玉을 그린 것으로 명성황후가 태자의 장수와 현숙한 왕세자비를 맞아 행복하기를 바라는 장래의 소망을 표현한 것으로 해석된다.

　민화풍의 화훼화와 화조화가 그 다음으로 많이 그려졌는데, 평안북도 향산군에 있는 普賢寺 靈山殿과 평안북도 태천군의 陽和寺 奉祝殿이 대표적인 예라 할 수 있다. 하지만 보현사 영산전의 벽화는 현재 원형을 거의 알아보기 어려울 정도로 후보되었지만 훼손된 본래의 그림 위에 가채를 한 것이라 판단하여 본고에 포함시켰다. 보현사 영산전은 1875년 재건되

　　墓 後弄玉乘鳳蕭史乘龍共昇天去." 王圻 編, 앞의 책, 800쪽.

34　金剛寺는 15세기 이전에 건립된 고찰로 金光寺라고도 하며, 1726년 중건되었다가 1846년 전소되었다. 1848년 이후 대웅보전, 백화전, 만세루, 청운당 등이 중건되면서 寺勢가 갖추어졌다. 대한불교조계종 민족공동체추진본부 엮음, 『북한의 전통사찰』 3 평안북도 中, 양사재, 2011, 220쪽. 상산사호는 東園公, 綺里季, 夏黃公, 用里先生이며, 진시황제의 폭정을 피해 山西省 商山에 숨어 지내다 보니 漢이 건국된 것도 모를 정도로 세월이 흘러 눈썹과 수염이 모두 하얀 노인이 되었다는 고사로 장수를 기원하는 의미를 지닌다.

35　祝聖殿은 懸板記에 의하면 8천 냥의 왕실 자금으로 10개월 만에 상원암 동쪽에 완성되었으며, 건물은 정면 5칸, 측면 2칸의 기본채를 중심으로 좌우에 1칸의 나라채가 있는 'ㄇ'자 모양이다. 『북한의 문화재와 문화유적』 II 사찰편, 서울대학교 출판부, 1998, 306쪽.

도 17. 모란괴석도, 1875년 보현사 영산전 외부, 평북 향산

도 18. 龍圖와 虎圖, 1875년, 보현사 영산전 내부, 평북 향산

면서 내외부 벽면에 민화풍의 화훼화를 그렸는데, 이는 대중 포교에 중점을 두면서 기복신앙의 성격이 커진 불교계의 입장이 벽화 제작과정에 반영된 것이다. 건물의 정면 툇간에는 부귀를 상징하는 牡丹怪石圖가 있는데(도 17), 자연 상태의 바위들을 배경으로 모란꽃이 활짝 피어 있는 장면은 18세기 궁정에서 태호석 뒤로 모란꽃이 정갈하게 그려진 宮牡丹圖에 비해 화면구성이나 표현기법은 도식화된 면을 보여준다. 또한 건물 내부에는 동벽의 龍圖·鳳凰圖와 서벽의 虎圖·十長生圖가 마주하고 있으며, 들어가는 문 위쪽의 내부 툇간에도 민화풍의 모란괴석도 4점이 그려져 있

다(도 18). 여기서 동벽과 서벽의 입구에 배치된 龍圖와 虎圖는 조선시대에 대문을 장식했던 龍虎門排圖 형식을 차용한 것으로 민간풍속이 사찰 공간에 깊숙이 파고들었던 사례라는 점에서 주목된다.[36]

1879년 중건된 양화사 봉축전에도 건물 외벽의 정면 툇간 윗부분과 동서 벽면에 민화풍 화훼도와 화조도가 남아 있다. 정면 툇간 위에 동자가 소나무에 기댄 道士에게 사슴을 바치는 獻鹿圖는 장수를 의미하며, 다음에 있는 연꽃 사이를 두 마리 鶴이 노니는 화조도는 부부화합으로 귀한 자식을 얻고자 하는 소망을 상징한다. 그리고 만개한 모란꽃은 부귀를 나타냈던 대표적인 화훼이다.[37] 외부 동벽의 소나무 아래 사슴 한 쌍이 노닐고 있는 장면과 서벽의 건장한 남성이 웃통을 벗은 채 호랑이와 힘을 겨루고 있는 장면은 각각 장수라는 길상적 의미와 악귀를 쫓는다는 벽사적 의미를 함축적으로 나타낸 것이다. 이와 같이 19세기의 사찰 벽화에서 일반회화를 적극 수용한 것은 불교에 귀의하면 인간의 현실적 소망이 실현될 수 있다는 기복신앙을 顯示的으로 나타낸 것이라 할 수 있다.

보현사 말사인 만년사 대웅전에도 19세기 말 그려진 것으로 보이는 벽화가 남아 있는데, 외부 동벽과 서벽의 額枋에 각각 花鳥圖·松虎圖·蘆雁圖와 花卉圖·動物圖·竹圖가 민화풍으로 그려져 있다(도 19). 특히 송호도는 18세기 이래 사찰 벽화에 그려진 대표적 민화인 虎鵲圖를 연상시키며, 부부평안 내지 화합을 상징한 노안도는 19세기 말 20세기 초에 활동한 張承業과 楊基薰 등이 그린 다수의 작품이 현전하고 있다. 더욱이 노안도는 조선 말기와 근대 초기에 성행했던 畵題로 만년사 대웅전의 벽화 제작시기와도 일치하고 있어 사찰에서 벽화를 제작할 경우 동시기에 성행한 일반회화의 양상을 적극 수용하였다는 사실을 뒷받침해준다.

남한에서는 세 번째로 많이 그려진 고사인물화가 북한의 경우는 묘향산의 대표적 사찰인 보현사 만수각에만 남아 있다. 이는 현재의 정치적 특수

---

36 정병모, 앞의 논문, 151쪽.
37 허균, 『허균의 우리민화 읽기』, 북폴리오, 2006, 64~67쪽.

도 19. 노안도, 19세기 말, 만년사 대웅전 외벽, 평북 구성

도 20. 죽리관도, 1875년, 보현사 만수각 외벽, 평북 향산

상황으로 인해 사찰이 거의 보존되지 못하면서 나타난 결과일 뿐 19세기
에는 남한과 거의 동일한 양상이 전개되었던 것으로 유추된다. 萬壽閣은
사신들의 거처로 1875년 명성황후가 태자를 낳고 장수를 기원하며 祝聖殿
과 동시에 지은 것이다. 이 건물의 정면 서쪽 툇간에는 대나무 숲에서 문
인이 거문고를 연주하는 竹裏館圖가 있는데(도 20), 건립 당시의 원본 위
에 加彩를 하여 원형을 거의 알아보기 어렵다. 하지만 이는 당나라 문인
王維가 대나무 숲에서 문인이 홀로 거문고를 연주하며 자연과 교감하였던

도 21. 홍인전법혜능도, 1848년, 금광사 백화전 외벽, 평북 의주

순간을 읊은 「竹裏館」이라는 詩를 그린 것이다.[38] 이처럼 유교적 소재가
사찰 벽화에 그려진 것은 건물을 사용할 관리들의 취향을 고려한 것으로
이해된다. 또한 축성전의 내외부 벽면과 천장에도 산수도·무악도·풍속
도·성좌도 등이 그려져 있으며, 특히 툇마루 왼쪽 상단의 풍속도는 왼쪽
에 포치된 산악 사이를 돌아오는 행렬 앞에 울긋불긋한 비단 천을 받쳐
든 사람이 있고, 그 뒤에 주인공으로 생각되는 인물이 붉은 옷을 입고 있
어 한양에서 축성전을 방문하러 오는 행렬 장면을 그린 것이라 추정된다.

끝으로 선종의 법통을 이은 祖師들의 일화를 그린 것이 평안북도 의주
군 金光寺 白華殿에 남아 있다. 이것은 1848년 중건 때 그려진 원본 위에
가채를 한 것으로 정면 툇간 위의 오른쪽과 왼쪽 끝에 각각 慧可斷臂圖와
弘忍傳法慧能圖가 있다(도 21). 전자는 2대 慧可가 洛陽 崇山의 少林寺에
서 面壁으로 수행하던 달마대사 앞에서 자신의 팔을 잘라 법통을 이었던
결정적 순간을 그린 것이며, 후자는 6대 慧能이 5대 弘忍에게 매화가 가득
했던 黃每縣 東山寺에서 법을 전해받은 일화를 그린 것이다. 이는 앞 장에

---

38 "獨坐幽篁裏 彈琴復長嘯, 深林人不知 明月來相照(홀로 고요한 대밭에 앉아, 거문
고 뜯고 휘파람 분다. 깊은 숲이라 사람은 몰라도, 밝은 달이 와서 비추어 준다)."
池榮在 편역, 『中國詩歌選』, 을유문화사, 1981, 254쪽.

서 서술한 것처럼 19세기 초에 백파가 선종 중심으로 불교계의 혁신을 주
도하였던 경향이 선종 祖師의 일화가 그려지는 직접적인 배경이 되었다고
할 수 있다.

이상에서 처럼 북한의 사찰 벽화도 남한과 마찬가지로 19세기에 이르러
일반회화의 비중이 급격하게 확대되었으며, 현전하는 사례에 의하면 도석
인물화, 화훼화와 화조화, 고사인물화, 선종 조사의 일화를 그린 그림의
순서이다. 이러한 양상은 남한과 북한이 거의 동일하지만, 북한의 사찰 벽
화는 보전이 잘 되지 않아 사례가 현격하게 적을 뿐만 아니라 최근 심하
게 加彩되어 원래의 모습을 유추하기 어려운 상황이다. 하지만 만년사 대
웅전의 외부 동벽에 그려진 蘆雁圖는 벽화에 가채를 하더라도 원본의 조
형성을 근간으로 하였다는 중요한 사실을 뒷받침해준다.

Ⅳ. 맺음말

조선시대의 불교는 임진왜란 이후 중흥을 도모하면서 유교의 孝사상은
물론 現實求福的 성격이 강한 민간신앙도 적극 수용하는 通佛敎的 입장을
취하였다. 이는 모든 사찰 경내의 뒷편에 민간신앙이 반영된 七星閣을 비
롯해 獨聖閣, 山神閣이 건립되기 시작한 사실에 의해서도 뒷받침된다. 왜
냐하면 이들 전각에 봉안되거나 그려진 칠성, 독성, 산신은 불교 존상보다
위계질서는 아래이지만, 得男 · 財福 · 長壽의 소망을 기원하는 민간신앙이
었기 때문이다. 더불어 불교가 19세기로 갈수록 기복신앙으로서의 입지가
공고해지면서 사찰 벽화에 수용된 일반회화의 비중이 극대화된 것도 동일
한 의미맥락을 지니는 것으로 주목된다.

현전하는 남한의 사찰 벽화를 분석한 결과 17세기까지는 주요 벽면에
불교 존상도가 그려지고 부속 공간에 공양적 성격을 지닌 화훼도와 화조
도를 비롯해 나한도, 산수도, 여래도 등이 그려졌다. 하지만 18세기를 거

처 19세기에 이르면 사찰 벽화에서 일반회화의 비중이 극대화되었고, 현전하는 남한과 북한의 사례를 분석한 결과 다음과 같은 사실을 확인하였다. 일반회화 가운데 장수·부귀·복록 등의 길상적 의미가 강한 도석인물화가 가장 많이 그려졌으며, 다음으로는 길상성과 장식성을 동시에 지닌 민화풍의 화훼화와 화조화이며, 중국 고사나 통속 소설의 내용을 소재로 그린 고사인물화, 선종의 계보를 이은 조사들의 일화를 표현한 그림의 순서이다. 현전하는 사찰 벽화 가운데 도석인물화가 그려진 대표적인 예로는 남한의 麻谷寺 대광보전과 북한의 安佛寺 극락보전이며, 민화풍 화훼화와 화조화는 남한의 해인사 명부전과 북한의 보현사 영산전 등의 벽화에서 접할 수 있다. 또한 선종 조사의 일화가 그려진 예로는 남한의 신륵사 극락전과 북한의 금강사 백화전 등이 있다.

이밖에 남한 지역에서 민화풍의 화훼 화조도와 고사인물도가 사찰의 내외부 벽면에 가득 그려져 있어 '民畵의 寶庫'라 할 수 있는 통도사 명부전, 화훼도와 화조도가 내외부 벽면에 그려진 관룡사 약사전은 기복신앙처로서의 성격이 극대화된 경우로 특히 주목된다. 이러한 것은 19세기의 남한 지역이 북한 지역보다는 경제적으로 안정되면서 발달했던 대중문화의 다양한 양상이 사찰 벽화에 반영되었기 때문이다. 결론적으로 19세기의 사찰 벽화에서 비중이 극대화된 일반회화는 불교가 백성들의 기복신앙으로 정착되었음을 알려주는 시각자료로서 중요한 의미를 지닌다고 할 수 있다.

※ 본 논문에 도판을 제공해주신 도리사, 동북아불교미술연구소, 율곡사, 이연욱, 이용윤, 임권웅, (주) 옛터건축사무소, 해인사에 진심으로 감사드립니다.

참고문헌

사료

『三國史記』.
『三國遺事』.
『朝鮮王朝實錄』.

보고서 · 도록

대한불교조계종 민족공동체추진본부 엮음,『북한의 전통사찰』1-10권, 양사재,
　　2011.
문화재청 · 성보문화재연구원,『한국의 사찰벽화』, 경상남도 1, 2008.
　　　　,『한국의 사찰벽화』, 경상북도 2, 2011.
　　　　,『한국의 사찰벽화』, 대구광역시 · 경상북도 1, 2010.
　　　　,『한국의 사찰벽화』, 부산광역시 · 경상남도, 2009.
　　　　,『한국의 사찰벽화』, 인천광역시 · 경기도 · 강원도, 2006.
　　　　,『한국의 사찰벽화』, 충청남도 · 충청북도, 2007.
『北韓文化財解說集』2　寺刹建築篇, 국립문화재연구소, 1998.
『북한의 문화재와 문화유적』Ⅱ 사찰편, 서울대학교출판부, 1998.

단행본

郭若虛, 박은화 옮김,『圖畵見聞誌』, 시공사, 2005.
王圻 編,『三才圖會』6권, 민속원, 2004.
허균,『허균의 우리민화 읽기』, 북폴리오, 2006.

논문

朴桃花,「佛敎壁畵의 전개와 우리나라의 寺刹壁畵」,『한국의 사찰벽화』, 인천
　　광역시 · 경기도 · 강원도, 문화재청 · 성보문화재연구원, 2006.
　　　　,「朝鮮朝의 寺院壁畵」,『朝鮮佛畵』한국의 미 16, 중앙일보사, 1984.
　　　　,「韓國 佛敎壁畵의 硏究: 高麗時代를 중심으로」,『佛敎美術』6, 동국대
　　학교박물관, 1981.

백금숙, 「19世紀 佛敎界의 動向과 國家의 政策」, 고려대학교 석사학위논문, 2000.

李楹熙, 「韓國 寺院의 包壁畵에 대한 연구」, 동국대학교 교육대학원 석사학위논문, 1997.

이용윤, 「신륵사 극락전 벽화」, 『忠北史學』 20, 2008.

정병모, 「조선말기 불화와 민화의 관계」, 『講座 美術史』 20, 한국미술사연구소, 2003.

정병삼, 「19세기의 불교계의 사상적 추구와 불교예술의 변화」, 『韓國思想과 文化』 16, 2002.

정수일, 「조선후기 민화의 호작도 연구: 상징성과 조형성을 중심으로」, 홍익대학교 석사학위논문, 2008.

차미애, 「龍珠寺 大雄寶殿 內壁畵의 道釋人物畵」, 『한국의 사찰벽화』 인천광역시·경기도·강원도, 문화재청·성보문화재연구원, 2006.

최경현, 「松廣寺 星壽殿의 花卉·花鳥 벽화에 대한 고찰」, 『松廣寺 觀音殿 壁畵 保存處理 報告書』, 2003.

______, 「관룡사 약사전의 화훼 화조화 벽화」, 『관룡사 약사전 보수공사 보고서』, 2009.

한승구, 「17세기 이후 사원벽화의 연구」, 『文化史學』 5, 韓國文化史學會, 1996.

고구려 고분벽화 제작기술에 관한 연구

한 경 순*

I. 머리말

고구려 벽화제작 기술에 대한 연구는 불과 10년 전과 비교하면 급속한 발전을 보였다. 이러한 비약적인 발전은 접근성의 한계로 인한 고구려벽화의 체계적이고 과학적인 조사가 불가능하였기 때문이다. 그러나 고구려 고분벽화가 2004년 세계문화유산으로 등록되면서 UNESCO전문가들에 의한 과학적 조사가 진행되었고 남북관계의 호전에 따른 2006~2007년 간의 현장조사가 진행되면서 관련 연구 자료가 급속적으로 늘어났다. 과거에는 사용되는 용어의 일관성이 없고 실험 및 분석 자료는 전적으로 부족한 상태에서 일부 시료를 대상으로 한 조사연구가 되었으며 대부분 추론적 연구들이 진행되었다. 고대 벽화기술의 조사연구는 작품의 기원과 역사를 입증해 줄 정보를 제공해주며 미술사 분야에 실질적인 자료를 제공하여 준다.

※ 이 논문은 2012년 10월 12일 동북아불교미술연구소와 명지대학교 문화유산연구소 주최로 열린 북한의 문화유산 학술대회에서 발표한 내용을 수정·보완한 것이다.
  * 건국대학교 회화학과 교수

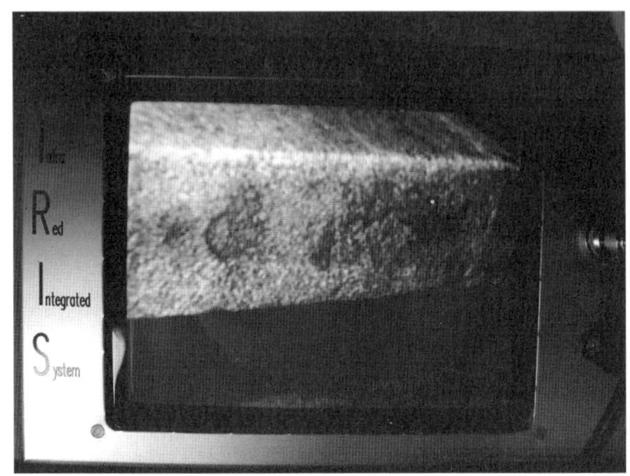

도 1. 강서대묘 시대측면 적외선사진(2006)

도 2. 진파리 1호분조사 작업사진(2007)

국내에서 관련 연구는 1998년 당시 국립중앙박물관 소재 고구려 고분 벽화 편을 대상으로 벽화제작기술에 관한 과학적으로 분석한 논문이 처음 발표되었다. 2006년에는 우리나라의 관련 전문가들이 북쪽의 고분벽화를 대상으로 현장조사를 진행하였고 그 다음해인 2007년에는 순수 벽화보존 관련 조사가 진행되었다. 과거에 비해 근간에 이루어진 노력들은 많은 성 과와 아울러 고분벽화에 대해 충분한 시간을 바탕으로 한 정밀조사의 필

요성을 갖는 계기가 되었다.[1]

　남아있는 고구려 벽화의 대부분이 석회 바탕에 채색되어 있다. 벽화제작을 위해 사용된 재료와 채색방법에 대한 논란은 아직까지 정리가 되질 않고 있다. 이번 논고에서는 국, 내외 전문가들의 분석과 실험한 결과 〈표 1, 2〉와 과거 선행연구 자료와 비교 검토하여 고구려 벽화 제작기술의 특징을 알아보고자 한다.[2]

〈표 1〉 고구려 고분벽화 제작기술관련 국내 연구자료

저 자	제목	발표연도
이상수 · 안병찬	「고구려벽화 제작기법 試考」, 『高句麗硏究』5, 高句麗硏究會	1999
채미영	「춤무덤과 씨름무덤의 벽화재료」, 『高句麗硏究』7, 高句麗硏究會	2000
채미영	「고구려벽화무덤의 바탕재에 대한 고찰-석회모르타르를 중심으로」, 『高句麗硏究』9, 高句麗硏究會	2003
안병찬	「高句麗 古墳壁畵의 製作技法 硏究-바탕벽 제작기법을 중심으로」, 『高句麗硏究』16, 高句麗硏究會	2003
한경순	「高句麗 古墳壁畵와 古代 유럽 壁畵의 比較硏究-벽화 제작기술을 중심으로」, 『高句麗硏究』16, 高句麗硏究會	2003
이종상	「韓國美術史에서 차지한 高句麗 壁畵의 位置-材料技法을 中心으로」, 『高句麗硏究』16, 高句麗硏究會	2003
진영선	「高句麗 壁畵의 材料擴張과 現代的 適用」, 『高句麗硏究』16, 高句麗硏究會	2004
Rocco Mazzeo	「Scientific Investigations of the Tokhung-ri Mural Paintings(408 A.D) of the Koguryo era, Democratic People's Republic of Korea, 북한 고구려 덕흥리 고분벽화의 과학적 조사」, 『Conservation of Koguryo Tombs, 고구려고분의 보존』 문화재청 · UNESCO공동주최보고서	2005

---

1 박아림 외, 『고구려벽화 연구의 현황과 콘텐츠 개발』, 2009, 145~146쪽.
2 박아림 외, 앞의 책, 2009, 146~148쪽.

유혜선	「高句麗雙楹塚壁畵의 顔料分析」, 『박물관보존과학』 6, 국립중앙박물관	2005
안병찬	「고구려 고분벽화의 제작기법 연구」, 『International Symposium; Mural Paintings from the Gogury Kingdom』, Germany	2005
진영선 외	『고구려벽화의 이미지복원』, 연구총서 3, 고구려연구재단	2005
Rocco Mazzeo	「Scientific Investigations of the Tokhung-ri Mural Paintings of Koguryo era, Democratic People's Republic of Korea」, 『고구려 고분벽화 국제 세미나』, 문화재청 · 국립문화재연구소	2006
Rocco Mazzeo 외 6인	「Scientific examination of mural paintings of the Koguryo Tombs」 『Proceedings of the Annual International Symposium on the Conservation& Restoration of Cultural Properties』, NRICP, Tokyo	2006
한경순 · 이화수	「고구려 고분벽화의 석회마감층에 관한 연구」, 『보존과학』 19, 한국문화재보존과학회	2006
국립문화재연구소	『남북공동 고구려 고분벽화 보존실태 조사보고서』	2007
국립문화재연구소	『남북공동 고구려 고분벽화 보존연구보고서』	2008
임권웅 · 이종헌	「고구려 오회분 오호묘벽화의 조벽지기법에 대한 연구」, 『고구려 발해연구』 30, 고구려발해학회	2009
한경순	「고구려 고분벽화 채색기법에 관한연구」, 『강좌미술사』 35, 한국불교미술사학회	2010

<표 2> 고구려 고분벽화 제작기술관련 국외 연구자료

저자	제목	발표연도
Rocco Mazzeo	「Scientific Investigations of the Tokhung-ri Mural Paintings (408 A.D) of the Koguryo era, Democratic People's Republic of Korea, 북한 고구려 덕흥리 고분 벽화의 과학적 조사」, 『Conservation of Koguryo Tombs, 고구려고분의 보존』 문화재청 · UNESCO공동주최보고서	2004
Rocco Mazzeo	「SCIENTIFIC INVESTIGATIONS OF THE TOKHONG-RI MURAL PAINTINGS OF KOGURYO ERA, DEMOCRATIC PEOPLE'S REPUBLIC OF KOREA」, 『고구려 고분벽화 국제 세미나』, 문화재청 · 국립문화재연구소	2005

Rocco Mazzeo 외 6인	「Scientific examination of mural paintings of the Koguryo Tombs」, 『Proceedings of the Annual International Symposium on the Conservation& Restoration of Cultural Properties』, NRICP, Tokyo	2006

II. 고구려 벽화의 채색안료

벽화에 사용된 안료에 대한 정보는 벽화보존분야에서 중요한 기초자료이며 다른 학문에도 중요한 자료로 활용된다. 고구려 고분벽화에 쓰인 안료에 대한 연구는 1991년 중국의 『博物館硏究』에 실린 李正平의 보고서에 제시된 분석 자료가 처음이라고 할 수 있다.[3] 내용은 집안지역 우산하 고분군 오회분 5호묘를 대상으로 분석은 장춘연구소에서 진행하였고 분석 결과만을 간략하게 언급하였다. 국내에서는 1998년 『高句麗硏究』 5집에 실린 이상수, 안병찬의 「고구려벽화 제작기법 試考」에서 밝힌 분석 자료가 처음이다.[4] 이 논문에서는 국립중앙박물관에 소장된 실제 벽화 편을 대상으로 정량 분석한 자료로 쌍영총 편, 통구12호 편, 출토지미상의 시료를 대상으로 적색과 흑색 두 가지를 중심으로 분석조사 하였다. 그후 2005년도 『박물관보존과학』, 6집에 실린 유혜선의 「高句麗雙楹塚壁畵의 顔料分析」에서 쌍영총 벽화 편을 대상으로 조사논문이 실렸는데 그 내용을 요약해 보면 다음과 같다.[5] 벽화의 바탕재료는 석회(Calcite & Aragonite)로 확인되었으며, 특히 패각(貝殼)이 원료인 아라고나이트 (aragonite) 광물이 최초로 확인되었다. 벽화를 채색하는데 사용된 안료는

---

3 李正平, 「集安高句麗墓室壁畵霉菌淸除技術報告」, 『博物館硏究』, 1991 .
4 이상수·안병찬, 「고구려벽화 제작기법 試考」, 『高句麗硏究』 5, 高句麗硏究會, 1998.
5 유혜선, 「高句麗雙楹塚壁畵의 顔料分析」, 『박물관보존과학』 6, 국립중앙박물관, 2005.

갈색으로 산화철 계, 적색으로 진사 또는 은주, 흑색으로 먹(C, 탄소), 흰색으로 주로 호분이 사용된 것으로 확인되었으며, 모든 안료 층에서 납이 검출되는 것으로 보아 석회층 위에 연백[$2PbCO_3 \cdot Pb(OH)_2$]을 도포한 다음 안료를 채색했을 가능성이 예측되었다.

중국은 1990년대 초반에 진행된 조사자료 이외에 별다른 연구 성과가 발표되지 않았으며 돈황석굴을 중심으로 채색안료와 벽화 바탕재료에 대한 조사연구가 진행되면서 고대 벽화에 사용된 안료의 정보를 얻을 수 있었다.[6]

2000년대 와서는 국, 내외로 고구려 고분벽화에 대한 채색안료 조사가 활기를 얻게 되었다. 이는 고구려 고분벽화의 세계문화유산 등재라는 계기로 유네스코 조사단과 국내 조사단이 평양 일대의 고분벽화를 대상으로 보존실태와 보존방안 마련을 위한 조사가 진행되었고 적잖은 연구 성과물들이 나오게 되었다.

채색안료에 대한 유네스코 조사단의 연구내용은 2004년부터 2005년에 걸쳐 진행되었다. 안료분석은 이탈리아의 볼로냐대학 교수인 Rocco Mazzeo에 의해 진행되었다. 분석내용은 덕흥리 고분, 약수리 고분, 수산리 고분, 진파리 1호분에서 얻어진 시료의 정량적 분석결과이며 2006년 동경에서 열린 국제 심포지움에서 이 분석결과를 종합적으로 정리 〈표 3〉하여 발표하였다.[7]

---

6 李最雄, 「실크로드 석굴벽화의 보존」, 『세계의 돈황학』, 중앙아시아학회 2007년 국제학술대회 논문집, 2007, 32~71쪽.

7 R. Mazzeo, E. Joseph, S. Prati, V. Minguzzi, G. Grillini, P. Baraldi & D. Prandstraller, 「Scientific examination of mural paintings of the Koguryo Tombs」, 『Proceedings of the Annual International Symposium on the Conservation& Restoration of Cultural Properties』, NRICP, Tokyo, 2006, pp.163~172.

〈표 3〉고구려 고분벽화에 국외 안료분석결과

색상 고분	적갈색 (Dark Red)	적색 (Red)	황색 (Yellow)	녹색 (Green)	청색 (Blue)	흑색 (Black)	백색 (White)
덕흥리	석간주 (Hematite) 자철석 (magnetite)	석간주 (Hematite)	황토 (Goethite)	녹토 (Green Earth)	녹토, 탄소 (Green Earth, Carbon)	탄소 (Carbon)	
수산리		진사 (Cinnabar) 석간주 (Hematite)	황토 (Goethite)	황토 (Yellow ochre)			연백 (Lead White)
약수리	석간주 (Hematite)		황토 (Yellow ochre)		탄소 (Carbon)	탄소 (Carbon)	
진파리 1호분	석간주 (Hematite)					탄소 (Carbon)	방해석 (Calcite)

2006년부터 2007년에는 국내조사단이 평양, 남포 일대 고분벽화 8기의 보존실태를 조사하였다. 보존실태를 중심으로 고고학적·역사학적·미술사학적·건축학적·자연과학적 조사 등 다양한 조사들이 진행되었고 그 중 채색안료에 대한 과학적 조사도 이루어졌다. 2007년에는 진파리 1, 4호분을 대상으로 보존관련 집중조사가 진행되면서 2006년도 자료보다 정확한 분석 자료를 얻을 수 있었다.[8] 현재까지 조사된 분석내용을 정리해 보면 〈표 4〉와 같다.

---

8 국립문화재연구소, 남북역사학자협의회, 『남북공동 고구려 고분벽화 보존실태 조사보고서』, 2006, 180~218쪽.
　국립문화재연구소, 남북역사학자협의회, 『남북공동 고구려 고분벽화보존 연구보고서』, 2007, 50~68쪽.

〈표 4〉고구려 고분벽화 국내 안료분석결과

색상 고분	적갈색 (Dark Red)	적색 (Red)	황색 (Yellow)	녹색 (Green)	청색 (Blue)	흑색 (Black)	백색 (White)	바탕색
덕흥리	석간주 (Hematite)		황토 (Goethite)	녹토 (Green Earth)	녹토, 탄소 (Green Earth, Carbon)	탄소 (Carbon)		연백 (Lead White)
수산리		진사 (Cinnabar)	황토 (Goethite)				연백 (Lead White)	연백 (Lead White)
약수리	석간주 (Hematite)		황토 (Goethite)		탄소 (Carbon)	탄소 (Carbon)		연백 (Lead White)
진파리 1호분	석간주 (Hematite)	진사 (Cinnabar)	황토 (Goethite)	녹토 (Green Earth)		탄소 (Carbon)	연백 (Lead White)	
호남리 사신총	석간주 (Hematite)	석간주 (Hematite)	황토 (Goethite)					
쌍영총	석간주 (Hematite)	진사 (Cinnabar)				탄소 (Carbon)	합분 (Aragonite)	연백 (Lead White)
강서 대묘		진사 (Cinnabar)	황토 (Goethite)	녹청 (Malachite)			연백 (Lead White)	
강서 중묘		진사 (Cinnabar)					연백 (Lead White)	
미인총							연백 (Lead White)	연백 (Lead White)

지금까지 조사된 고구려 고분벽화에 사용된 안료를 정리해 보면 다음과 같다.

백색은 연백을 주로 사용했으며 방해석(Calcite, $CaCO_3$)또는 합분(Aragonite, $CaCO_3$)을 사용한 것으로 밝혀졌다. 연백은 백색부분에 채색 이외에도 벽화의 바탕칠에서도 나타난다. 연백을 사용한 벽화의 바탕칠은 후한(後漢)대 벽화에서도 발견되는 데 고구려의 경우 안악 3호분에서 묘주와 묘주 부인초상화 바탕에서 연백의 사용이 확인되었으며 쌍영총 석회 벽면바탕에서도 발견되었다. 또한, 덕흥리 고분, 수산리 고분에서도 사용 가능성이 높으며 일본의 고송총 벽화에서도 연백의 바탕칠이 되었음을 알 수 있다. 2010년 유네스코조사단이 약수리 고분을 조사 후 연백바탕칠에 대한 가능성을 구두로 언급하였고 최근 중국 집안시에 위치한 미인총 시료에서도 발견되었다[9].

황색은 적색과 유사한 화학구조식의 산화철 안료를 사용한 것으로 나타났다. 보통 황토(Goethite, $Fe_2O_3 \cdot nH_2O$)라고 불리는 안료이며 고구려 벽화 초기부터 말기까지 사용되었을 뿐만 아니라 현재도 다양하게 사용되고 있다.

적색 안료는 적갈색과 적색으로 적갈색은 산화철 계열의 석간주(Hematite, Fe_2O_3)를 적색은 진사(Cinnabar ; HgS)를 사용한 것으로 나타나는데 朱沙라고도 하며 구하기 어려운 고가의 안료로 인공으로 얻을 수 있는 (銀朱(Vermillion ; HgS)로 대처하여 사용하였다.

녹색 안료에는 石綠으로 불리는 염기성탄산동(孔雀石, Malachite, $CuCo_3 \cdot Cu(OH)_2$)이 대표적 안료이다. 고대에 녹색으로 이용되는 안료에는 석록과 綠土(Green earth,))가 있으며 고구려 고분벽화에서도 두 가지의 녹색 안료를 사용한 점을 발견할 수 있다.

청색은 고구려 벽화가 화려하게 채색되었다고 해도 화면에서 청색을 찾기는 쉽지 않으며 진파리 4호분과 약수리 고분에 있는 청색부분을 휴대용

---

9 한경순, 「고구려 고분벽화 채색기법에 관한 연구」, 『강좌미술사』, 2010, 354~355쪽.

XRF를 이용하여 조사한 결과 청색 안료로 판단할 수 있는 원소를 찾질 못하였다.

혹색은 탄소(Carbon black)성분이며 주로 기름과 樹脂의 그을음으로 제작한다. 혹색은 실제로 많이 사용되고 중요한 색상이지만 사용되는 소재는 아주 단순하다. 먹은 그을음에 아교를 섞어 굳힌 것이다. 고구려 고분벽화에서 혹색은 대체로 먹을 사용했을 것으로 판단한다.

그 외, 채색면을 장식하기 위한 재료로 현재까지 밝혀진 것 중 금색은 진파리 4호분에는 금박(Au)을 이용하였고 오회분 5호묘에는 금과 은이 발견되며 옥으로 상감되어 장식된 부분도 발견된다.

Ⅲ. 고구려 벽화의 채색기술

1. 고구려 고분벽화의 마감벽체 제작기술[10]

고구려 고분벽화의 제작기법은 바탕 벽에 따라 化粧地와 粗壁地기법으로 구분하며 채색방법에 따라 습식과 건식으로 분류하고 있다. 지금까지 조사된 내용을 보면 안악3호분을 제외하고 전기에 제작된 벽화는 대부분 화장지 기법으로 벽면이 조성되었으며 후기에 속하는 호남리사신총, 강서대묘, 중묘와 오회분 4호묘, 5호묘가 조벽지기법으로 제작되었다. 벽화의 대표적인 제작방법인 화장지기법은 잘 수화된 소석회[Ca(OH)2]에 모래, 점토, 섬유질 등을 혼합하여 만든 반죽을 벽면에 바르고 그 위에 그림을 그리는 방법이다. 이러한 방법은 오랜 기간 동양과 서양에서 공통으로 많이 사용된 벽화제작기술이며 고구려 고분벽화도 대부분 화장지기법으로 제작되어 있다. 조벽지기법은 벽면에 석회나 흙 같은 미장재료를 사용하

---

10 박아림 외, 앞의 책, 2009, 156~157쪽.

지 않고 벽면 위에 바로 그리는 방법을 말하는데 넓은 의미로 보면 선사시대의 동굴벽화도 조벽지기법이라 할 수 있다. 회화(繪畵)의 시초(始初)이자 원류(原流)로 설명되는 선사시대 동굴벽화는 자연동굴 돌면 위에 제작되어 있다. 고구려벽화에서 조벽지기법은 선사시대 동굴벽화와는 다르게 제작된 벽화로 넓은 돌 표면을 곱게 다듬어 그 위에 바탕칠을 하고 채색하였다.

벽화의 일반적인 채색방법은 습식(a fresco)과 건식(a secco)방법으로 크게 구분하며 반 습식(mezzo fresco)이라 하여 건식과 습식의 절충방식도 있다. 이러한 구분은 서구의 대표적인 벽화제작과정에서 구분하였고 동양의 경우 종교벽화를 대상으로 조사한 결과 대부분 건식 방법으로 설명되어왔다(표 5).

최근 동양의 고분벽화에서 서구에서 말하는 습식기법으로 제작된 벽화들을 발견하면서 동양 벽화 제작기술에 대한 면밀한 연구의 필요성을 인식하고 있다.

고구려 고분벽화의 채색방법도 일반적인 습식과 건식으로 구분하며 최근의 연구 성과들을 종합해보면 대부분이 건식기법이라고 할 수 있으며 석회바탕 벽에 그려진 경우 습식과 건식을 혼용한 반쪽 습식이라고도 설명할 수 있다. 습식이나 건식으로 구분하는 경우는 대부분 벽체의 모르타르(Mortar)로 마감을 한 후 제작하는 기술에서의 구분이다. 즉 화장지 기법에 따른 벽화의 구분이라고 할 수 있다. 현재는 벽화 채색 시 젖은 회벽면에 접착매제 없이 채색하는 전통적인 습식방법을 제외하고 마른 벽이나 판에 안료와 접착매제를 혼합하여 그린 모든 그림방식을 건식으로 지칭한다. 서구의 템페라(Tempera)기법이나 고구려 벽화에서 나타나는 조벽지기법 등이 모두 건식방식의 채색방법으로 구분할 수 있다.

<표 5> 화장지기법의 벽화채색방법

구분 \ 종류	습식(fresco)	반 습식(mezzo fresco)	건식(secco)
지지층 (初, 中壁)	석회, 화산재, 모래, 섬유질	석회, 화산재, 모래, 섬유질	석회, 흙, 모래, 섬유질
마감층(畫壁)	석회, 대리석가루, 백토	석회, 대리석가루, 백토	석회, 모래, 점토 등과 섬유질, 접착제 혼합
채색방법	화면이 젖은 상태에서 물과 혼합하여 채색	습식과 동일하나 그림 마무리과정에서 매제와 혼합하여 마무리채색	화면이 건조한 상태에서채색
매제	접착매제 사용안함 (탄산염화작용)	접착매제 사용	접착매제 사용

(1) 고구려 고분벽화의 화장지(회벽)기법

그간 조사된 자료들을 정리해보면 고구려 벽화의 화장지기법은 매우 발달한 벽체제작기술임을 알 수 있다. 고구려 벽화의 화장지기법 관련하여 최초의 과학적인 조사를 진행한 것은 1991년도 Rodolfo Lujan이 작성한 유네스코의 조사보고서로 석축 위에 석회를 바르고 그 위에 채색되어있으며 회벽의 구조는 3개 층으로 6~7cm두께로 제작되었다고 기술하였다. 그후, 1998년 『高句麗硏究』 5집에 실린 이상수, 안병찬의 「고구려 벽화 제작기법 試考」에서 쌍영총, 통구 12호분의 벽화 편에 대한 과학적인 조사를 통하여 국내에서 처음으로 고구려의 화장지기법 구조를 파악할 수 있었다. 2003년에는 『高句麗硏究』 16집에 실린 안병찬의 「고구려 고분벽화의 제작기법 연구-바탕 벽 제작기법을 중심으로」에서 하해방 31호분의 편을 대상으로 조사하였다. 이 두 조사논문에서 밝힌 고구려 고분벽화의 회벽 제작기술의 특징은 다음과 같다.

고구려 고분벽화에서 회벽을 조성하여 제작된 벽화의 제작기술의 특징은 회반죽의 첨가 혼합된 재료와 회의 사용방법이 구조적으로 발달하였음을 살펴볼 수 있다. 회반죽은 크게 초벌층, 바탕층, 마감층의 3개의 층으로 구분되는 안정적인 구조를 지니고 있다. 각 층의 용도에 알맞도록 회반

도 3. 진파리 4호분 북면벽화(2007)

죽에 점토 또는 모래, 식물성 여물 등을 첨가해 사용하였는데 초벌층은 회 반죽에 점토를 섞고 바탕층은 여물을, 마감층은 순수한 석회만 사용하여 표면을 치밀하고 매끈하게 만들었다. 위와 같은 3개 층 석회벽 제작기술 은 4세기 통구와 평양지역 고분벽화에 공통되게 나타난다. 그러나 7세기 가 되면 단 일층 석회벽 제작기술이 신라지역 및 일본에 등장하는 것으로 보아 석회벽 제작기술이 변화된 것으로 보고 있다.[11]

2006년, 2007년간 남북공동조사로 평양 일대 고분벽화를 대상으로 학술 조사가 진행되었다. 조사된 내용 중에 회벽으로 제작된 벽체의 구조와 재 료적 특성에 관한 자료를 살펴보면 다음과 같다.

2006년 조사는 8기의 고분의 수습된 석회 시료를 대상으로 이루어졌으 며 조사결과, 석회의 성분에 대한 확인과 혼합물로 모래, 식물섬유보강제 등이 확인되었다.[12] 2007년에는 진파리 1, 4호분을 집중하여 조사되었고 회벽제작에 관한 좀 더 자세한 과학적 자료를 확인할 수 있다. 진파리 1호 분의 연도 바닥에서 채취한 시료는 흙 미장층과 회 미장층의 일부를 포함

---

11 박아림 외, 앞의 책, 2009, 159~161쪽.
12 국립문화재연구소, 남북역사학자협의회, 2006, 185~216쪽.

하고 있다. 진파리 1호에서 채취한 시료는 채취 위치와 그 형태로 보아 연도의 벽체부에서 박락된 것으로 판단되며, 채색층은 관찰되지 않았다. 시료의 단면을 실체현미경으로 관찰한 결과 대략 3개의 층이 관찰되고, 시료의 가장 아랫부분에 위치하는 1차 층은 두께가 4~7㎜의 점토층으로 2차 층보다 연질이다. 가운데 위치하는 또 하나의 점토층인 2차 층은 두께가 4~10㎜로 1차 층보다 진한 갈색을 띠며 물이 흐른 듯한 진한 갈색의 층이 존재하고, 군데군데 석회 알갱이들이 혼재되어 있다. 가장 위쪽의 백색층은 회 미장층으로 실제 벽화에서의 회 미장층의 두께는 정확히 알 수 없으나, 시료 상에서는 2~4㎜이었다. 이 시편에서 회 미장층의 표면이라 생각될 만한 다듬어진 표면은 관찰할 수 없었는데, 이는 회 미장의 표면 부분이 박락되어 유실되었기 때문이라 생각된다.

시료의 층위별 점토 성분의 특징을 알아보고자 SEM-EDX분석을 실시하였다. 그 결과, 회 미장층은 그 원소함량(%)이 칼슘(Ca) 15.25, 규소(Si) 2.20, 마그네슘(Mg) 1.60, 알루미늄(Al) 0.25로 약간의 흙이나 모래 등을 포함하는 석회임을 확인하였다. 한편, 1차 점토 미장층과 2차 점토 미장층에서 약간의 화학조성의 차이가 나타나는데, 칼슘의 함량에 있어 2차 층이 1차 층에 비하여 높게 나타난다. 이것은 시편의 일부만을 분석한 결과로서 확대 해석하여 단정 지을 수는 없으나, 임의적인 석회의 첨가에 의한 차이이거나 흙의 채취장소가 다름에 따른 차이일 가능성도 배제할 수는 없다. 또한, 진파리 1호분에서 채취한 시료의 분석결과는 고분벽체의 국부적인 파편에 대한 결과로서 실제벽체의 층위구조와 제작기법을 확인하기에는 부족하며, 이 국소적 분석결과만으로 벽체의 층위와 제작기법을 논하는 것은 무리가 따른다. 이상으로 조사 및 분석결과 추론된 내용을 종합하여 진파리 1호분 벽체구조를 정리하면 다음과 같다. 먼저 연도의 경우 자연석을 이용 석벽을 쌓고, 거칠게 가공된 판석으로 천정을 조성하였으며 그 위에 두터운 점토와 회로 미장층을 조성하였다. 현실입구 및 현실내부 또한 자연석을 이용하여 석축을 쌓고 점토와 회로 미장층을 조성하였

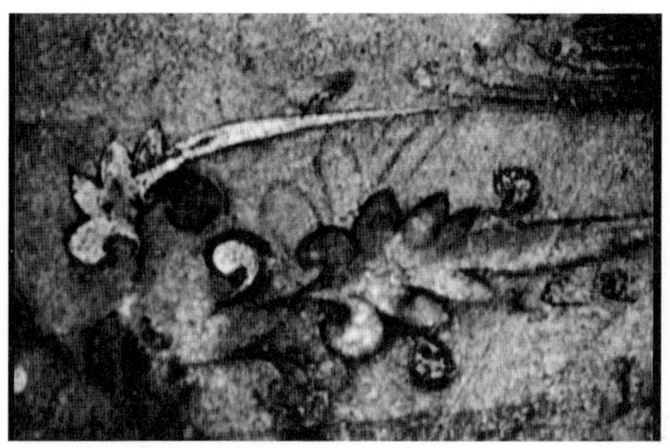

도 4. 진파리 4호분 북면좌측상단 적외선사진

다. 특히 현실 바닥에도 회 포장 흔적을 관찰할 수 있었다.[13]

진파리 4호에서 얻어진 시료를 대상으로 조사 분석한 결과, 채색의 바탕인 매우 얇은 백색층 아래에 모래알 크기의 광물입자들이 분포하는 밝은 황토색(약간 분홍색에 가까움)층 관찰되며 두께가 수 ㎜에 해당하는 밝은 황토색층 아래에 석회층으로 보이는 백색의 두꺼운층 관찰된다. 백색의 두꺼운 석회층 아래에 석회와 흙으로 형성된 것으로 보이는 백색과 검붉은색의 여러 층이 보이며 가장 밑에 있는 백색층 아래에 잡석을 쌓거나 판석을 이용한 석벽이 나타난다. 백색층 아래에 대략 수십 ㎛-2㎜ 정도의 광물입자들이 분포하는 3.5-4.5㎜의 황토색층인 레이어3는 알루미늄(Al), 규소(Si), 칼슘(Ca) 및 소량의 철(Fe)이 분포하며, 칼슘의 함량(%)을 소석회($Ca(OH)_2$)의 양으로 환산했을 때 대략 18-30%의 소석회가 분포되어있으며 황토색층 아래에 존재하는 두께 2.5-4㎜의 백색층에서는 칼슘(Ca)이 대부분으로 어떤 이유에서 색상이 변한 탄산칼슘층으로 판단된다.[14]

---

13 국립문화재연구소, 남북역사학자협의회, 앞의 보고서, 2007, 47~48쪽.
14 국립문화재연구소, 남북역사학자협의회, 앞의 보고서, 2007, 35~41쪽.

(2) 고구려 고분벽화의 조벽지(석벽)기법

앞서 언급했듯이 조벽지 벽화는 대부분 동굴벽화에서 나타나는 벽화의 제작기법으로 가장 오래된 벽화의 제작기법이라 할 수 있다. 이 기법은 동굴이나 건축물의 석재면에 석회나 황토의 미장 또는 덧칠하지 않고 거친 벽면에 바로 안료로 그림을 그려 놓는 방법으로 이렇게 그려진 조벽지벽화는 다른 구조물 내부에 제작된 벽화에 비해 변질이 없고, 보존 상태가 좋은 특징을 보인다.

고구려는 초기에는 주로 화장기 기법을 많이 쓰다가 후기로 갈수록 조벽지기법이 많이 나타난다. 이는 고분벽화가 조영되는 초기에는 중국계 양식인 博築墳과 이에 따른 벽화 기법이 받아들여졌다가 점차 고구려 특유의 묘제인 거석을 이용한 箱形石棺이 많아지면서 나타나게 된 변화라 할 수 있으며 고구려만의 묘제형식을 갖고 있다고도 할 수 있다.

초기의 대부분 고분벽화는 전축분의 영향을 받아 벽체를 작은 돌을 쌓아 조성하였고, 그 위에 면을 고르고 벽화의 바탕이 되는 화면층을 만들면서 석회 가공기술과 벽체조성 기술이 발달하였다. 후기로 가면서 묘제 형식이 거석으로 主壁을 조성함으로써 길이가 길고 면이 다듬어진 넓은 畵面을 얻을 수 있어 회반죽이나 회칠 없이 직접 그림을 그려 넣게 된 것으로 본다.

조벽지 벽화기법는 그림의 기저가 되는 석벽면 조성보다는 그 위에 채색된 재료의 종류인 바탕칠 재료와 사용된 매제(Medium)와 채색방법에 대한 규명이 매우 중요한데 지금까지 정확한 해석은 나오지 않았다.

2. 고구려 고분벽화의 채색방법

(1) 고구려 고분벽화의 회벽면 채색방법

고구려 고분벽화의 회벽면 채색방법은 습식과 건식방법 또는 반 습식방법으로 구분하는 벽화채색기법 중의 하나일 것이다. 국내의 벽화 전문가들은 고구려의 석회벽 면에 채색방법에 대하여 서양전통 습식채색방식인 프레스코기법으로 제작되었다고 주장하였다. 이러한 주장은 1998년 『高句麗硏究』 5집에 실린 이상수, 안병찬의 「고구려벽화 제작기법 試考」에 실제 벽화 편을 대상으로 조사한 결과에 의해 반증되었다. 조사결과, 고구려 벽화가 만약 프레스코화 기법이라고 한다면 안료의 표면에 탄산칼슘 결정이 일정하게 존재해야 하지만 적색안료의 경우처럼 미형성된 부분이 많은 점과 탄산칼슘층 속에 안료가 함께 존재하지 않은 이유는 그림을 마른 회벽에 그렸기 때문이다. 또한 안료의 내구성을 높이기 위해 아교와 같은 매개물을 섞어 그린 것으로 추정하고 있으며, 이는 결국 안료에 접착 매개물을 섞어 사용했다는 결론에 도달하게 되는데 이는 곧 벽화제작자가 프레스코기법의 원리를 모르고 그림을 그렸다는 의미에서 프레스코화는 아니라는 결론에 이르고 있다. 또한 적색계열의 채색층에서 공통적으로 나타나는 안료입자의 부푼 상태를 매개물의 존재로 해석함으로서 정확하게 과학적으로 안료 접착용 매개물의 존재를 증명할 수 없지만, 고구려벽화의 제작기법은 일단 "프레스코기법은 아니다."라고 결론 내리고 있다.

그후 2005년에는 같은 벽화 편을 조사대상으로 보충하여 분석한 내용을 발표하였는데, 벽화의 제작기법은 적색계열 안료입자의 부푼 상태로 보아 안료접착용 매개물의 존재가능성 및 그림이 그려져 있는 영역에서만 연백[$2PbCO_3 \cdot Pb(OH)_2$]을 바르고 각 안료를 채색했을 가능성이 매우 높은 것으로부터 습식 프레스코화가 아닌 건식기법이 적용되었을 가능성으로 보고 있다.[15]

2003년에 하해방지구 31호분 벽화 편을 대상으로 고구려 고분벽화의 회벽 제작기법을 조사하였는데. "고구려 벽화의 회벽에 채색방법은 흔히 濕式畵法과 乾式畵法으로 대분되는 방식으로 구분되기보다는 양쪽이 혼용된 방식으로 매제사용의 숙련된 기술력을 찾아볼 수 있으며 가능성 또한

---

15 유혜선, 앞의 논문, 2005, 54쪽.

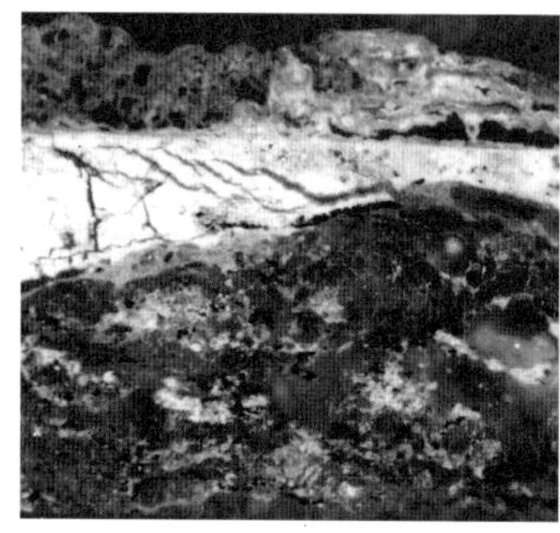

도 5. 덕흥리 고분벽화채색 층 단면   도 6. 진파리 1호분 벽화채색 층 단면

충분하다."라고 하였다.[16]

2004년에는 유네스코 평양고구려 고분벽화조사팀 중 안료분석 전문가인 Rocco Mazzeo교수가 덕흥리 고분벽화의 벽화 편을 대상으로 조사하여 채색기법에 대해 밝혔는데, 채색층의 견고함과 채색층 표면에 형성된 탄산칼슘층의 존재로 보아 고구려 고분벽화는 프레스코화이며 유럽의 프레스코벽화 시료와 흡사한 형태를 지니고 있음을 설명하였다.[17]

2007년에 남북공동으로 진파리 1, 4호분을 대상으로 한 조사보고서에서 언급된 채색방법에 대한 내용을 요약하여 기술하면 다음과 같다. 진파리 1호의 경우, 채색방법에 대한 조사는 정밀분석에 필요한 적절한 시료가 없었고 현장에서 육안 관찰 등에 의존하여 판단하기에는 미흡하기에 언급하기가 조심스러우나 몇몇 그림에서 습식법을 이용하여 그림을 그렸을 것으로 추측되는 형태를 관찰할 수 있었다. 그 중 가장 특이한 점은 천장 부

---

16 안병찬, 「高句麗 古墳壁畵의 製作技法 硏究-바탕벽 제작기법을 중심으로」, 『高句麗硏究』 16, 高句麗硏究會, 2003.

17 Rocco Mazzeo, 「Scientific Investigations of the Tokhung-ri Mural Paintings(408 A.D) of the Koguryo era, Democratic People's Republic of Korea」, 『Conservation of Koguryo Tombs, 고구려고분의 보존』 문화재청 · UNESCO공동주최보고서, 2004.

위의 연꽃문양 그림에서 원을 그리기 위한 중심점에 깊이가 있는 구멍이 관찰되었다. 회가 마른 상태에서 구멍이 만들어진다는 것은 쉽지 않을뿐더러 과연 고도의 기술을 가진 고구려 화공이 필요 없는 구멍을 일부러 만들리가 없었으리라 생각된다. 그렇다면 젖은 회면에 원을 그리면서 생긴 구멍으로 추측되며 이는 어떠한 형태든 회면이 마르기 전 그림을 그리기 위한 작업이 진행되었으리라 판단된다. 이러한 형태는 덕흥리 벽화 고분에서도 많이 발견되고 있다.[18]

진파리 4호의 채색방법에 대한 시료조사 결과, 채색층은 10~20㎛ 두께의 철(붉은색) 또는 구리(녹색)을 주로 함유하며, 100~200㎛ 두께의 백색층 위에 존재하며 채색 층 바로 아래에 존재하는 100~200㎛의 백색층은 주로 칼슘(Ca)과 알루미늄(Al) 및 광물입자형태의 규소(Si)와 함께 소량의 칼륨(K)이 분포하는 것으로 조사되었다.[19] 채색층 아래의 백색 바탕층이나 그 밑에 점토혼합물 층에 구조로 볼 때의 건식화법에 의해서 채색되었음을 정확히 파악할 수 있다.

(2) 고구려 고분벽화의 석벽 면 채색방법

고구려 고분벽화에서 조벽지 벽화기법이란, 화강암 등의 판석을 정이나 물매질로 면을 다듬어 평평하게 만들어 화면을 조성하고 그 위에 채색하는 방식을 말한다. 이와 관련된 연구자들의 연구내용들을 살펴보면 다음과 같다.

2003년 이종상에 의하면, 판석에 도구를 이용하여 면을 다듬질하고, 그 위에 비수용성 무기질 안료를 수지나 봉밀에 섞거나, 아예 접착제 없이 그대로 석면의 요철 사이에 끼워 넣는 것으로 채색층과 바탕층이 사실상 일체가 된다. 이때 일반적인 毛筆로서는 점성도가 높은 水干彩나 광물성 안료를 표면이 거친 석면 위에 바를 수가 없기에 木筆이나 竹筆을 사용하여

---

18 국립문화재연구소, 남북역사학자협의회, 앞의 보고서, 2007, 46쪽.
19 국립문화재연구소, 남북역사학자협의회, 앞의 보고서, 2007, 40~41쪽.

강한 압력을 가하여 중복되는 도장기법을 활용한 것으로 보인다.[20]

　2005년 한경순은 조벽지벽화에 대해서 다음과 같이 언급하였는데, 고구려후기(6~7세기)엔 色彩上으로나, 技術上으로 볼 때 고구려 벽화의 절정기라 할 수 있다. 후기로 들어오면서 고분벽화는 축조에 있어 이전의 작은 돌이 아닌 물갈이(水魔)한 巨石 또는 一枚板石의 화강암 등을 쓰는 예가 많아졌다. 벽화제작은 석면에 바로 그리는 粗地壁畵기법이 많이 나타나게 된다. 이렇게 석면에 직접 채색할 수 있는 기술은 안료와 혼합하여 사용되는 접착매제의 특수성인데 사용된 매제로의 가능성으로 식물성 건성유, 옻 등을 들 수 있다. 또한 색채의 배합기술의 발달로 전체적으로 밝고 화려한 색감이 표현되고, 채색을 통한 입체감의 표현도 시도되었다. 사용된 안료도 더욱 다양화 되면서 朱砂, 錄靑, 石靑, 黃土, 胡粉 등의 안료가 다양하게 사용된 것으로 보이며, 중기에 비해 더욱 다양하고 밝은 색조가 많이 나타나게 되었다.[21]

　2008년 오회분 오호묘를 대상으로 제작기술에 관한 논문이 발표되었는데 내용이 다음과 같다. 흑선과 색선이 확연하게 두꺼운 도료적인 특징을 갖고 있다. 특히, 흑선은 옻칠의 도막과 동일한 광택과 두께를 가지고 있으며 결로현상이 보이는 곳일수록 선명하며 칠기 제작과정에서 물이 닿았을 때 보이는 선명함과 같은 맑은 투명함을 관찰할 수 있는데 이것을 칠예에서는 옻칠의 선영성이라 한다. 벽면 전체의 종갈색의 도장제가 칠해져 있으며 탈락한 곳의 화강암은 본래 바탕색과 확연히 구분된다. 즉, 화강암에 직접 그려진 것이 아니라 화강암 바탕에 도료가 도장되어 있으며 그 위에 그려진 것이다. 바로 生地에서 熟地로 바탕을 처리한 후 그려진 것이다. 화강암 판석의 이음새에 종갈색의 접착제를 사용한 것으로 보이며 일부 도장제나 접착제가 흘러내린 흔적이 있다. 칠기 제작상에 자주 사

20　이종상, 「韓國美術史에서 차지한 高句麗 壁畵의 位置-材料技法을中心으로」, 『高句麗研究』 16, 高句麗研究會, 2003.

21　진영선 외, 『고구려 벽화의 이미지 복원』, 고구려연구재단, 2005, 44~47쪽.

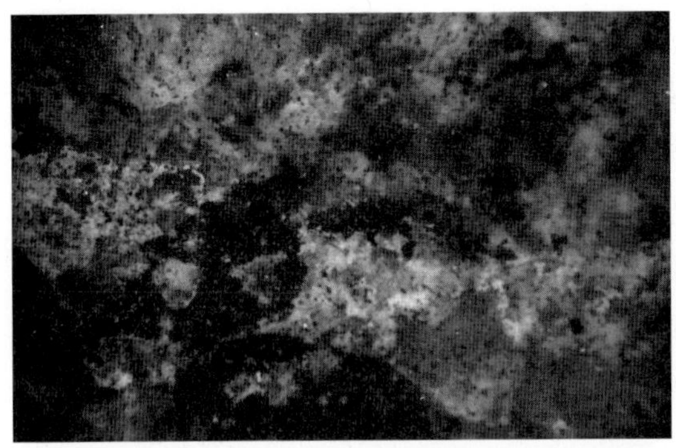

도 7. 강서대묘 동벽 채색 층 박락부위

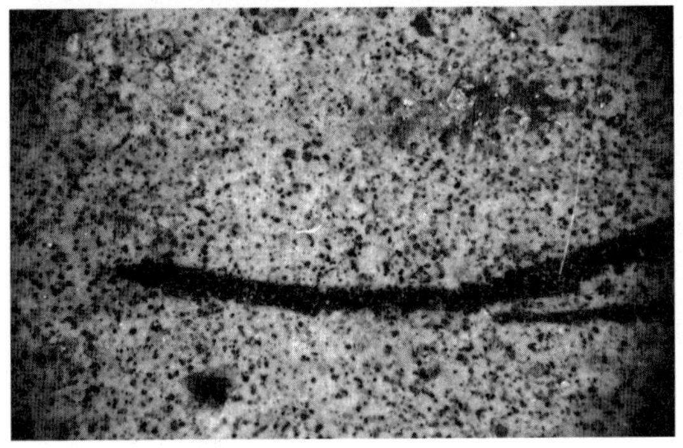

도 8. 안악3호분 동벽 인물상 눈썹부위

용되는 금과 옥, 녹송석 등을 사용하였다. 금은 일부 회벽에 사용되기는 하지만 옥이나 녹송석은 칠기에 많이 사용되어 온 재료이다. 일부 안료의 채색이 묻어나오며 미끄러운 점액질로 유지의 특성을 띤다. 결론적으로, 옻과 유지를 사용했다는 흔적을 외관상으로도 쉽게 확인할 수가 있다.[22]

안악3호분의 경우는 오회분 오호묘나 강서대묘에서처럼 채색층이 두꺼운 도막을 형성하고 있지 않다. 석면에 채색되어 있다. 유네스코산하 보존센타(ICCROM)의 벽화보존전문가인 Rodolfo Lujan은 2004년 현장방문에

22 임권웅 · 이종헌, 「고구려 오회분 오호묘벽화의 조벽지기법에 대한 연구」, 『고구려발해연구』 30, 고구려발해학회, 2008, 79쪽.

서 북한 쪽 관계자들에게 "석면 바탕에 석회수를 바르고 그 위에 채색된 것으로 생각된다."라는 의견을 제시하였다.

Ⅳ. 연구결과고찰

1. 고구려 고분벽화의 채색안료

최근까지의 고구려 벽화에 사용된 안료에 대한 조사결과에 따르면 대체로 천연광물성이 주를 이룬다. 중간색을 내기 위해 안료를 혼합하여 사용한 흔적들도 찾아냈다.[23] 채색재료에 대한 분석은 충분한 분석 자료들의 축척과 면밀한 해석이 요구되는바 현재까지 그러하지 못한 것이 현실이다.

백색의 경우, 대부분 방해석(方解石, Calcite, CaCo3)과 연백[鉛白, Lead white, 2PbC03·Pb(OH)2]으로 조사되었다. 최근 쌍영총 벽화 편 분석 자료에서 합분(蛤粉, Aragonite, CaCo3)이 발견되었는데, 고대회화의 주요 안료로 우리나라에서 합분 안료의 사용으로는 현재까지 발견된 가장 이른 시기의 것으로 볼 수 있다. 탄산칼슘을 성분으로 하는 백색안료로는 방해석, 합분, 석회가 있다. 이중 방해석이 일반적으로 가장 많이 사용되었으며 석회의 경우 방해석의 대처 안료로 사용했을 가능성이 높다. 양질의 석회 안료를 만들려면 오랜 숙성기간과 몇 차례의 가공이 필요하다. 방해석과 석회를 가공하여 만든 안료는 분석을 통하여 명확히 구분하여 밝혀내기가 쉽지 않으며 세밀한 분석 자료의 비교가 필요하다. 또한, 합분 또한 방해석하고 유사한데 광물분석을 통해서 그 구분이 가능하다.

적색 안료로는 赤鐵鑛(Hematite, Fe_2O_3)와 진사(辰砂, Cinnavar, HgS)를

---

23 국립문화재연구소, 남북역사학자협의회, 앞의 보고서, 2006, 194~195쪽.

사용한 것으로 나타났다. 석간주는 적색 또는 적갈색에서 나타나는데 일반적으로 赤鐵鑛(Hematite)에서 얻어지는 것을 말한다. 그러나 석간주를 적철광이라는 해석은 무리가 있다. 산화철이 주성분인 적색의 경우 赤土(Red Natural Ochre, $Fe_2O_3 \cdot H_2O$)도 대처하여 사용할 수 있는 데 산화철의 함량이 적철광에서 얻어지는 석간주에 비해 떨어지며 색상은 동일하다. 그 외, 구성성분에 따라 Cinabrese($Fe_2O + _3CaCo_3$)나 Mar Red($Fe_2O_3 + Al_2O_3$)도 산화철계의 안료이며 색상이 유사하다. 순수 적철광산지가 없는 우리나라의 경우 석간주 사용은 조심스럽게 기술되어야 할 부분이며 우리나라에서 많이 나오는 褐鐵鑛에 열을 가하면 비교적 안정적인 성분의 석간주를 얻을 수 있는 점도 고려해야 할 것이다. 진사의 경우 朱沙라기도 하는데 오래전부터 사용된 안료로 과거로부터 현재에 이르기까지 구하기 어려운 고가의 안료로 인공으로 얻어내는 銀朱(Vermillion ; HgS)를 고대부터 대처해서 사용해 왔고 고구려벽화에서도 사용되었을 가능성이 높다.

녹색 무기안료 중 대표적인 것은 석록(孔雀石, Malachite, $CuCo_3 \cdot Cu(OH)_2$)과 綠土(Ceradonite, Fe, Mg, Al, K)가 있다. 고구려벽화의 채색 안료 연구를 통해서 우리나라에서 가장 이른 시기에 사용된 석록과 녹토를 발견하였다. 석록의 경우, 안악 3호분 묘주부인의 상의 소매 단을 채색한 안료로 들었으며 녹토는 덕흥리 고분에서 발견되면서 우리나라 고대안료 연구에 커다란 성과가 되었다. 그렇지만 녹토의 경우 석회 바탕에 채색하였을 경우 갈색으로 쉽게 변하는 특성을 갖고 있는 점도 간과해서는 안 될 것이다.

청색의 경우, 일부에서 특정 식물성 안료를 적절히 사용했을 가능성을 예측하고 있다. 대표적인 고대 청색안료로는 藍銅鑛[Azurite, $2CuCo3 \cdot Cu(OH)2$]과 靑金石(Lapis lazuli, $3Na2O \cdot 3Al2O3 \cdot 6SiO2 \cdot 2Na2S$)이 있으며 세계각지에서 산출되지만, 산출량이 적어 과거로부터 귀한 안료로 취급되었다. 향후, 고구려의 벽화에 사용된 청색 안료에 대한 세밀한 연구가 진행되어야 정확한 것을 알 수 있을 것이다.

2. 고구려 고분벽화의 채색기술

고구려 고분벽화의 채색기술 중 석회 바탕벽에 채색하는 방법을 습식(a fresco)과 건식(a secco)방법으로만 구분할 필요는 없다고 본다. 습식의 건식의 가능성이 둘 다 있으며 흔히 반 습식(mezzo fresco)이라 하는 방법과 가장 유사하다. 그러나 필자는 이 부분을 고구려 특유의 벽화방식 또는 동양의 벽화제작기술로 설명되어야 한다고 생각한다. 서양의 벽화제작기술과 유사한 점이 많으나 확실한 차이는 있다고 할 수 있다. 고구려벽화는 서양에서 말하는 완전한 습식방식(Buon fresco)은 아니며, 습식방법에 따르는 방식을 사용하였고 물만으로 채색하는 서양의 습식방법과는 달리 연질의 고착 매제를 혼합하여 채색했을 가능이 있다. 건조 후에는 전형적인 건식채색방법을 통해 마무리 채색, 외곽선 보완, 수정 등을 하였다. 2005년과 2010년에 발표한 논문들에서 이러한 가능성에 대해 실험을 통하여 설명하고 있다.[24][25]

고구려 후기, 석벽에 제작된 벽화기술은 채색 전 바탕칠을 했을 가능성이 높으며 고착 매제로 옻과 같은 樹脂나 동물성 乳脂, 식물성 乾性油의 사용했을 것으로 본다. 그중 천연고분자수지인 옻과 같은 고착 매제의 사용가능성 높은 것으로 보인다. 이러한 이유는 강서 대묘와 중묘의 채색층을 조사한 결과(2006년), 四神圖의 바탕에 연백을 이용하여 바탕칠이 되어 있는데 몸체에는 두껍게 바탕칠을 해주어 볼륨감을 준 다음 그 위에 채색된 점을 발견할 수 있었다. 디지털 현미경으로 채색의 도막을 관찰한 결과 마치 합성도료와 같이 매우 두꺼운 도막을 형성하고 있다. 또한, 오랜 기간 동한 고습도의 환경에서 색상이나 채색층의 강도가 잘 보존되어 있다

---

24 안병찬, 「고구려 고분벽화의 제작기법 연구」, 『International Symposium; Mural Paintings from the Gogury Kingdom』, Germany, 2005.
25 한경순, 「고구려 고분벽화 채색기법에 관한연구」, 『강좌미술사』 35, 한국불교미술 사학회, 2010.

는 점에서 천연고분자수지의 사용 가능이 높다고 할 수 있다.

V. 맺음말

　고구려벽화제작기술을 밝히는 첫 번째 단서는 사용된 재료이다. 특히 안료에 대한 정확한 정보가 아직 부족한 상태이다. 본고에 논의했던 안료의 규명에서 백색은 연백의 사용이 두드러지게 볼 수 있으며 일부에서는 방해석(Calcite, $CaCO_3$) 또는 합분(Aragonite, $CaCO_3$)을 사용한 것으로 밝혀졌다. 연백은 백색 부분에 채색 이외에도 벽화의 바탕칠에서도 많이 나타남을 알 수 있다. 백색 안료부분에서 바탕칠의 목적을 밝히는 것이 가장 급선무라 할 수 있다. 청색의 경우, 일부에서 특정 식물성 안료를 적절히 사용했을 것으로 판단된다. 어떤 유기안료가 사용되었는지는 충분한 조사 여건이 갖춰지면 증명이 가능할 것이다. 고대 대표적인 청색 안료는 남동광(藍銅鑛, Azurite, $2CuCO_3 \cdot Cu(OH)_2$)과 靑金石(Lapis lazuli, $3Na_2O \cdot 3Al_2O_3 \cdot 6SiO_2 \cdot 2Na_2S$)이 발견되지 않는 점도 특이하다고 할 수 있다. 적색 안료로는 赤鐵鑛(Hematite, Fe_2O_3)와 辰砂(Cinnavar, HgS)를 사용한 것으로 나타났다. 그러나 앞서 설명했듯이 석간주가 적철광이라는 해석에는 무리가 있는 듯하다. 이는 적철광에서 얻어지는 석간주라면 산화철함량이 50% 이상 넘어야 하는데 분석된 적색 안료들은 그 기준에 미흡한 것들이 대부분이다. 산화철 함량이 떨어지는 다양한 산화철계의 안료의 사용이 사용되었을 것으로 판단된다. 이와 같은 예측이 가능하며 향후, 고구려의 벽화에 사용된 청색 안료에 대한 세밀한 연구가 진행되어야 정확한 것을 알 수 있을 것이다.

　석회 마감벽으로 조성된 고구려벽화의 채색기술에 대해서는 일반적으로 구분하는 습식과 건식방법으로만 구분할 필요는 없다고 본다. 습식과 건식의 가능성이 모두 있으며 반 습식이라고 하는 방법과 가장 유사하며 고구려 특유의 벽화방식 또는 동양의 벽화제작기술로 설명되어야 한다고 생각한다. 습식방법에 따르는 방식을 사용하였고, 물만으로 채색하는 서양의 습식방법과는 달리 연질의 고착 매제를 혼합하여 채색했을 가능성이 있음을 확인하였다. 서양의 벽화제작기술과 유사한 점이 많으나 확실한 차이는 있다고 할 수 있다.

벽화의 채색재료와 제작기술에 대한 연구로 고구려벽화연구의 필수적인 기초자료이다. 올바른 연구수행을 위해선 현장조사가 필수적이라고 할 수 있으나 우리나라의 실정에 비춰볼 때 접근에 대한 한계성으로 쉽지 않다. 최근 진행된 연구는 과거보다 급진전한 것은 사실이나 지속성에 대한 문제점을 안고 있다. 머지 않아 기회가 주어질 것이고 언제든지 연구 가능한 전문 인력이 필요하다. 이러한 전문 인력을 양성하기 위해서는 우리나라에 있는 비슷한 시기의 고분벽화에 대한 충분한 연구가 필요할 것이다. 아울러 중국과 일본에 있는 고대 고분벽화를 대상으로 한 공동연구를 통한 자료 확보와 관심이 있어야 할 것이다. 또한, 현재까지 조사된 자료를 근거로 벽화를 재현할 수 있는 실험을 진행하고 관련 정보 수집을 위한 노력이 체계적으로 진행되어야 한다.

참고문헌

보고서

국립문화재연구소,『남북공동 고구려 고분벽화 보존실태 조사보고서』, 2006.
______ ,『남북공동 고구려 고분벽화 보존연구보고서』, 2007.

단행본

박아림 외,『고구려벽화 연구의 현황과 콘텐츠 개발』, 동북아역사재단, 2009.

논문

안병찬,「高句麗 古墳壁畵의 製作技法 硏究-바탕벽 제작기법을 중심으로」,『高
        句麗硏究』 16, 高句麗硏究會, 2003.
______ ,「고구려 고분벽화의 제작기법 연구」,『International Symposium; Mural
        Painting from the Gogury Kingdom』, Germany, 2005.
유혜선,「高句麗雙楹塚壁畵의 顔料分析」,『박물관보존과학』 6, 국립중앙박물
        관, 2005.
이상수 · 안병찬,「고구려벽화 제작기법 試考」,『高句麗硏究』 5, 高句麗硏究會,
        1999.
이종상,「韓國美術史에서 차지한 高句麗 壁畵의 位置-材料技法을中心으로」,『高
        句麗硏究』 16, 高句麗硏究會, 2003.
임권웅 · 이종헌,「고구려 오회분 오호묘벽화의 조벽지기법에 대한 연구」,『고
        구려 발해연구』 30, 고구려발해학회, 2008.
진영선,「高句麗 壁畵의 材料擴張과 現代的 適用」,『高句麗硏究』 16, 高句麗硏
        究會, 2003.
진영선 외,『고구려벽화의 이미지복원』, 연구총서 3, 고구려연구재단, 2005.
채미영,「춤무덤과 씨름무덤의 벽화재료」,『高句麗硏究』 7, 高句麗硏究會,
        2000.
______ ,「고구려벽화무덤의 바탕재에 대한 고찰-석회모르타르를 중심으로」,『高
        句麗硏究』 9, 高句麗硏究會, 2003.
한경순,「高句麗 古墳壁畵와 古代 유럽 壁畵의 比較硏究-벽화 제작기술을 중심

으로」, 『高句麗 硏究』 16, 高句麗硏究會, 2003.

______, 「고구려 고분벽화 채색기법에 관한연구」, 『강좌미술사』 35, 한국불교미술사학회, 2010.

한경순·이화수, 「고구려 고분벽화의 석회마감층에 관한 연구」, 『보존과학』 19, 한국문화재보존과학회, 2006.

Rocco Mazzeo, 「Scientific Investigations of the Tokhung-ri Mural Paintings of Koguryoera, Democratic People's Republic of Korea」, 『고구려 고분벽화 국제 세미나』, 문화재청·국립문화재연구소, 2005.

______, 「Scientific Investigations of the Tokhung-ri Mural Paintings(408 A.D) of the Koguryo era, Democratic People's Republic of Korea, 북한 고구려 덕흥리 고분 벽화의 과학적 조사」, 『Conservation of Koguryo Tombs, 고구려고분의 보존』 문화재청·UNESCO공동주최보고서, 2004.

Rocco Mazzeo외 6인, 「Scientific examination of mural paintings of the Koguryo Tombs」, 『Proceedings of the Annual International Symposium on the Conservation& Restoration of Cultural Properties』, NRICP, Tokyo, 2006.

고려시대 개경의 사찰과 남겨진 유물

홍 영 의*

Ⅰ. 머리말

오늘날 개성은 고려의 수도로 '開京'이라 불렸으며, '松都'·'松京'이라 부르기도 하였다. 이곳에는 많은 사찰이 있었다. 1399년 權近이 「演福寺塔重創記」를 지을 당시만 해도 "사원과 사묘의 건설이 우뚝우뚝 높이 솟아 서로 바라다 보이는 것이 천하에 가득하다. 우리나라는 신라 말부터 부처를 섬김이 정성스러웠다. 성안의 사찰이 민가보다 더 많았으며 그 중에도 전각이 크고 웅장하면서 높고 특출한 것은 지금에 이르기까지 오히려 그대로 남아있으니 그 당시의 숭봉함이 지극하였음을 잘 알겠다."라고 하거나,[1] 조선중기의 문인으로 활동했던 개성출신의 五山 車天輅(1556~1615)는 '이름난 사찰만도 성안에 300곳이 있었다'고 하였듯이,[2] 당시 개경에

※ 이 논문은 2012년 10월 12일 동북아불교미술연구소와 명지대학교 문화유산연구소 주최로 열린 북한의 문화유산 학술대회에서 발표한 내용을 수정·보완한 것이다.

* 국민대학교 국사학과 조교수

1 『陽村先生文集』 권12, 演福寺塔重創記.
2 『大東野乘』 권5, 五山說林草藁.

있던 사찰의 번성을 말해 준다.

이처럼 고려왕조의 수도인 개경에는 수많은 불교 사원이 건립되어 있었고, 궁궐과 사원 등에서 매우 다양한 불교 행사가 거행되고 있었다. 특히 큰 규모의 봉은사·법왕사·보제사·영통사·현화사·홍왕사 등 많은 사원이 있었다. 이 사찰에서는 고려의 5대 행사인 연등회, 팔관회, 태조 기일재, 대장경도량, 인왕도량이 열렸다. 그 외에도 소재도량, 제석도량, 금광명경도량, 반야도량 등 다양한 법회가 개경의 다양한 장소에서 자주 열렸다. 대개 궁궐과 봉은사에서 연등회가, 봉은사에서 태조의 忌日齋가, 궁궐과 법왕사에서 팔관회가, 궁궐에서 대장경도량과 인왕도량이, 보제사에서 談禪大會가 열렸다.[3]

그러나 개경은 고려 멸망 후 고려의 수도로서의 위치를 상실한 뒤 1백 년을 지나지 않아 폐허로 변하였다. 궁궐과 사원은 대부분 사라졌고, 왕릉 역시 피장자가 누구인지조차 모를 정도가 되었다. 이렇게 민가보다 많았던 개경의 사찰은 언제부터 제 모습을 잃어 갔던 것일까? 그리고 고려와 조선을 거쳐 오는 동안 사라졌거나 현재 남아 있는 절들은 얼마나 될까?

현재 『고려사』·『고려사절요』 등을 통해 확인할 수 있는 고려시대 사찰 이름만도 127개나 된다(〈표 1〉 참조). 또한 조선시대의 여러 자료를 정리한 결과 397개의 사찰 이름을 확인할 수 있다(〈부록. 표 1〉 참조).[4]

따라서 이 글은 고려 수도 개경의 사찰이 조선시대 어떻게 면모되었으며, 여기에 있던 수많은 유적과 유물은 언제 멸실되고, 흔적조차 사라져 버린 것일까에 대한 의문에서 출발한다. 또한 이 가운데 현재 개성에 남아 있는 사찰의 유적과 유물을 통해 당대 사찰의 모습을 유추해보고, 그 사라진 유물들에 대한 기억을 정리하고자 한다.

이를 위해 우선 『고려사』를 비롯한 여러 자료를 통해 고려시대 수도인

---

3 김창현, 『고려의 불교와 상도 개경』, 신서원, 2011.

4 이 통계는 숙명여대에서 지난 2007년 7월부터 2011년 6월까지 진행된 '韓國史上 開京(開城) 관련 기초자료 정리와 景觀 연구'의 결과에서 얻어진 것이다.

개경에 창건된 사찰, 조선시대 회화자료에서 보이는 사찰을 정리하였다. 이를 바탕으로 현재 남아 있는 유적과 유물을 통해 개성의 불교사찰의 현황과 변화과정을 찾고자 한다.

Ⅱ. 개경의 도시건설과 사찰 창건

고려는 919년 철원에서 송악으로 수도를 옮긴 뒤부터 도시 건설과 새로운 공간의 확대 필요성이 제기되었다. 태조 2년(919) 정월에 송악산 남쪽에 수도를 정하고 송악군을 開州로 승격시킨 다음, 궁궐과 市廛을 세웠다.[5] 또한 10대 사찰의 창건과 油市의 설치도 있었다.[6] 3省 6尙書 9寺와 市廛 역시 궁궐 인근에 세워졌을 것이나 명확하지 않다.[7]

고려 초기 개경과 그 인근에 창건된 사찰은 태조 2년 정월에 坊里를 구분하여 五部로 구획한 다음,[8] 석 달 뒤인 태조 2년 3월에 法王寺・王輪寺를 비롯하여 慈雲寺・內帝釋院・舍那寺・大禪院(普濟寺)・新興寺・文殊寺・圓通寺・地藏寺 등을 都內에 창건하고 있음을 알 수 있다.[9] 법왕사・

---

5 『高麗史』 권1, 태조 2년 정월 ; 『高麗史』 권56, 지10, 지리1, 王京 開城府條 ; 『高麗史』 권1, 태조 2년 정월 ; 『高麗史節要』 권1, 태조 2년 정월 ; 『高麗史』 권77, 지31, 백관2 오부. 시전은 희종 4년(1208) 7월 정미일에 개건하였는데, 그 규모는 좌우 長廊이 廣化門으로부터 십자 거리까지 모두 1008동, 또 광화문 안에 大倉, 南廊, 迎休門 등 73동을 지었다. 이때 서울 안 5部의 坊里의 양반들이 품삯을 받고 역사에 나갔는데, 양반의 방리에 부역을 부과하는 것이 이때부터 시작되었다고 한다(『高麗史』 권21, 희종 4년 7월 정미).
6 『三國遺事』 권1, 王曆1, 태조 庚辰.
7 『高麗圖經』에 보이는 관부와 이때 설치된 관부의 위치가 동일한 것에 대해서는 좀 더 고민할 문제이다.
8 『高麗史』 권1, 태조 2년 정월 ; 『高麗史』 권56, 지10, 지리1, 王京 開城府條 ; 『高麗史』 권1, 태조 2년 정월 ; 『高麗史節要』 권1, 태조 2년 정월 ; 『高麗史』 권77, 지31, 백관2 오부.

왕륜사·자운사 등은 태조 7년에 창건된 興國寺,[10] 태조 19년에 창건된 內天王寺[11] 등과 함께 현종 15년에 정리된 방명에서 法王坊·王輪坊·慈雲坊·舍那(乃)坊·興國坊·內天王坊에 위치한 것으로 추정되는 사찰이다.[12]

이외에도 태조는 후백제의 견훤과 대치 중에도 五冠山에 大興寺를 창건하여 利言을 맞아들여 자신의 스승으로 삼았으며(921),[13] 자신의 옛집을 廣明寺로 만들었고, 궁성 서북쪽에 日月寺(922)[14]·外帝釋院[15]·九耀堂·神衆院·興國寺(924)와[16] 후백제에 인질로 갔다가 죽음을 당한 왕족 王信의 원당으로 安和禪院을(930),[17] 통일 이후인 936년에는 廣興寺[18]·現聖寺·彌勒寺·四天王寺를[19] 세우고, 新興寺(940)를 중수하고 공신탑을 세워 삼한공신을 동서 벽상에 그려 붙이고 1주야 동안 無遮大會를 열기도 하였다.[20]

이와 같은 태조대의 궁궐과 관청, 시전과 유시의 신설, 그리고 개경과 그 인근에 사찰이 창건됨으로서 초기 개경의 도시 건설은 일단락된 것으로 보인다. 물론 개경이 國都로서 기능하기에는 더 많은 도시 시설들이 필요하였을 것이다. 그러나 이 시기가 후삼국 통일기였으므로 대대적인 도

<hr>

9 『三國遺事』 권1, 王曆1, 後高麗 太祖.
10 『三國遺事』 권1, 王曆1, 後高麗 太祖.
11 『松京廣攷』 권8, 佛宇1.
12 홍영의, 「오부방리고려전기 개경의 五部坊里 구획과 영역」, 『역사와 현실』 38, 2000.
13 『高麗史』 권1, 太祖1 太祖 4년 동10월 丁卯.
14 『三國遺事』 권1, 王曆1, 後高麗 太祖 및 『世宗實錄』 권148, 地理志 舊都開城留後司.
15 『高麗史』 권1, 태조 7년 9월.
16 『三國遺事』 권1, 王曆1, 後高麗 太祖.
17 『高麗史』 권1, 태조 13년 추8월.
18 『高麗古都徵』 권7, 寺院 廣興寺.
19 『高麗史』 권2, 太祖 19년.
20 『高麗史』 권2, 태조 23년 및 『高麗古都徵』 권7, 寺院 新興寺.

시 시설물의 건축은 쉽지 않았을 것이다.

한편, 광종은 11년(960) 3월 개경을 皇都로, 西京을 西都로 각각 고쳤다.[21] 이듬해에는 修營宮闕都監을 설치하고,[22] 궁궐의 수리를 시작하여 14년 6월 경에 완공을 보았다. 또한 광종은 궁궐의 수리뿐만 아니라, 사찰의 창건에도 관심을 기울였다. 광종 2년(951)에 성 남쪽에 奉恩寺를 창건하여 태조의 願堂으로 삼았다. 개경 동쪽 교외에 佛日寺를 창건하여 어머니 劉氏의 원당으로,[23] 11년 7월에 송악산 동쪽 기슭에 歸法寺와[24] 濟危寶를, 19년(968)에 弘化寺·遊巖寺·三歸寺 등과[25] 천마산과 성거산 사이에 있는 박연의 상류 기슭에 觀音窟을 창건했다.[26] 이때 이루어진 대규모의 토목공사에 대하여 성종 때 崔承老는 "궁실 차림은 반드시 제도에 넘쳤으며 의복과 음식은 극히 진귀하고 고운 것을 사용하였습니다. 토목공사는 농사철을 가리지 않았고 기교를 부려 제작하는 데는 휴일이 없었습니다. 대략 평상시의 1년간 비용이 족히 태조 때의 10년간 비용으로 될 만합니다."라고 비판할 정도였다.[27]

이렇게 태조와 광종 연간에 이루어진 궁궐을 비롯한 사찰의 중영을 통한 개경의 도시 시설물에 대한 증·개축은 성종대에 와서 관청과 제사 공간으로 확대되었다. 성종은 유교의 예제 원리를 적용하여 도시 구조를 『周禮』의 도성체계에 맞추려는 노력을 보였다. 성종은 궁궐과 사찰을 새로 짓거나 중수하지는 않았으나, 광종이 시도한 皇都로서의 위상을 유지하기 위하여 祀典體制를 정비하였다. 성종은 고려의 위상과 황도의 위상에 걸

---

21 『高麗史』 권2, 광종 11년 3월.
22 『高麗史』 권77, 지31, 백관2, 제사도감각색 궁궐도감. 광종대 이루어진 궁궐의 修營은 기존의 틀을 유지하면서 황제국임을 드러내기 위한 규모의 확대로 이해하기도 한다(김창현, 『고려 개경의 구조와 이념』, 신서원, 2002, 233쪽).
23 『高麗史』 권2, 광종 2년.
24 『高麗史』 권2, 광종 11년.
25 『高麗史』 권2, 광종 19년.
26 『新增東國輿地勝覽』 권4, 開城府上 佛宇.
27 『高麗史』 권93, 열전6, 崔承老.

맞게 개경의 도시공간을 재배치하게 된다.

성종은 초년부터 百官의 官制를 고치고, 국왕들 가운데 처음으로 圜丘를 설치하여 祈穀禮를 시행하는 한편으로 태조의 신위를 이곳에 모셨다.[28] 이때 비로소 원구단이 만들어진 것으로 보인다. 또한 籍田에서 親耕을 행하는 한편, 12목의 설치와 관제(3성 6부 7시의 설정) 정비,[29] 成禮, 樂賓, 延齡, 靈液, 玉漿, 喜賓 등의 酒店 설치와[30] 5년의 호구조사의 실시,[31] 諸村의 大監, 弟監의 명칭을 村長, 村正으로 고치고 있다.[32] 이러한 제도의 집중적인 정비를 바탕으로 성종 6년 5부방리제의 개편이 이루어졌다.[33]

성종은 이를 바탕으로 7년 12월 五廟制를 정한 다음, 8년 4월 太廟를 건축하기 시작하여 11년 12월에 완성하였다.[34] 성종 자신이 직접 백관들과 재목을 나를 정도로 애정을 갖고 벌인 태묘 완성은 그에게 남다른 감회를 갖게 하였다. 즉, "국가의 근본은 종묘가 으뜸가는 것이다. (중략) 나는 변변치 못한 사람으로서 왕위를 계승하여 국가를 훌륭히 다스리는 방책을 더욱 간절히 생각하여 작년부터 태묘를 경영한 것이다. 조정에 있는 여러 유신들은 昭穆의 차례와 제향의 의례들을 논의 결정하여 나에게 보고하라."라고 할 정도로 국가의 역점 사업으로 여겼다.

---

28 『高麗史』 권3, 성종 원년 3월 ; 『高麗史』 권59, 지13, 예1, 吉禮大祀 圜丘.
29 『高麗史』 권3, 성종 2년 2월 戊子.
30 『高麗史』 권3, 성종 2년 정월, 2년 2월, 2년 10월.
31 『慶州府尹先生案』와 『東都歷世諸子記』에는 성종 5년에 내외의 호구를 조사하였다는 기록이 있다.
32 『高麗史』 권3, 成宗 6년 9월 戊辰.
33 『高麗史』 권3, 성종 6년 是歲 ; 홍영의, 「고려전기 개경의 五部坊里 구획과 영역」, 『역사와 현실』 38, 2000. 성종의 5부방리의 획정은 우선 수도의 구획과 영역을 정리하려는 1차적 목적 이외에 전국적인 군현제 정비과정에서 이루어지는 성종 14년의 개성부의 설치를 통하여 赤·畿縣의 분할과 10도제의 실시를 도모한 것으로 이해된다. 이에 대한 글은 정학수(『고려전기 경기제 연구』, 건국대 박사학위논문, 2008) 논문이 참고된다.
34 『高麗史』 권3, 성종 8년 4월, 성종 11년 12월.

　성종 9년 10월에는 左右軍營을, 10년 윤2월에는 社稷,[35] 11년 12월에는 太廟를 완공하고, 이듬해는 개경과 서경에 常平倉을 설립하였다.[36] 성종은 이러한 유교의 예제적 운영원리와 『주례』의 前朝後市·左廟右社의 질서를 통해 도시시설을 갖추고, 이를 바탕으로 국도로서의 개경에 대한 위상과 기능을 유지하려는 노력으로 이해된다.

　목종은 2년(999) 7월 城南에 眞觀寺를 창건하여 어머니 천추태후의 원찰로 삼고,[37] 3년 10월에는 崇敎寺를 창건하여 자신의 원찰로 삼았다.[38] 그리고 10년 2월에는 진관사에 9층탑을 세우기도 하였다.[39] 그러나 목종은 태조 이후 광종대 이루어 놓은 궁궐 조영사업을 원점으로 돌려놓았다. 12년 정월에 詳故殿에 나와서 觀燈을 하던 중 大府의 油庫가 불이 나서 千秋殿이 연소되는 일을 겪었다. 이때 목종은 궁전과 창고들이 다 타 버린 것에 상심하여 병을 얻어 정무를 보지 않을 정도였다.[40]

　한편, 康兆의 정변(1009)으로 목종을 대신하여 왕위에 오른 현종은 즉위년 3월에 개경에 羅城을 쌓는 일을 논의하기에 이른다.[41] 그러나 이때의 나성 건설 문제는 현종의 즉위과정에 따른 여러 문제와 거란 침입 이후 개경의 복구 문제로 곧 실행에 옮기지 못하였다. 오히려 건국초부터 성종대에 진행됐던 개경의 도시 모습은 현종대에 와서 크게 달라졌다. 목종 12년에 불탔던 여러 전각을 복구하지 못한 상태에서 현종 원년(1010) 11월 거란의 2차 침입으로 개경의 도시 시설이 파괴되었기 때문이었다.

　현종이 거란군을 피해 나주로 파천하는 동안, 거란군이 "서울에 침입하여 大廟와 宮闕, 民家들을 모조리 소각하였다."고 할 정도로 개경의 많은

---

35 『高麗史』 권3, 성종 10년 윤2월.
36 『高麗史』 권80, 지34, 食貨3 常平義倉 성종 12년 2월.
37 『高麗史』 권3, 목종 2년 7월.
38 『高麗史』 권3, 목종 3년 10월.
39 『高麗史』 권3, 목종 10년 2월.
40 『高麗史』 권3, 목종 12년 정월.
41 『高麗史』 권4, 현종 즉위년 3월.

도시 시설물이 사라졌다.[42] 현종은 거란군을 물리친 뒤 2개월 만에 개경
으로 돌아와 壽昌宮에 머물며 개경 복구와 궁궐 공사에 매달렸다.[43] 8월
에 개경의 궁성인 松嶽城을 증수하고, 서경의 황성을 구축하였다.[44] 이러
한 일련의 성곽 축조는 거란군의 침략으로 무너진 핵심부를 수리하는 것
도 있겠지만, 현종이 나주로 피난하는 과정에서 실추된 왕권의 위상도 크
게 작용했을 것으로 보인다.[45]

현종은 2년 10월에 尚書 張延祿에게 명령하여 궁궐을 수리를 명하고,[46]
5년 정월에 궁궐이 완성되자, 2월에 '新闕'로 돌아왔다.[47] 이후 현종은 3년
12월 重光寺의 창건과,[48] 5년 7월 社稷壇을 수리하고, 9년 6월에는 자신
부모의 명복을 빌기 위해서 玄化寺를 창건하기도 했다.[49] 그리고 현종 1

---

42 『高麗史』 권4, 현종 2년 정월.
43 『高麗史』 권4, 현종 2년 2월. 수창궁은 이때 처음 등장한다.
44 『高麗史』 권4, 현종 2년 8월.
45 실제로 현종은 5년에 上將軍 金訓, 崔質의 난으로 현종 자신이 서경으로 피신하는
   일까지 일어났다(『高麗史』 권4, 현종 5년 11월).
46 『高麗史』 권4, 현종 2년 10월.
47 『高麗史』 권4, 현종 5년 정월 갑오, 5년 2월 갑자. 이때 '신궐'의 의미는 새로운
   궁궐이란 뜻을 내포하고 있으므로, 국초에 사용되었던 궁궐과는 다른 것으로 보인
   다. 따라서 신궐은 전각의 명칭이 자세하지는 않지만, 현 만월대의 會慶殿 영역으
   로 짐작된다. 즉, 신궐과 회경전의 명칭이 보이는 시기는 5년과 20년의 차이가 나
   지만, 회경전 영역은 기존의 태조 이래의 궁궐과는 다른 위치와 별도의 영역을 가
   지고 있다는 점에서 이때 조영된 것으로 본다(홍영의, 「고려시기 개경의 궁궐 조
   영과 운영」, 『한국중세사연구』 28, 2010).
48 『高麗史』 권4, 현종 3년 12월. 중광사는 현종 3년 12월에 창건되었으나 중단되었
   다가, 18년 9월에 공사가 재개되었다(『高麗史』 권5, 현종 18년 9월 戊戌朔).
49 『高麗史』 권4, 현종 9년 6월 戊申. 현화사비에는 비문에는 현종이 양친인 安宗과
   獻貞王后의 명복을 빌기 위하여 현화사를 창건하였다는 창건연기와 절의 규모, 연
   중행사 및 국가에서 베푼 여러 가지 사실이 기록되어 있다. 특히, 뒷면에 추가하
   여 새긴 陰記에 의하면, 현종이 국가의 번영과 사직의 안녕함을 위하여 매년 4월
   8일부터 사흘간 밤낮으로 彌勒菩薩會를 베풀고, 양친의 명복을 위해서는 매년 7월
   15일부터 사흘간 밤낮으로 彌陀佛會를 열었다고 한다. 또한, 『大般若經』 600권, 3

년에 의논된 나성 건설 사업이 현종 20년에 완성되면서 개경의 영역과 수도의 정비가 일단락되었다.[50] 또한 현종은 11년(1020) 8월에 大內를 중수한다는 이유로 壽昌宮으로 이어하고,[51] 14년 8월에 대궐로 돌아왔다.[52] 이때 대내의 중수는 훗날 나성의 축조를 주관하고 輸忠創闕功臣으로 임명된 王可道가 주관한 것으로 보인다.[53]

한편, 문종 때 왕실의 전폭적인 지원 속에서 나성의 동남쪽 德水縣에 2,800칸 규모로 창건된 興王寺는 개경 남쪽의 방어뿐 아니라 離宮의 기능도 했다.[54] 창건 과정에 왕의 관심과 토지를 비롯한 많은 왕실재정이 투여되었으며, 또한 창건 후 3년이 지난 문종 24년 6월에는 성을 쌓는 등 다른 절보다 훨씬 많은 공을 들였다.[55] 비록 중기 이후의 일이지만 고종 18년 12월 몽고군의 공격을 받은 것은 이곳이 개경 남쪽의 요새였기 때문이다.[56] 특히 공민왕 12년 공민왕이 개경으로 돌아오면서 흥왕사에서 묵으려고 했던 것에서 흥왕사의 성격을 짐작할 수 있다.[57]

본의 『華嚴經』·『金光明經』·『妙法蓮華經』 등의 印板을 새겨 이 절에 두었으며, 특별히 '般若經寶'라 부르며, 길이 十方에 印施하게 하였다 한다. 비신 상단에 현종의 어필로 "靈鷲山大慈恩玄化寺之碑銘"이라 篆하였는다(『高麗史』 권4, 顯宗 12년 8월 己未 "王如玄化寺, 親篆碑額, 嘗命翰林學士 周佇製碑文, 叅知政事 蔡忠順 製碑陰幷書).

50 『高麗史』 권5, 현종 20년. 王可道의 주도로 이루어진 나성 축조 사업은 도성의 皇城만으로는 외적 방어가 어렵다는 점, 거란의 침입으로 황폐화된 도성을 복구해야 하는 필요성, 그리고 도성 내부의 통제를 강화하려는 목적이었다. 특히 성곽의 보수와 내부정비 또한 비용이 만만치 않은 것이어서 왕경 개성부와 밀접하게 관련을 맺고 있는 경기지역의 인원과 물자를 효과적으로 활용해야 했다(홍영의, 앞의 논문, 2000).

51 『高麗史』 권4, 현종 11년 8월.

52 『高麗史』 권4, 현종 14년 8월.

53 『高麗史』 권94, 열전7, 王可道.

54 『高麗史』 권8, 문종 12년 춘2월 辛亥, 12년 秋七月 己卯, 21년 春正月 庚申.

55 『高麗史』 권8, 문종 24년 6월.

56 『高麗史』 권23, 고종 18년 12월 壬子.

57 『高麗史節要』 권27, 공민왕 12년 춘정월.

　선종 때는 형 순종이 발원해 이름을 지은 弘圓寺와[58] 모후 仁睿太后 이
씨는 6년 10월에 國淸寺를 창건했으나,[59] 선종 7년 3월에 新興倉에 벼락
이 떨어져 화재가 발생하자 홍원사와 국청사의 공역을 중단했다.[60] 선종
은 10년 5월 弘護寺를 도성 동쪽에 창건했다.[61] 숙종은 6년 2월에 홍원사
에 행차해 義天이 참석한 가운데 大藏堂과 九祖堂을 낙성시키고,[62] 5월에
秋役夫 6,500명으로 하여금 홍호사를 수리하도록 하여 완공을 보았다.[63]
　현종대 나성 축조 이후에 창건된 주요 절로는 문종대의 興國寺(1067),
숙종대의 國淸寺(1097), 선종대의 弘護寺(1093), 예종대의 敬天寺[64]·天壽
寺,[65] 충렬왕 9년(1283)에 세워진 妙蓮寺,[66] 충선왕 1년(1309)에 세워진

---

58 『大覺國師碑文』.
59 『高麗史』 권10, 선종 6년 10월 辛酉.
60 『高麗史』 권10, 선종 7년 3월 戊子.
61 『高麗史』 권10, 선종 10년 5월 庚子 및 『高麗史節要』 권6, 10년 5월.
62 『高麗史』 권11, 숙종 6년 2월 丙辰.
63 『高麗史』 권11, 숙종 6년 5월 甲申.
64 이 절의 이름이 『高麗史』에 처음 나타난 것은 1117년(예종 12)이다. 이듬해 예종
　　은 숙종의 忌辰道場을 이곳에서 베풀었고, 1134년 인종이 文敬太后의 추모제를 열
　　었으며, 그 뒤 인종·의종·공민왕 등이 자주 행차하였다. 1393년 조선 태조가 신
　　하들과 이곳에서 千秋節의 기념행사를 가졌다. 1394년 태조의 아버지인 桓王의
　　추모제를 지내고, 특별히 재를 열고 華嚴三昧懺을 강하였다. 1397년(태조 6) 神德
　　王后의 추모제를 지내고 華嚴法席을 열었다. 충목왕 4년(1348)에 건립된 10층탑은
　　1465년(세조 11)에 만든 圓覺寺의 탑과 함께 이국적인 기법으로 만든 대표적인 것
　　이다. 경천사 10층석탑의 제1층 옥신 이맛돌에는 造塔銘이 새겨져 있어 건립연대
　　와 조성배경에 관해 알 수 있어 주목된다. 명문에 의하면, '至正八年戊子三月日에
　　大施主 姜融과 元使 高龍鳳, 大化主 省空, 施主 法山人 六怡 등이 원나라의 황제
　　와 고려왕실의 壽福을 기원하며 천기가 순조롭고 국태민안하며 불법이 더욱 빛나
　　고 법륜이 항상 움직여 수복을 얻고 다 같이 불도를 이루기를 기원한다'는 것이다.
　　10층석탑(국보 86호)은 현재 국립중앙박물관에 있다.
65 天壽寺는 고려 숙종 때 창건하였으나 당시의 규모는 크지 않았다. 예종 때 크게
　　경영된 흔적이 보이는데, 『高麗史』 예종 원년(1106) 9월 10일조에 의하면, 평장사
　　尹瓘에게 중창할 것을 명하였다. 원래 이 절 부근에는 藥師院이라는 절이 있었는
　　데, 대신들이 천수사의 절터가 불리하니 약사원을 헐고 그 자리에 천수사를 짓게

奉天寺 등을 들 수 있다.[67] 이때 창건된 절은 모두 나성 밖에 있으며, 일부는 개경에서 상당히 떨어진 곳에 창건된 것도 있다. 경천사는 나성의 서남쪽 밖에 창건되었으며, 국청사는 나성의 서쪽 밖에 있으며 개경 서쪽의

하자고 주장하였다. 이에 예종은 1111년 약사원의 자리에 천수사를 옮겨 짓도록 하였고, 1116년에 준공하여 숙종과 명의 왕후의 영정을 봉안하였는데, 이 절이 숙종의 원찰이었기 때문이다. 그뒤 예종, 숙종, 의종 등이 자주 행차하였으며, 1260년(원종 1)에는 고종 木主의 魂殿을 이 절에 옮겼다. 1276년(충렬왕 2) 충렬왕이 공주와 함께 이 절에 행차하였다. 특히, 이 절 주위의 풍치가 아름다워 사신을 맞이하거나 놀기에 적합한 장소였기 때문에 이곳에서 풍악을 울리면서 사신들을 맞이하고 전송하였다고 한다. 고려의 패망과 함께 이 절은 폐사가 되었다. 조선시대에는 주춧돌만 남게 되었지만, 이곳이 교통의 요충지라는 중요성 때문에 그 일대를 天壽院이라 하고 驛院을 만들었다. 1476년(성종 7)에 開城留守 李芮가 이 절을 중창하고자 상소문을 올리기까지 하였으나 뜻을 이루지 못하였다(『新增東國輿地勝覽』 권4, 開城府上 驛院).
66 『益齋亂稿』 권6, 碑, 妙蓮寺重興碑.
67 『高麗史』 권33, 충선왕 원년 9월 甲辰. 원래 壽寧宮이 있던 곳인데, 충렬왕 3년(1277)에 충렬왕이 궁을 절로 바꾸어 민천사라 할 것을 명하였으나, 신하들의 반대로 뜻을 이루지 못하였다(『高麗史』 권28, 충렬왕 3년 추7월 庚戌). 충선왕 복위 1년(1309) 9월 충선왕이 수령궁에서 1만 飯僧을 베푼 뒤 母后의 追福을 위하여 민천사로 바꾸었다. 그뒤 고려 왕실의 願刹로 지정되어 수많은 불사를 행하였고, 공민왕 때까지 여러 차례의 飯僧齋가 개설되었다. 1310년 원나라 사신의 감독 아래 方臣祐가 僧俗 300여 명을 이 절에 모아 金字大藏經을 寫經하였고, 1312년 왕이 모후를 추복하기 위하여 금자장경을 사경하게 하였으며, 1313년 양광도·전라도·서해도에서 500명의 장정을 뽑아 延慶宮에서 불상을 주조하게 한 뒤 봉안하였다. 1335년(충혜왕 복위 4) 왕이 이 절의 누각에 올라갔다가 불씨를 남겨 누각이 소실되었다. 충목왕과 충정왕도 이 절을 즐겨 찾아 行香하였고, 1353년(공민왕 2) 공민왕이 仁王道場을 개설하여 왜적을 진병할 것을 기원하였으며, 金元明이 徒兵을 거느리고 薑池를 중수할 때는 거대한 돌을 절 반대편에서 운반하기도 하였다. 폐허된 시기는 알 수 없으나 오래 전부터 주택지로 바뀌었다. 출토 유물로는 용머리를 조각한 돌과 불상이 있다. 용머리돌은 선죽교 蓮池에 옮겨졌는데 조각수법이 화려하고 웅장하여 후대 유물에서는 보기 어려운 보물이다. 청동 도금한 아미타여래좌상은 개성박물관에 보관되었는데, 불상의 相好가 빼어났다.

관문 기능도 하였다. 천수사는 나성의 동쪽 밖에 세워졌으며, 홍왕사는 개경의 동남쪽에 있는 진봉산 기슭에 창건되었다.

이처럼 개경과 인근에 세워진 사찰들은 개경의 중심부에서 점차 사방으로 퍼졌으며, 더 나아가서는 羅城 밖으로 나갔다. 이것은 개경이 皇城에서 나성, 四郊로 확대되는 과정과 일치한다.[68] 아울러 나성이 축성되면서 나성이 세워지기 이전에 교통과 방어에서 중요한 구실을 하던 사찰 대신 나성 밖에 새로 세워지는 사찰들이 그 기능을 대신하게 되었다. 개경 인근의 사찰 위치는 〈지도 1〉과 같다.

개경 중심부는 대체로 궁궐주변, 황성 안팎, 개경의 십자로 주변을 말한다. 여기에 포함되는 대표적인 사찰로는 궁성 안의 내제석원, 황성 안의 법왕사, 황성 동쪽의 왕륜사, 홍국사, 황성 남쪽의 봉은사, 십자로 근처의 보제사, 민천사를 들 수 있다. 이 사찰들은 妙蓮寺·昊天寺를 제외하고 모두 이른 시기에 창건되었다.

개경 중심부에 세워진 奉恩寺, 興國寺, 昊天寺 등은 주요 국가 차원의 불교행사를 주관하였을 뿐 아니라 궁궐과 관청 기능을 대행하기도 했으며, 정치 공간으로 이용되기도 하였다. 태조 후반기에 나성 지역에 창건된 開國寺, 賢聖寺는 개경의 동남쪽·동북쪽 관문에 있어 개경의 안팎을 연결하고 더 나아가서 개경을 방어하는 중심이 되었다. 특히 나성이 축성되기 이전 이들 사찰이 차지하는 의미는 그 이후보다 훨씬 더 컸을 것이다. 현종 때 이후 나성 밖에 창건된 興王寺, 國淸寺, 天壽寺[69], 敬天寺 등은 교통의 중심이자 개경 방어의 요새였다. 아울러 이 사찰들은 개경 개발의 중심이 되기도 하였으며, 왕이 성밖에 행차할 때 離宮으로 기능하기도 하였

---

68 홍영의, 앞 논문, 2000.
69 李仁老는 강남에서 개경으로 오는 사람은 반드시 천수사에서 쉬었기 때문에 수레바퀴 말굽소리가 어지럽고 어부와 초동의 피리소리가 그치지 않았으며, 왕손 공자들이 벗을 영접하고 전송할 때는 천수사 문 앞에서 하였다고 기록하였다(『破閑集』 中 「京城東天壽寺」). 이곳에는 조선초에 천수원이 설치되어 개경과 한양을 잇는 주요 교통로가 되었는데, 그것은 이곳이 고려시기부터 교통의 요지였기 때문이었다.

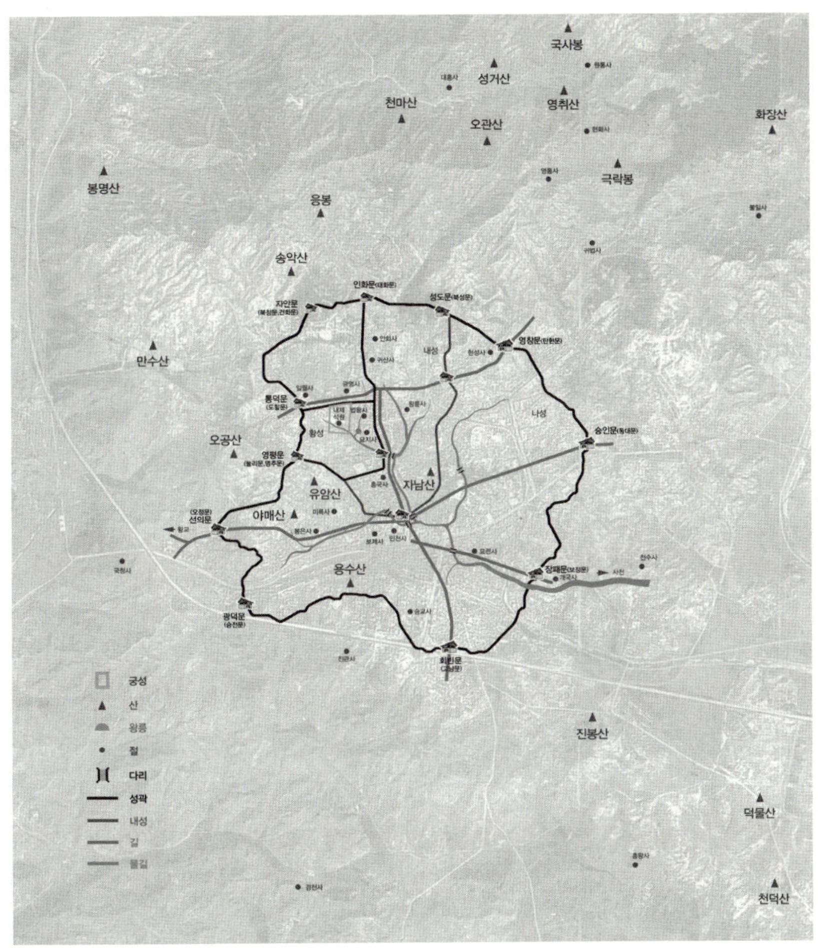

지도 1. 고려시대 개경 인근의 사찰

다.[70]

    나성이 축성되기 이전에 나성 지역에 창건된 사찰로는 동남쪽의 개국사 (935), 동북쪽의 현성사(936), 남쪽 용수산 기슭의 진관사(999), 숭교사 (1000)가 대표적이다. 이 사찰들이 창건된 시기는 태조 후반과 목종 때이

---

70 박종진, 「고려시기 개경 절의 위치와 기능」, 『역사와 현실』 38, 2000 참조.

다. 우선 태조 후반에 창건된 개국사·현성사의 위치는 개경에서 밖으로 나가는 주요 교통로였다. 즉 개국사가 설치된 곳은 개경에서 동남쪽으로 가는 길목이었으며, 현성사가 설치된 곳은 동북쪽으로 가는 길목이었다. 현종 때 나성을 쌓으면서 개국사 근처에는 장패문이 현성사 부근에는 탄현문이 각각 세워졌다. 개국사는 현성사가 있는 동북쪽 보다 교통상 더 중요한 곳이었는데, 이는 남쪽으로 가는 육로의 길목이기 때문이다.[71]

태조가 이곳에 개국사를 창건한 것은 裨補를 위한 것이었다. 그런데 개국사는 실제로 교통의 요지에 있기 때문에 개경과 남부지방을 연결하는 관문의 역할을 하였다.[72] 특히 개국사의 남쪽에는 南溪院이 있었는데,[73] 이 남계원은 개국사에 소속된 원으로 생각된다. 교통의 요지에 있는 개국사의 기능이 커지면서 남계원이 개국사의 末寺로 창건된 것으로 생각한다.[74]

이렇듯 현종 이후 나성 밖에 창건된 국청사·홍왕사·천수사·경천사 등은 확대된 개경 곧 4교 지역의 중심지가 되었다. 이와 관련하여 주목되

---

71 박종진, 앞 논문, 2000 참조.

72 李齊賢에 따르면, 이곳은 三鉗의 땅 곧 세가지의 꺼리는 땅이라 하였는데(『益齋亂稿』권6, 記, 重修開國律寺記), 여기서 3가지 거리낌은 길과 길이 만나는 路鉗, 물과 물이 만나는 水鉗, 산과 산이 만나는 山鉗을 말한다. 결국 개국사가 설치된 곳은 길과 길이 만나는 교통로이며, 개경의 물이 모여드는 수구이며, 동서의 산세가 마주치는 곳이었다. 태조가 이곳에 개국사를 창건한 것은 이 3가지의 거리낌을 비보하기 위한 것이었다.

73 『松京廣攷』권8, 佛宇1 南溪院[原志 卽開國寺南路也 前有雙竿立石及長明燈石]李穡 詩[城中衆水此同奔 大雨年年漲入門 塔似栀竿高百尺 籥卽宛在水精園]

74 南溪院은 경기도 개성시 덕암동에 위치하였다. 지금 국립중앙박물관원에 있는 7층 석탑(국보 100호)은 1915년에 경복궁으로 옮긴 것이다. 탑이 있던 곳이 과거에는 開國寺 터로 알려져 탑의 이름도 개국사탑으로 불려왔으나, 오늘날에는 개국사터는 다른 곳에 있고 이곳은 남계원터로 밝혀져 탑의 이름도 현재의 이름으로 고쳐졌다. 1915년 이전할 때 탑신부에서 7軸의 『紺紙銀泥妙法蓮華經』이 발견되었는데, 이것은 고려 제25대 충렬왕 때의 寫經으로 추정되며, 1283년(충렬왕 9) 중수 때 넣은 것으로 여겨진다.

는 것이 개경의 동서 10여 리 되는 곳에 터를 잡아 좌우 궁궐을 지어서 사방을 순행할 때의 거처로 삼으라는 문종 35년 8월 制의 내용이다.[75] 따라서 개경 주위에 임금의 행차가 수시로 머물 곳이 현실적으로 필요하였기 때문에, 결국 개경 서쪽의 국청사나 동남쪽의 홍왕사, 동북쪽의 귀법사, 불일사, 현화사, 남서쪽의 경천사가 이궁의 역할을 하면서 아울러 개경 교외의 중심 지점이 되는 것은 자연스러운 추세였다. 따라서 이 절들은 개경 4교 지역의 중심지, 교통의 중심지, 개경 방어의 요새였으며, 동시에 주로 왕과 왕실의 시회, 연회 장소, 사냥터, 요양소 등으로 이용되었다.

현재 그동안의 연구에서 파악된 고려시대 사찰 127개(〈표 1〉) 가운데 위치가 파악된 것은 〈표 2〉에서와 같이 34개이다.[76] 나머지 93개 사찰의 위치는 아직 파악되지 않고 있다.

〈표 1〉 고려시기 개경의 사찰 일람

	사찰 이름		사찰 이름		사찰 이름
1	甘露寺	44	奉先寺	87	龍興寺
2	開國寺	45	奉嚴寺	88	雲岩寺
3	乾聖寺	46	佛福藏	89	雲巖寺
4	乾元寺	47	佛恩寺	90	雲菴寺
5	見佛寺	48	佛日寺	91	遊巖寺
6	景福寺	49	舍那寺	92	仁壽寺
7	慶天寺	50	四天王寺	93	日月寺
8	敬天寺	51	三歸寺	94	慈雲寺
9	觀音寺	52	彌陁寺	95	慈恩寺
10	觀靜寺	53	法王寺	96	慈孝寺
11	廣明寺	54	奉恩寺	97	重光寺
12	光岩寺	55	西普通院	98	智妙寺
13	光巖寺	56	仙巖寺	99	地藏寺

---

75 『高麗史』 권9, 문종 35년 8월 辛酉 制, "西京宮闕 年久頹毀頗多 宜募工修葺 且去京東西各十餘里 更卜地 構左右宮闕 以爲省方巡御之所."
76 박종진, 앞 논문, 2000 참조.

14	廣濟寺	57	宣孝寺	100	眞觀寺
15	廣眞寺	58	禪興寺	101	昌化寺
16	廣興寺	59	松林寺	102	昌和寺
17	龜山寺	60	水口觀音寺	103	天壽寺
18	國淸寺	61	順天寺	104	天水寺
19	歸法寺	62	崇敎寺	105	天孝寺
20	金身寺	63	崇善寺	106	淸凉寺
21	洛山寺	64	十王寺	107	靑雲寺
22	南溪院	65	神衆院	108	摠持寺
23	內帝釋院	66	神穴寺	109	板房庵
24	內天王寺	67	神孝寺	110	海安寺
25	大悲院	68	新興寺	111	海晏寺
26	大安寺	69	安和寺	112	現聖寺
27	大雲寺	70	安和禪院	113	賢聖寺
28	大興寺	71	巖房寺	114	玄化寺
29	道日寺	72	藥師院	115	慧日重光寺
30	萬德社	73	藥王院	116	弘敎院
31	妙覺寺	74	延慶院	117	弘圓寺
32	妙蓮寺	75	演福寺	118	洪圓寺
33	彌勒寺	76	蓮花院	119	弘眞院
34	旻天寺	77	靈通寺	120	弘護寺
35	法雲寺	78	吳彌院	121	弘化寺
36	法泉寺	79	王輪寺	123	孝思觀
37	普濟寺	80	外院	124	興國寺
38	普通院	81	外院寺	125	興福寺
39	普賢寺	82	外帝釋院	126	興聖寺
40	普賢院	83	龍岩寺	127	興王寺
41	福寧寺	84	龍淵寺		
42	福靈寺	85	龍化院		
43	福興寺	86	龍華院		
총				127	

<표 2> 고려시기 개경의 사찰과 위치

	사찰이름	창건연대	위치	전거(연대와 위치)
1	法王寺	919(태조2)	皇城안(都內; 북부 법왕방, 만월동)	권1; 권56; 고유섭
2	慈雲寺	919(태조2)	황성안(도내 북부 자운방)	권56; 왕력
3	王輪寺	919(태조2)	황성밖(도내; 북부 왕륜방, 고려동)	권1; 권56; 고유섭
4	內帝釋院	919(태조2)	황성안(대궐내)	왕력
5	舍那寺	919(태조2)	황성안(도내; 북부 사나방)	권56; 왕력
6	普濟寺	919(태조2)	황성밖(도내; 한천동)	왕력; 고유섭
7	新興寺	919(태조2)	황성안(도내)	왕력
8	文殊寺	919(태조2)	황성안(도내)	왕력
9	圓通寺	919(태조2)	황성밖(도내)	왕력
10	地藏寺	919(태조2)	황성밖(도내; 성남 3리)	왕력; 승람
11	大興寺	921(태조4)	황성밖(북; 성거산 북쪽)	권1
12	日月寺	922(태조5)	황성안(서북; 송악산 쌍폭동)	권1
13	廣明寺	태조 때	황성안(서북; 만월동)	승람; 고유섭
14	外帝釋院	924(태조7)	황성안	권1
15	興國寺	924(태조7)	황성안(북부 홍국방, 만월동)	왕력; 권56; 고유섭
16	龜山寺	929(태조12)	황성밖(북; 송악산 고려동)	왕력; 고유섭
17	安和寺	930(태조13)	황성밖(북; 송악산 고려동)	권1; 고유섭
18	開國寺	935(태조18)	황성밖(남동; 장패문밖)	이제현1; 고유섭
19	內天王寺	936(태조19)	황성안(도내; 북부 내천왕방)	권2; 권56
20	賢聖寺	936(태조19)	황성밖(동북; 탄현문안)	권2; 고유섭; 승람
21	彌勒寺	936(태조19)	황성밖(중서; 유암산 만월동)	권2; 고유섭; 김기호
22	奉恩寺	951(광종2)	황성밖(황성남; 태평동)	권2; 고유섭
23	佛日寺	951(광종2)	황성밖(동북; 東郊; 영남면 불일동)	권2
24	歸法寺	963(광종14)	황성밖(동북; 안정문밖, 영남면)	권2; 승람; 도경; 고유섭
25	眞觀寺	999(목종2)	황성밖(성남; 용수산)	권3; 승람; 김기호
26	崇教寺	1000(목종3)	황성밖(남; 회빈문 안; 남부 환희방)	권3; 도경; 승람
27	玄化寺	1018(현종9)	나성밖(동북; 영남면 현화리)	권4; 고유섭
28	興王寺	1067(문종21)	나성밖(동남; 진봉면)	권8; 고유섭
29	弘護寺	1093(선종10)	나성밖(성동; 숭인문 밖)	권10; 도경
30	國清寺	1097(숙종2)	나성밖(서; 산성면 려릉리)	권10; 고유섭
31	天壽寺	1116(예종11)	나성밖(동; 장단서면 전제리 원터)	권12; 고유섭

32	敬天寺	1113(예종8)	나성밖(성남; 부소산, 개풍군 광덕면)	권13; 이제현2; 고유섭
33	妙蓮寺	1283(충렬9)	나성안(남동; 삼현)	권29; 고유섭
34	旻天寺	1309(충선1)	나성안(중앙; 태화동)	권33; 고유섭

※ 이 표는 박종진, 「고려시기 개경 절의 위치와 기능」『역사와 현실』 38을 참고하여 정리하였다.

Ⅲ. 회화 자료에 보이는 개성의 사찰

개성 지역을 그린 회화로는 고려 인종 때 李寧이 그린 〈禮成江圖〉와[77] 〈天壽寺南門圖〉,[78] 작자 미상의 〈松都八景圖〉,[79] 〈朴淵瀑布圖〉, 〈陽和樓圖〉[80] 등이 있었다고 전하나 이 그림들은 전해져 오지 않는다.[81] 이렇게

---

77 고려 때 화가 李寧이 수도인 개성을 가로지르는 예성강의 경관을 그린 실경산수화로, 1124년(인종 2) 추밀사 李資德을 따라 수행화원으로 북송에 갔다가 徽宗의 요청에 의해 그렸던 것으로 문헌상의 기록으로 전할 뿐 작품은 남아 있지 않다. 서화실기와 감식에 뛰어났던 휘종이 이 그림을 보고 크게 칭찬했던 것으로 미루어 매우 높은 수준의 명품이었던 것으로 짐작된다(『高麗史』 권122, 열전35 方技 李寧).

78 『新增東國輿地勝覽』 권4, 開城府上 驛院 天壽院. 천수사는 松都의 동쪽 都內 밖 100步 거리에 있던 사찰로서 숲이 우거지고 노래와 피리 소리가 끊이지 않는 지극히 아름다운 곳이었다고 한다(『破閑集』 中 天壽寺). 이러한 명소를 그린 것이 〈천수사남문도〉이다.

79 이 그림이 언제 그려졌는지는 알 수 없으나, 益齋 李齊賢(1287~1367)이 지은 松都八景과의 연관성을 갖게 한다. 송도팔경은 前八景과 後八景으로 나뉜다. 전팔경은 곡령의 맑은 봄날[鵠嶺春晴]·용산의 깊은 가을[龍山秋晚]·자하동으로 중을 찾아가다[紫洞尋僧]·청교에서 객을 전송하다[靑郊送客]·웅천에서 계를 하며 술을 마시다[熊川禊飮]·용야에서 봄을 찾다[龍野尋春]·남포의 안개 속 도롱이[南浦煙蓑]·서강에 뜬 달밤의 배[西江月艇]이며, 후팔경은 북산의 안개비[北山煙雨]·서강의 눈보라[西江風雪]·백악의 비 갠 구름[白岳晴雲]·황교의 저녁놀[黃橋晚照]·장단의 석벽[長湍石壁]·박연폭포[朴淵瀑布]에 전팔경의 자동심승과 청교송객을 더한 것이다.

80 『新增東國輿地勝覽』 권5, 開城府下 古跡조에 따르면, 양화루는 長源亭 곁에 있었

일찍부터 개성지역을 그린 회화가 있었을 것으로 짐작되지만, 현존하는 그림들은 대부분 조선후기 이후의 것들이다.[82]

현재 파악된 개성 관련의 조선후기 회화로는 겸재 정선의 〈朴淵瀑〉·〈朴淵生〉, 표암 강세황의 『松都紀行帖』, 단원 김홍도의 〈耆老世聯楔圖〉, 『慕堂平生圖八曲屛』의 〈松都留守到任時〉, 작자 미상의 『松都四壯元契會圖屛』·『松都龍頭會圖』와 학산 윤제홍의 『鶴山墨戲帖』의 〈朴淵瀑布〉, 임득명의 『西行一千里長卷』〈朴淵泛槎亭〉·〈華臧秋色〉, 작가 미상의 〈朴淵瀑布圖〉 등 11종이 있다. 이 그림을 통해 개성의 명승지와 경관을 살필 수가 있다.

『松都紀行帖』은 국립중앙박물관 소장품(동원품 2191)으로, 정조 때 미술계를 주도한 豹庵 姜世晃(1713~1991)의 작품이다. 『송도기행첩』은 강세황이 1757년 7월 당시 개성유수였던 吳遂采(1692~1759)의 초청으로 개성을 여행하면서 아름답고 웅장한 경치에서 받은 감흥과 인상을 현실감 있게 그려낸 것이다.[83]

이 화첩은 총 16점의[84] 화폭 속에 개성시가와 개성 북쪽의 천마산, 성

다. 이곳에서 의종은 8년 정월과 3월에 知門下省事 崔允儀·樞密院使 任克忠·金存中 등 6인을 불러 밤 늦게까지 잔치를 벌인 것으로 되어 있다(『高麗史節要』 권 11, 毅宗 8년 춘정월 및 3월).

81 홍선표, 「東國輿地勝覽 繪畫關係記錄」, 『강좌미술사』 2, 1989 ; 안휘준, 「高麗 및 朝鮮王朝 初期의 對中 繪畫交涉」, 『亞細亞學報』 13, 1979 ; 진현준, 「조선 초기·중기의 실경산수화-실제 작품과 그 현장을 중심으로」, 『미술사학』 24, 2010.

82 이에 대한 연구는 홍영의, 「조선후기 회화와 지도에 기록된 개성의 유적과 경관」, 『역사와 현실』 79, 2011 참고.

83 『松都紀行帖』의 원래 이름은 『豹庵先生遺蹟』이다. 이 화첩은 강세황이 개성유수 오수채의 초청으로 1757년 송도를 유람할 때 선물로 그려주어 해주 오씨 집안에서 전해져왔다. 표암의 제자인 許佖(1709~1768)의 〈妙吉祥〉 題跋에 의하면, 당시는 〈無暑帖·더위를 없애는 화첩〉이라고 불렸다고 한다. 『송도기행첩』은 강세황이 부인 유씨가 타계한 다음해인 1757년 그의 나이 45세 때 개성을 유람하고, 이 때 〈無暑帖〉 2권을 그렸음을 알 수 있다.

84 〈松都全景〉, 〈花潭〉, 〈白石潭〉, 〈白花潭〉, 〈淸心潭〉, 〈大興寺〉, 〈靈通洞口〉, 〈山城

거산과 대홍산성 일대, 오관산의 명승지를 실경으로 담고 있는 기행시화
첩이다.[85] 개성 일대를 유람 순으로 그려나간 이 화첩은 〈송도전경〉이 맨
앞에 나온다(도 1).

남문 누각에서 조망한 송악산과 시가지를 한눈에 잡아냈다. 대로가 점
점 좁아지는 초점 투시법을 구사해 더욱 현장감이 느껴진다. 원래 이곳은
고려시대 南大街로 가는 十字街였다.[86]

『송도기행첩』에 실린 16점 가운데 〈大興寺〉의 모습이 그려져 있다(도
2). 대홍사의 창건연대는 정확하지 않으나, 병지호란 이후 불탔다가 정조
대에 대홍산성 서문 밖에 있던 淨慈寺의 재목을 가져다 중건한 것으로 보
인다.[87]

한편, 林得明(1767~?)의[88] 『西行一千里長卷』(61×28㎝, 개인 소장)은
1813년(순조 13) 그의 나이 46살 때 늦가을 한양을 출발하여 평안도 龍川

南譙〉, 〈大乘堂〉, 〈馬潭〉, 〈太宗臺〉, 〈朴淵〉, 〈泰安倉〉, 〈落月峯〉, 〈泰安石壁〉, 〈萬
景臺〉, 跋文 순으로 되어 있다.

85 金健利, 「豹菴 姜世晃의 ≪松都紀行帖≫ 硏究-제작경위와 화첩의 순서를 중심으로」,
『美術史學硏究』 237 · 238, 2003.

86 개경의 모든 도로는 皇城을 향하였으며, 그 중심에는 황성의 정문인 廣化門에서
시작되는 간선로가 있었다. 개경의 자연지형상 국왕의 본궐을 둘러싼 宮城과 황성
은 북서쪽에 치우쳐 위치하였으며, 광화문 밖 관청거리와 시전거리는 개경의 가장
큰 번화가였다. 관청거리에서 시작된 개경의 간선로는 白川이라 불리는 조그마한
하천을 따라 남쪽으로 향하는 남대가로 연결되었으며, 이 남대가는 나성 내부 도
로의 중심축이 되었다. 반면 나성 서쪽의 宣義門에서 동쪽의 崇仁門을 연결하는
대로는 나성의 내부를 남북으로 갈라놓는 역할을 하였으며, 이 도로와 남대가가
만나는 지점을 십자가라 불렀다(한국역사연구회, 『개경의 생활사』, 2007, 55~56쪽
참조).

87 『松都誌』 권3, 佛宇.

88 임득명은 본관은 會津. 자는 子道, 호는 松月軒으로, 시 · 서 · 화 三絶로 일컬어졌
다. 崔北 · 林熙之 등과 함께 松石園詩社의 한 구성원이었던 것으로 보아 중인신분
의 文士였던 것 같다. 글씨는 篆書를 잘 썼고, 그림은 鄭敾의 진경산수화법을 배
웠다고 전한다. 유작으로는 〈松月軒畵帖〉 등이 있다.

도 1. 표암 강세황, 송도전경, 『송도기행첩』 중에서, 1757년, 국립중앙박물관 소장

도 2. 표암 강세황, 대흥사, 『송도기행첩』 중에서, 1757년, 국립중앙박물관 소장

도 3. 임명득, 화장추색, 『西行一千里長卷』에서, 1813년, 개인 소장

(의주)에 이르는 여정 가운데 명승을 담은 7폭으로 구성되어 있다.[89] 이 그림 가운데 〈화장추색〉은 가을의 華藏寺의 전경을 그린 것이다(도 3).

화장사는 개성과 장단 경계인 寶鳳山 중턱에 있는 절로, 화장사는 '繼祖窟' 또는 '繼祖庵'으로 불렀다가 공민왕 때 중건된 것으로 전해진다.[90]

金昌協의 〈遊松京記〉에 따르면, 언제가 불탄 것을 복구한 절로 대웅전 왼쪽 작은 방에는 공민왕의 영정과 1천 나한상을 모신 羅漢殿, 지공의 소상을 모신 寂默堂과 祖師殿을 설명하고 있다.[91]

이외에도 개성 관련 고지도에 아래와 같은 사찰들이 기록되어 있다(표 3). 고지도에는 해당 지역의 자연환경과 인문 환경에 대한 풍부한 내용이 담겨 있어 해당 도시의 옛 모습과 역사, 문화에 대한 생생한 정보를 알 수 있다. 현재 개성과 관련된 지도는 『海東地圖』의 「松都」, 『輿地圖』의 「송도」, 『廣輿圖』의 「개성부」, 1872년 지방지도의 하나인 「開城全圖」, 『朝鮮地圖』의 「개성」, 개성 고려박물관 소장 「개성고지도」와 목판본인 「松京幅

---

89 『서행일천리장권』에는 〈坡州途中〉, 〈華藏秋色〉, 〈朴淵泛槎亭〉, 〈平壤〉, 〈順安途中〉, 〈百祥樓〉, 〈龍川途中〉과 평양의 超然臺에 관한 글을 예서와 전서로 쓴 것 등으로 구성 되어 있다.

90 『新增東國輿地勝覽』 권12, 京畿 長湍都護府 佛宇. 화장사는 인도 출신의 승려 指空과 관계가 깊다. 원나라를 거쳐 고려에 들어온 지공은 약 3년 동안 이곳에 머물렀고, 1361년에 원나라에서 지공이 사망했을 때 유골을 제자 네 명이 나누어 가졌다고 한다. 이 절에 지공이 가져 온 「西竺貝葉經」이 있었다고 한다. 한편 이 곳에는 공민왕의 영정이 있었던 것으로 보인다(『中宗實錄』 권94, 중종 35년 10월 甲戌).

91 『農巖集』 권23, 遊松京記.

圓圖」,『松京廣攷』에 있는 「松京城內圖」와 3편의 「송경폭원도」,『中京誌』의 「中京幅員圖」·「中京城內圖」, 墓圖인 「文肅公墓圖」 등 모두 12종이 전하고 있다. 이 지도 가운데『해동지도』의 「송도」와 같은 몇 종은 이미 잘 알려진 것이기도 하다. 이 가운데 사찰과 관련된 것을 정리하면 다음과 같다.[92] 각종 문헌상 400여 개나 있던 개성 인근의 사찰 가운데 지도에는 사찰 14개, 암자 11개만 표기되어 있다. 이미 조선후기에는 대부분 사찰들이 폐허로 변했거나, 사라졌음을 말해 준다.

<표 3> 조선시대 지도에 보이는 사찰

寺(14)	甘露寺·觀音寺·國靈寺·大興寺·福靈寺·詵月寺·靈通寺·龍泉寺·雲興寺·圓通寺·寂照寺·知足寺·華莊寺·現君寺
庵(11)	開城菴·道詵庵·鈍光菴·文殊菴·聖燈庵·幼寂菴·隱仙菴·七星庵·逋銑菴·天皇庵·海雲庵

Ⅳ. 개성의 남겨진 사찰과 유물

고려시대 수도인 개경은 불교도시라 일컬을 정도로 수많은 절이 있었다. 조선중기의 한 기록에는 유명한 절만도 성내에 300곳이 있었다고 하였으며, 현재 절 위치와 창건연대를 확인할 수 있는 것만도 34개나 된다. 그럼에도 현재 남아있는 불교문화재는 그리 많지 않다. 현재 북한에서 지정된 개성 주변의 불교문화재는 개성 고려박물관에 전시되어 있는 국보급으로 지정된 홍국사 탑(31), 개국사 석등(32), 불일사 5층탑(35), 탑동 3층탑(39), 현화사 비(40), 현화사 7층탑(41)와 개성 인근 지역의 보물급으로 지정된 연복사 종(30), 관음사(33), 화장사 사리탑(34), 영통사동 3층탑

---

92 이에 대한 연구는 홍영의, 「조선후기 회화와 지도에 기록된 개성의 유적과 경관」, 『역사와 현실』 79, 2011 참고.

(35), 영통사 대각국사비(36), 영통사 당간지주(37), 영통사 5층탑(37), 영통사 서3층탑(38), 현화사 당간지주(38), 광통보제선사비(국보 문화유물 제152호), 연복사 종(보물급 제30호), 적조사 철불(국보 문화유물 제137호), 오룡사 법경대사비(국보 문화유물 제153호) 등 모두 19개이며, 이중 영통사와 관련된 것이 5개이고 현화사와 관련된 것이 3개이다. 또 형태로는 탑이 7개로 가장 많다. 이외의 것은 비지정 상태로 남아 있다.

가장 많은 지정문화재를 남긴 영통사는 개성 나성 밖 동북쪽인 용흥리 오관산 남쪽에 있다.[93] 이것은 고려 초에 창건된 절로서 고려전기 화엄종단의 대표적인 절이다. 오관산 영통사는 919년 태조 왕건이 세운 崇福院에서 시작하였다. 숭복원은 태조 왕건이 증조할아버지가 살던 암자를 확장해 직접 지은 절이다. 영통사에는 세조(왕릉), 태조, 문종, 인종, 명종 등 역대 왕들의 진영이 있었다. 1671년 金昌協의 「遊松京記」에 따르면, 절은 이미 불타고 12~13동의 부속건물과 마당의 석탑 3기, 의천의 대각국사비만 서 있다고 한 것으로 보아 이미 17세기 전에 쇠락했음을 알 수 있다.[94]

절터에는 현재 국보급으로 지정된 영통사 5층탑, 영통사 서3층탑을 비롯하여 보물급으로 지정된 영통사동 3층탑, 영통사 대각국사비, 영통사 당간지주가 제자리를 지키고 있다. 3기의 석탑은 모두 고려초기의 것으로 5층탑을 가운데 놓고 좌우에 3층탑이 동서로 서 있다. 또 영통사지에는 보물급 36호로 지정된 영통사 大覺國師碑가 있는데, 이 비는 1125년(인종 3) 대각국사 義天(1055~1101)의 행적을 기록한 것이다.[95] 이 비문은 인종의

---

93 靈通寺 복원은 천태종과 북측이 '개성 영통사 복원위원회'를 구성하고 약 46만 장의 기와와 단청재료 3천 세트, 묘목 1만 그루, 비닐 자재 60톤, 중장비와 건축 마감재 등 40억 원 상당을 지원하여 2005년 10월 31일에 낙성식을 가진바 있다. 1998년 일본 大正大學과 북한 학자들이 함께 발굴조사에 들어간 후 남·북과 일본이 공동으로 복원사업을 벌였다. 2002년 11월부터 북한이 대한불교천태종과 함께 복원 사업을 시작해 2005년 10월에 29개의 전각을 복원했다.

94 『農巖集』 권23, 遊松京記.

95 『高麗史』 권96, 열전9, 尹瓘附 尹彦頤.

지시로 金富軾이 지었으며, 이 비문을 통하여 화엄승려로서의 의천의 활동을 파악할 수 있다. 한편 의천의 비는 경상북도 칠곡군의 선봉사지에도 있는데, 선봉사 대각국사비는 영통사 대각국사비보다 7년 늦은 1132년에 세워졌다. 蔡忠純이 쓴 이 비문에는 천태종 개창자로서의 의천의 모습이 드러나 있다. 이외에도 의천이 입적한 해인 1101년에 작성된 묘지명이 국립중앙박물관(No. 본293)에 보관되어 있다.

영통사지에서 멀지 않은 개성시 월고리 영취산 남쪽기슭에 있는 현화사지에도 주요 문화재가 남아있다. 현재 현화사와 관련된 지정문화재는 국보급인 현화사 비, 현화사 7층탑과 보물급인 현화사 당간지주가 있다. 이 중 현화사 비와 현화사 7층탑은 현재 개성 고려박물관에 옮겨져 있다. 현화사 석등은 국립중앙박물관에 있다.

현화사는 현종이 1018년(현종 9) 아버지 안종과 어머니 獻貞王后의 명복을 빌기 위해 세운 절로 법상종 계통의 사찰이었다. 현종은 1018년에 국력을 기울여 현화사를 창건하고, 많은 토지와 노비를 제공하였다. 1021년에 건립된 현화사비는 채충순이 썼는데 여기에는 현화사의 창건 과정이 기록되어 있다. 이에 의하면 현종대 현화사에는 토지가 2,000경, 노비 100구를 비롯하여 많은 물자가 있었으며 학도들이 1,000명이 넘었다. 현화사 창건 내력을 적은 비 앞면의 윗 부분에는 해와 달을 상징하는 까마귀와 토지 조각이 있으며, 비 양 옆면에는 용이 새겨져 있다. 현화사 7층석탑은 1020년에 만든 것으로 고려 초기 석탑의 양식을 잘 보여주고 있다. 현화사 탑에는 탑신받침이 있고, 각층 탑신의 4면에는 감실형태로 판 안상 안에 불상과 보살상이 조각되어 있다.

또한, 현화사 7층탑이 있는 개성 고려박물관 주변에는 불일사 5층탑, 흥국사 탑, 탑동 3층탑 등 불탑과 원통사 부도가 모여있다. 불일사는 951년 광종이 자기 어머니 원찰로 세운 것으로, 개성시 판문군 선적리 보봉산 기슭에 그 터가 있다. 1959년 발굴하였으며, 그 다음해 불일사 5층탑을 현재의 위치로 옮겼다. 개성주변에 있는 대표적인 고려초 석탑이다. 불일사 5

층탑을 해체 복원할 때 첫단과 둘째단 기단부에서는 금동 9층탑, 금동 5층탑, 금동 3층탑, 작은 돌탑 20여 개, 작은 청자 사리단지, 다라니경 등 많은 유물이 나왔는데, 지금 조선중앙력사박물관과 개성 고려박물관에 전시되어 있다.

또 이 주위에는 흥국사 탑도 있다. 흥국사는 924년(태조 7)에 개성의 중심부에 세운 절인데, 법왕사 · 봉은사 · 민천사 등 개경 중심부에 있었던 다른 절과 마찬가지로 주요 국가 차원의 불교행사를 주관하였으며, 정치 공간으로 이용되기도 하였다. 또한 흥국사는 고려 신종 초 최충헌의 노비 만적이 난을 일으킬 때 거사장소로 정하기도 하였다.[96] 흥국사탑 기단 앞면에는 1021년 5월에 ‘나라의 태평과 안녕을 위해 이 탑을 세웠다’고 글이 새겨져 있다. 이 탑은 강감찬이 1021년 거란과의 싸움에서 승리한 기념으로 세운 것이라 한다. 이 탑은 2층부터 탑신이 없어져서 지붕돌만 포개놓은 불완전한 상태이지만 새겨진 글에서 탑을 세운 연대를 알 수 있기 때문에 고려초기 석탑 연구에 중요한 위치를 차지한다.

개국사 석등 역시 주요 불교문화재이다. 개국사는 개성시 덕암리에 있던 절로 태조 왕건이 세운 10대 사찰의 하나로, 935년 창건되었다. 이곳은 나성의 장패문 바로 바깥으로, 당시 개성에서 동남쪽으로 내려가는 길목이었다. 따라서 개국사는 고려초 동북쪽에 창건한 현성사와 함께 개경의 관문에 위치하여 개경의 안팎을 연결하고 더 나아가서 개경을 방어하는 중심 역할을 하기도 하였다. 개국사 석등은 높이가 4미터에 가까운 커다란 석등으로 4각기둥 모양을 한 전형적인 고려초기의 석등이다. 1936년 자남산 아래의 개성박물관으로 옮겼다가, 1988년 개성 고려박물관으로 이전하였다.

개국사에는 본래 7층탑도 있었는데, 이 개국사 석탑은 일제강점기에 서울로 옮겨져 현재 서울 국립중앙박물관 뜰에 남계원석탑(국보 제100호)의 이름으로 보존되어 있다. 남계원은 고려시기 개국사에 속했던 院으로 장

---

96 『高麗史』 권129, 열전42, 叛逆 崔忠獻.

패문 안에 있었다. 개국사가 개경에서 동남쪽으로 내려가는 교통의 요지에 있었기 때문에 개국사에서 남계원을 설치한 것이다. 高裕燮에 의하면 지금 경복궁 뜰에 있는 석탑은 장패문 밖의 개국사터가 아니라 장패문 안의 남계원터에 있었던 것이라 한다.[97]

이와 함께 개성의 불교문화재 중 빼놓을 수 없는 것이 경천사 10층탑(국보 제86호)이다. 경천사는 개풍군 광덕면 중련리 부소산에 있던 사찰로 1113년(예종 8) 나성의 남쪽에 세워 졌다. 이곳 역시 남쪽으로 내려가는 길목에 있었다. 경천사 10층탑은 1348년(충목 4)에 만든 것으로, 원간섭기에 원 불교의 영향을 읽을 수 있는 탑이다. 1909년경 우리나라에 대사로 와 있던 일본의 궁내대신 다나카[田中光顯]가 일본으로 불법 반출했다가 반환되어 경복궁에 방치되어 있다가 1960년 개건을 거쳐 현재 국립중앙박물관에 전시되어 있다.

이외에도 華藏寺舍利塔(국보 문화유물 제134호)도 간단히 소개할 필요가 있다. 화장사는 개성시 용흥리에 있는 절로 金昌協의 「遊松京記」에 자세히 설명되어 있다.[98] 화장사는 창건 연대는 미상이나, 1115년(예종 10)에 妙應이, 1216년(고종 3)에 靜覺國師가 이 절에 와서 머물던 것으로 보아 고려중기 이전에 창건된 것으로 추정된다. 1373년(공민왕 22) 옛날 繼祖庵 터에 중건하였다. 1539년(중종 34) 平原大君과 齊安大君의 위패를 모시고 齋를 올렸다.[99] 현재 화장사터에 남아 있는 유물로는 대웅전 앞에 있는 7층석탑과 冥府殿 동쪽 언덕에 指空의 화장사 부도가 있다. 지공의 부도는 '화장사지공선사탑(북한 국보 제134호)'으로 고려시대의 석종형 부도 양식을 잘 보여주는 문화재이다.

화장사 사리탑은 고려말기 懶翁和尙의 스승이기도 한 중국 원나라의 선승 指空禪師의 묘탑으로, 명부전 동쪽 언덕 위에 남쪽으로 향하여 놓여 있

---

97 『松都의 고적』, 열화당, 1977 ; 『한국탑파연구』, 동화출판공사, 1981.
98 『農巖集』 권23, 遊松京記.
99 『傳燈寺本末寺誌』 ; 權相老, 『韓國寺刹全書』 동국대학교출판부, 1979.

다. 1370년경에 만들어진 것으로, 상부에 화려한 연꽃이 새겨진 몸돌 정면에 '指空定慧靈照之塔'이라는 글이 새겨져 있어서 이것의 주인공이 지공이라는 것을 알 수 있다.

고려시기 개성에 수많은 사찰이 있었지만 이렇듯 남아있는 불교문화재는 몇 기의 석조물이 전부이다. 그 가운데 개성시 산성리 대흥산성 안에 있는 관음사는 그 자체가 보물급 33호로 지정되었다. 이는 개성의 절 중에서 거의 유일하게 조선후기의 것으로 지금까지 남아있기 때문일 것이다. 실제 개성에는 복원된 사찰은 관음사와 안화사, 영통사 등 극소수에 불과하며 그것도 제대로 복원된 것은 아니다. 관음사에는 대웅전을 비롯하여 7층탑 등의 유적이 있다.

관음사는 산성리 천마산에 있으며, 970년(광종 21) 法印國師 坦文이 굴 안에 관음보살상 2구를 놓고 '觀音窟'이라 한 데서 비롯하였다.[100] 조선 개국 후 태조가 1393년(태조 2) 크게 확장하였으며, 1395년에는 태조가 水陸齋를 열기도 하였다. 현존 건물은 1646년(인조 24)에 중수한 것으로 대웅전과 승방, 7층탑과 관음전만 남아 있다. 대웅전에는 아미타불 좌상, 관음보살 입상, 대세지보살 입상이 있다. 관음사 대리석관음보살좌상은 조선중앙력사박물관에 소장되어 있다. 또한 관음사 인근에 박연 삼불암 마애불이 있다. 박연폭포에서 대흥산성 북문으로 계곡을 따라 300m 정도 가다가 시내를 건너 동쪽 방향의 성거산 쪽에 있는 운흥사터 뒤쪽 바위에 높이 5m의 마애삼존불이 있다.

안화사는 송악산에 있는 절로, 930년(태조 13) 8월에 창건하여 '安和禪院'이라 하였으며, 태조 王建의 아우인 信의 願堂으로 삼았다.[101] 이 절이 국가적 대찰로 면모를 갖춘 것은 1117년(예종 12)이다. 송나라의 휘종은 이때 사신을 파견하여 法殿에 쓸 재물과 畵像, 御筆로 쓴 '靖國安和之寺'라는 편액을 보냈는데, 예종은 蔡京에게 명하여 寺門에 걸게 하였다.[102]

---

100 『新增東國輿地勝覽』 권4, 開城府上 佛字.
101 『高麗史』 권1, 太祖 13년 추8월.

당시의 가람배치는 고려시대 및 우리나라의 사찰구조를 연구하는 데 중요한 자료가 된다. 인종 때 송 사신으로 개경에 온 徐兢의 『고려도경』에 따르면, 안화사문을 들어서면 서편으로 冷泉亭이 있고, 그 북쪽으로 紫翠門과 神護門이 있었다. 문루의 동쪽으로는 帝釋像이, 그 서편으로는 香積堂이 있었다. 本殿은 無量壽殿이고, 본전의 동서로 陽和閣과 重華閣이 있었다. 그 뒤로 다시 3문이 있었는데 동문인 神翰門 속에 能仁殿이, 중문인 善法門 속에는 善法堂이, 서문인 孝恩院 속에는 彌勒殿이 있었다. 이 堂殿 사이에 觀音像과 藥師像을 모신 전당이 있고, 동쪽으로는 역대 조사들의 화상을, 서쪽으로는 地藏幀畵를 모셨다. 그러나 송나라의 휘종이 보내왔다는 십육나한은 어디에 봉안되었는지 확실하지 않다. 이 밖에도 僧徒들의 객실을 비롯하여 왕이 머무는 齋宮이 있는데, 재궁은 尋芳門을 지나 凝祥門과 嚮福門 사이에 있었다고 한다. 그 뒤로는 齋雲閣이 있어 항상 맑은 샘물이 솟아나고, 그 뒤에 安和泉이라는 정자가 있었다. 화초와 대나무숲, 괴석에 둘러싸인 이 절의 外境은 병풍 속의 사찰 같은 착각을 들게 할 만큼 화려함과 조화의 극을 이루었다고 한다.[103]

李仁老에 의하면, 단청과 구조의 아름다움이 당시 '海東第一'이었다고 하며 사문에서 御花園까지는 약 6~7리가 되는데, 붉은 언덕, 푸른 뫼뿌리가 가로 벌리고 옆으로 펼쳤으며, 시내가 있어 돌길을 흐르는데 물소리가 매우 아름다웠다고 한다. 또 사면으로는 松栢樹가 하늘에 닿았으며, 여름이라도 언제나 가을과 같았다고 한다.[104]

이 절은 예종 이후 많은 왕가 종친들의 귀의를 받았는데, 특히 예종의 비이며 인종의 어머니인 順德王后의 眞堂을 만든 뒤 왕가의 行香이 더욱 성행하였다고 한다.[105] 예종이 중창했을 때 이곳의 주지는 圓應國師 學一

---

102 『高麗史』 권14, 睿宗 13년 하4월 壬申.
103 『宣和奉使高麗圖經』 권17, 祠宇 靖國安和寺.
104 『破閑集』 中 「鳳城北東安和寺」.
105 『高麗史』 권14, 睿宗 15년 6월 丁亥.

이었으며, 즐겨 행향했던 왕은 예종·인종·의종·명종·고종·충렬왕·공민왕 등이었다. 고려의 멸망 후 동서 약 100칸, 남북 약 40칸의 초석만을 남긴 채 폐사로 남아 있었다. 1930년 옛터에 승려 金萬永이 시주를 얻어 다시 중창한 뒤 31本山 중 傳燈寺의 말사가 되었으며, 현재의 모습은 1987년에 복원한 것이다.[106] 이곳에는 조선시대에 세워진 안화사 7층탑이 있다.

탑동 3층탑은 판문군 삼봉리 홍왕사 터에서 약 3km 떨어진 탑골에 있던 고려 때의 탑으로, 1988년 개성 고려박물관 옆뜰로 옮겼다. 원통사 부도는 장풍군 월고리 성거산 원통사 터에 있던 것을 개성 고려박물관으로 옮겼으며, 8각타원형식의 부도로 높이 2.93m로 고려중기의 것으로 추정된다. 태조가 송도를 중심으로 10대 사찰을 지을 때 그 중의 하나로서 919년(태조 2)에 眞境大師가 창건하였다. '圓通寺'라고도 한다.[107] 현존하는 당우로는 藥師堂과 僧堂이 있으며, 약사당 안에 약사여래석상이 있으나 오래된 유물은 아니다. 절 뒤쪽에는 內院庵이 있다고 한다.

이외에도 미륵사 미륵불은 개성시 휴암산 동쪽 기슭에 있던 것이며, 복령 미륵은 송악산 서쪽 기슭 미륵동(해선리) 동편 복령동으로 가는 길어구에 서 있던 것을 개성 고려박물관 옆뜰로 옮겨 놓았다. 신성리 미륵불(보범사 석불)은 개풍군 신성리 마흘산 보범사터 동쪽 기슭에 있으며, 불상 앞 공물대는 1927년경 일제에 의해 사라졌다고 한다.

五龍寺法鏡大師碑(국보 문화유물 제153호)와 心腹寺 7층탑, 심복사 중수기비도 소개할 필요가 있다. 오룡사는 개성시 용흥리 용암산 극락봉 남쪽 기슭에 있던 절로, 15세기 이전에 폐사된 것으로 보인다. 이 비는 왕건의 왕사 法鏡大師 慶猷(871~921)의 부도비로 944년에 세워졌다. 비의 형

---

106 『傳燈寺本末寺誌』; 高裕燮, 『松都의 고적』, 열화당, 1977 ; 權相老, 『韓國寺刹全書』, 동국대학교 출판부, 1979 ; 대한불교조계종 민족공동체추진본부, 『북한의 전통사찰』, 2011.
107 『三國遺事』권1, 王曆1 後高麗 太祖.

태는 지대석, 귀부, 비신, 이수를 갖춘 전형적인 비 양식으로, 지대석과 귀부는 화강석이고 비신과 이수는 점판암이다. 높이 3.4m, 지대석 길이 2.2m, 너비는 2m이다. 비신 앞뒷면에는 명문만 있을 뿐 아무런 장식이 없다. 이수는 섬세하게 조각된 4마리의 용이 서로 엉켜 있는 형상이며, 그 아래 2단 받침이 있다. 앞면 가운데 부분에 '法鏡大師'라는 비명이 적혀 있고, 뒷면에는 '五龍之寺'라는 절 이름이 전서체로 새겨져 있다. 비문은 당시 유명한 문장가 崔彦撝가 짓고 승려 선경이 해서체로 썼다. 당시 '海東四無畏大師'라 하여 가장 존경받던 승려 중 한 명이었던 법경대사가 출가하여 당에 건너갔다가 귀국하여 왕사 예우를 받다가 입적한 일대기를 적었다. 뒷면에는 비를 건립하는 데 관련되는 사람들의 이름 및 관직이 명기되어 있다. 현재 법경대사부도탑도 이곳에 있다고 한다. 법경대사비의 탁본은 국립중앙박물관에 있다(德壽-005164-000).

心腹寺는 장풍군 덕적리 심복동 龍鳳山에 있는 절로, 651년(진덕여왕 5) 자장율사에 의해 세워진 절이다. 그뒤 폐허가 된 것을 1219년(고종 6)에 天熙가 중창하였다. 중국에서 온 천희에게 고종은 명산에 대찰을 지을 것을 권하였는데, 천희는 이곳에 이르러 자장이 창건했던 절터에 가람을 세우라는 노인의 현몽을 얻고, 다음날 높은 곳에 올라가서 보니 상서로운 기운이 가득하였으므로 옛터에 절을 중창하였다. 고종은 노비 약간 명과 전답 250여 결을 하사하였다. 그뒤 1396년(태조 5)에 無學大師가 大雄殿·應眞殿·冥府殿·影字殿·左右禪僧堂·東西別室·萬歲樓·鐘樓 등을 신축하였으며, 대웅전 앞에 10층의 多寶塔을 건립하였다. 태조는 중창 소식을 듣고 향촉과 전답 200결을 하사하였다. 그러나 임진왜란으로 1,000여 칸에 달하던 당우들이 모두 소실되었다. 1644년(인조 22)에 법당과 승당을 중건하였고, 1649년에는 좌우선당과 동서별실·누각·불전·요사채 등을 중건하였다. 1681년(숙종 7)에는 창건 및 중창주의 뜻을 기리기 위하여 사적비를 세웠고, 1684년에는 무학대사가 세웠던 다보탑을 중수하였다. 18세기 이후 퇴락하여 폐사된 것으로 보인다. 「전등본말사지」에 따르

면 1684년 탑을 보수하였으며, 1935년 도굴꾼들이 탑을 깨트리고 복장물을 가져갔다고 한다.[108]

홍왕사지와 천수사지(천수원지) 역시 불교문화재와 함께 소개할 필요가 있다. 홍왕사지는 개풍군 봉동면 홍왕리에 있는데, 이곳은 1067년(문종 21) 문종이 덕수현의 치소를 옮기고 대대적인 지원 끝에 창건한 화엄종 계통의 절인 홍왕사가 있던 곳이다. 사치스럽고 장엄하다 하여 신하들의 반대가 컸음에도 10년이 넘는 役事를 진행시켜 낙성하였다. 총 2,800칸의 규모로 지어진 이 절에는 수많은 승려들이 모여들었지만, 戒行이 청정한 자만을 가려 1,000명을 뽑아 머무르게 하였다. 낙성하고 9일 동안 연등대회를 특별히 개설하고, 개경 인근의 州縣에 칙령을 내려 寺門에서부터 輦路 좌우에 綵棚을 연결하고, 燈山과 火樹를 만들어 낮과 같이 불을 밝혔다고 한다. 왕은 친히 백관을 거느리고 行香納施하였는데, 그 성대함이 일찍이 볼 수 없었던 대축제였다고 한다.[109]

또한, 1070년 2월에는 三層大殿인 慈氏殿(彌勒殿)을 새로 짓고,[110] 6월에는 절 주위에 성벽을 쌓게 하였으며,[111] 1077년 봄에는 金字華嚴經을 轉成하였다.[112] 1078년에는 금탑을 조성하였는데 금 144근, 은 427근으로 만들어졌다.[113] 아울러 이 금탑을 보호하기 위하여 석탑을 조성하였는데, 숙종 때 송나라 조정에서 보내온 대장경을 이 탑 속에 봉안하였다고 한다.[114] 문종이 죽은 뒤에는 문종의 眞影을 모셨으며, 그뒤 고려의 여러 왕이 자주 행차하였다.

이 사찰은 속장경의 간행사업이 진행되고 실현된 사찰이라는 점에서 역

---

108 『傳燈寺本末寺誌』; 權相老, 『韓國寺刹全書』, 동국대학교출판부, 1979.
109 『高麗史』 권8, 文宗 21년 춘정월 戊辰.
110 『高麗史』 권8, 文宗 24년 2월 丙寅.
111 『高麗史』 권8, 文宗 24년 6월.
112 『高麗史』 권9, 文宗 31년 3월 甲寅.
113 『高麗史』 권9, 文宗 32년 추7월.
114 『高麗史節要』 권5, 文宗 34년 6월, 『高麗史』 권9, 文宗 34년 6월.

사적인 의의가 깊다. 속장경 간행의 대업을 이룬 義天은 이 절의 초대 주지직을 맡았다.[115] 그는 문종의 아들이었기 때문에 문종의 원찰인 이 절과 인연을 맺게 되었고, 1087년(선종 4)에 세워진 大藏殿도 의천의 속장경 간행과 직접적인 연관이 있었다.[116] 그뒤 이 절에는 무신정권의 실력자인 崔忠獻의 아들 崔怡가 황금 200근으로 13층탑과 花甁을 조성하여 헌납하였다.[117] 그러나 충렬왕 때에 왕비가 왕과 함께 이 절에 와서 황금탑을 보고는 욕심을 내어 금탑을 빼앗아 대궐로 가져왔는데, 장식품들은 齊國公主의 노비들이 훔치고 탑은 공주가 차지하였다. 홍왕사 승려들은 간절히 되돌려 주기를 청하였으나 응하지 않았는데, 별안간 왕이 괴질에 걸려 백약이 효험이 없게 되자 공주는 금탑을 홍왕사로 돌려주었고, 왕의 병도 완쾌되었다고 한다.[118]

이 사찰은 몽고의 병란으로 완전히 소실되었다가 그 뒤 여러 차례 중창하였으나 완벽하지 못하였고,[119] 1330년(충숙왕 17)에 晶照·達幻 등의 화엄종 고승들이 9년 동안 공사하여 이전의 면모를 되찾을 수 있었다. 또한, 공민왕 때는 이 절에서 왕을 시해하려는 음모가 벌어지기도 하였다. 이곳에는 1070년 성을 쌓았는데 지금도 성터가 남아있다.[120] 홍왕사는 고려시기 남쪽의 이궁 역할을 하기도 하였다. 한편 천수사지는 장단군 진서면에 있는 고려 예종대에 지은 천수사가 있던 곳이다. 이곳은 개성에서 남쪽으로 내려가는 교통의 요지였으며, 조선시기에는 이곳에 천수원이 있었다. 이 두곳은 개성 공단지역과 인접하여 있다.

廣通普濟禪寺碑(국보 문화유물 제152호)는 개성시 개풍군 해선리 봉명산 기슭에 있는 공민왕과 노국공주 무덤 아래에 있다. 광통보제선사는 고

---

115 『高麗史』 권90, 열전3, 종실1 大覺國師煦.
116 『高麗史』 권10, 宣宗 4년 3월 己未.
117 『高麗史』 권129, 열전42, 叛逆3 崔忠獻 附 崔怡.
118 『高麗史』 권89, 열전2, 后妃2 齊國大長公主.
119 『高麗史』 권23, 高宗 18년 12월.
120 『高麗史』 권8, 文宗 24년 6월.

려 공민왕의 능인 玄陵의 원찰로 원래 始興宗에 소속되어 있었으며, '昌化寺·光巖寺·雲巖寺'로 불리었다. 공민왕 때 시흥종과 曹溪宗 사이에 소유권 문제를 둘러싸고 분규가 일어나자, 공민왕은 조계종의 天和寺를 시흥종에 예속시키고, 시흥종이었던 이 절을 조계종에 예속시킨 다음 '광통보제선사'라는 사액을 내렸다. 공민왕은 1360년(공민왕 9)에 공주와 더불어 이 절에 행차하였고, 공주가 죽자 묘를 이 사찰 근처에 쓰고 자주 행차하여 공주의 명복을 빌었다. 1366년에는 이 절에 齋室을 두고 2,240결의 밭과 노비 46명을 주어 명복을 빌게 하였고, 陵戶 114호를 두어 營祭를 감시하게 하였으며, 1368년에는 이 절에 매월 쌀 30석씩을 내리도록 하였다. 그 뒤 공민왕은 자주 이 절에 들렀으며, 1370년 3월에는 먼저 이 절에서 飯僧을 베푼 다음 正陵에서 제사를 지내기도 하였다.[121]

1372년(공민왕 21) 왕명으로 중수를 시작하여 1377년(우왕 3) 준공하였는데, 공사의 감독은 陜山君 朴元鏡과 密陽君 朴成亮이 맡았다. 당시의 당우로는 彌勒殿, 觀音殿, 海藏堂, 禪室, 僧寮, 膳室, 客室, 鐘鼓樓, 倉庫, 浴室 등 100여 동이 있었다. 그리고 단청은 물론 梵唄에 필요한 악기와 연등에 사용될 도구 등을 모두 갖추고 있었다고 한다.

1374년 玄陵을 이곳에 모신 뒤부터 공민왕의 명복을 비는 원찰이 되었고, 1378년 李穡이 지은 광통보제선사비명을 건립하였다. 이 비문에는 공민왕과 왕비가 죽은 후 그들의 명복을 빌기 위해 광통보제선사와 이 비를 세우는데 관련이 있는 최영, 이색을 비롯한 고위관료의 명단이 새겨져 있다. 비문은 이색이 짓고, 한수가 썼다. 1372년 봄부터 시작하여 1377년 겨울까지 광통보제선사를 지었는데, 건물의 수는 100여 동에 달하였다는 것, 절의 규모가 화려하고 웅장하기가 궁궐과 같았다는 것, 원래 暈巖寺였는데, 그 후 창화, 광암 등으로 불리었다는 것, 이곳에서 불공을 드리고, 제사 지낼 준비를 하였다는 내용이 기록되어 있다.[122] 1397년(태조 6) 4월에

---

121 『高麗古都徵』 권7, 寺院 雲巖寺.
122 『牧隱文藁』 권14, 碑銘, 廣通普濟禪寺碑銘[幷序].

는 태조가 三司의 右僕射 柳珣을 광암사에 보내어 星變祈禱消災法席을 열었다.[123] 그 뒤의 역사는 전하지 않는다.

　演福寺 종(30호)은 1346년(충목 2)에 원나라 工匠에 의해서 만들어 졌으며,[124] 1563년 화재로 연복사가 불타 없어지자 남대문에 옮겨 놓았다.[125] 무게 약 14톤으로, 우리나라 5대 종의 하나로 일컬어진다. 몸체는 여러 줄의 굵은 선으로 아래 위 두 부분으로 나누어졌으며, 여기에는 명문을 비롯하여 불상, 불경, 여러 가지 모양의 문양이 새겨져 있다. 특히 물결 모양으로 만들어진 이 종의 구경 테두리에는 물결을 타고 움직이는 모습을 물고기·용·봉황·기린·게 등을 새겼으며, 그 위에 종을 만든 연대와 내력을 써놓았다. 명문은 당대의 명신 李穀이 지었으며, 成士達이 썼다. 글씨는 자경 2㎝ 정도의 해서이다. 명문 말미의 '丙戌'이라는 간지는 고려 충목왕 2년(1346)으로 종의 주조연대를 밝혀주고 있다.[126]

　연복사는 '廣通普濟寺'[127] 또는 '보제사'라고도 하였으며, 크다고 하여 '大寺' 또는 '唐寺'라고도 하였다.[128] 창건연대는 미상이나 1037년(정종 3)에 정종이 행차한 사실이 있음을 보아 그 전대에 이미 절이 창건되었음을 알 수 있다. 그리고 연복사라는 이름이 처음 나오는 것은 『고려사』의 충숙왕 즉위년(1313)의 일인데 어떻게 해서 명칭이 변하였는지는 알 수가 없다.[129] 연복사는 개성시 남산동에 위치한 절로, 『신증동국여지승람』에 상세하게 설명되어 있다.[130]

　『고려도경』에 의하면 이 절은 寺額을 官道 남향에 걸었고, 중문에는 '神通之門'이라는 편액을 걸었다. 正殿은 羅漢寶殿으로서 극히 웅장하여

---

123 『太祖實錄』 권11, 태조 6년 4월 25일丁未.
124 『東文選』 권49, 銘, 演福寺新鑄鍾銘[幷序].
125 『高麗古都徵』 권7, 寺院 演福寺.
126 『稼亭集』 권7, 銘讚, 銘 演福寺鍾銘.
127 『宣和奉使高麗圖經』 권17, 祠宇 廣通普濟寺.
128 『陽村先生文集』 권12, 記類, 演福寺塔重創記[奉敎撰].
129 『高麗史』 권34, 忠肅王 즉위년 9월 庚戌.
130 『新增東國輿地勝覽』 권4, 開城府上 佛宇.

왕실보다 더하였고, 그 안에는 석가모니불과 문수보살·보현보살의 삼존불을 중심에 두고 주위에 는 법당을 배치하였으며, 옆으로는 승려들의 거주처가 있었다고 한다.[131]

연복사는 고려후기 국왕들에 의해 연등불사와 文殊會 및 談禪會를 자주 개최함으로써, 국가적 불교 행사를 주도하고 정치적·사상적 이데올로기 확립에 결정적 역할을 수행한 곳이었다. 공민왕대에는 辛旽이 문수회 등의 행사를 통하여 권력 깊숙이 개입되어 있었음을 볼 수 있다.[132] 때문에 공민왕은 재위 당시 이 절의 5층탑을 다시 세우려 하였으나 뜻을 이루지 못하였고, 1390년(공양왕 2) 造成都監을 두고,[133] 7월에 연복사 인근의 민가 30여호를 철거하고 담장을 넓히고 연못 3개와 우물 9개를 조성하였다.[134] 이듬해 공양왕의 명으로 興福都監의 布 2,000필을 내어 演福寺의 탑을 수리하는 비용으로 충당하였으며,[135] 경기·양광도민들로 하여금 목재 5천그루를 실어다가[136] 天珏 등이 工匠을 모집하고 공사를 시작하였으나,[137] 공양왕 3년(1391) 5월에 尹會宗[138]·柳廷顯[139]·鄭道傳[140]·金子粹[141] 등의 상소를 받고 잠시 중지되었다가, 조선 태조 2년(1393) 태조가 단청을 마치고 탑에 부처 사리를 봉안하고, 비로자나불의 탱화를 봉안하

---

131 『宣和奉使高麗圖經』 권17, 祠宇 廣通普濟寺.
132 황인규, 「麗末鮮初 演福寺 塔의 重營과 落成」, 『역사와 교육』 7·8, 1999 및 변광석·신나경, 「조선시대 개성의 演福寺를 통해본 지역성 탐색」, 『역사와 담론』 56, 2010.
133 『高麗史』 권45, 恭讓王 2년 1월 乙酉.
134 『高麗史』 권45, 恭讓王 2년 추7월 己酉.
135 『高麗史』 권46, 恭讓王 3년 3월 壬寅.
136 『三峰集』 권8, 附錄, 事實.
137 『高麗史』 권46, 恭讓王 3년 3월 壬寅, 『陽村先生文集』 권12, 記類, 演福寺塔重創記[奉敎撰].
138 『高麗史』 권121, 열전33, 諸臣 尹紹宗.
139 『高麗史』 권46, 恭讓王 3년 4월 乙丑.
140 『高麗史』 권119, 열전32, 諸臣 鄭道傳.
141 『高麗史』 권120, 열전33, 金子粹.

였다.[142] 이 사찰은 고려 말 왕실과 밀접한 관련을 가졌던 사찰이었다. 車天輅에 따르면, 연복사는 1563년(명종 18) 불탔다고 한다.[143] 1394년 권근이 지은 중창비는 비는 비신은 없어지고 龜趺만 남아 있었으나, 일제 때 반출되어 용산에 보관되었다가 사라졌다가 최근에 다시 발견되었다(용산구 한강로 4가 40-1010 철도회관 화단).[144]

적조사 철불(국보 문화유물 제137호) 개성시 박연리 적조사터에 있던 것으로, 높이 1.6m이다. 개성 고려박물관에 있으며, 석가여래좌상으로 철제불상을 대표하는 것이다. 이외에도 지정된 문화재는 아니지만, 청동반자는 1966년 9월 개성 박연리에서 발굴된 것으로, 1101년에 제작된 것이다. 옆면에는 46자의 명문이 있는데, 내용은 왕의 수명 장수와 나라의 태평을 기원하는 것으로 개성의 북산 운계사에서 무게 40근의 징을 만들어 바친다는 것으로 되어 있다. 금동불입상 2구는 통일신라의 것으로 추정되며, 각기 개성시 개풍군 해선리와 연능리에서 출토된 것들이다. 조선중앙력사박물관에 소장되어 있다. 청동범종 4개는 개성 부산동, 판문군 동창리, 장풍군 국화리, 승전동에서 출토된 것으로 개성박물관에 소장되어 있다.

V. 맺음말

개경은 919년에 고려왕조의 서울로 자리잡은 이후 고종대 강화천도 39여 년을 제외한 430여 년 동안 고려왕조의 수도였다. 이런 점에서 개경은

---

142 『陽村先生文集』 권12, 記類, 演福寺塔重創記[奉敎撰].
143 『大東野乘』 권5, 五山說林草藁. "高麗王氏 事佛甚謹 城中名刹三百 演福寺最大 五層殿高出天 有若靈光巋然獨存 李公樐爲留守時 爲迎壻命捕鳩 鴿官人炬其上取之 燼落火起 癸亥年余纔八歲 尙記火焰夜迫半天 龜趺石碑 今在舊址中."
144 연복사중창비의 소재 파악은 2013년 2월 24일 이순우 우리문화재자료연구소장의 인터넷 카페 '일그러진 근대 역사의 흔적'에 가입한 회원 김석중씨가 "우연히 길을 가다 연복사탑중창비를 발견했다"는 글을 올린 게 계기가 됐다.

고려시기 역사의 중심지였다. 개경은 정치의 주무대였고, 국가 경제운용의 중심지인 동시에 생활공간이었다. 따라서 고려가 불교국가인 까닭에 수도인 개경에는 수많은 사찰이 있었다. 현재 『고려사』등 여러 문헌을 통해 확인할 수 있는 고려시대 절 이름만도 130여 개나 된다. 그러나 고려 멸망 후 고려의 수도로서의 위치를 상실한 뒤 1백년을 지나지 않아 고려의 모습은 폐허로 변하였다. 궁궐과 사원은 대부분 사라졌고, 왕릉 역시 피장자가 누구인지조차 모를 정도였다.

현재 북한에서 지정된 개성주변의 불교문화재는 국보급으로 지정된 불일사 5층탑(35), 영통사 5층탑(37), 영통사 서3층탑(38), 현화사 비(40), 현화사 7층탑(41)와 보물급으로 지정된 연복사 종(30), 흥국사 탑(31), 개국사 석등(32), 관음사(33), 화장사 사리탑(34), 영통사동 3층탑(35), 영통사 대각국사비(36), 영통사 당간지주(37), 현화사 당간지주(38), 탑동 3층탑(39) 등 모두 19개이며, 이중 영통사와 관련된 것이 5개이고 현화사와 관련된 것이 3개이다. 또 형태로는 탑이 7개로 가장 많다. 이외에도 廣通普濟禪寺碑(국보 문화유물 제152호), 오룡사 법경대사비(국보 문화유물 제153호), 연복사 종(30호), 적조사 철불(국보 문화유물 제137호) 등이 남아 있다.

무너진 탑과 폐허로 변한 사찰, 주인이 누구인지도 모르는 수 많은 왕릉들, 언제 변용했는지 모르는 원형을 잃은 건축물들, 지금 남아있는 자료 속에 고스란히 복원을 기다리는 개성의 위용을 살려내야 한다. 이산의 아픔을 가진 경천사 10층 석탑, 현화사 석등과 남개원 탑처럼 사라졌다가 100년 만에 소재가 파악된 연복사중창비가 자기 자리로 돌아갈 수 있게 하는 노력이 있어야겠다.

<부록 표1> 개성 소재 사찰 일람

번호	사찰 이름	번호	사찰 이름	번호	사찰 이름	번호	사찰 이름	번호	사찰 이름
1	竭功寺	83	靈鑑寺	164	寫經院	245	永明寺	326	證覺寺
2	感德院	84	靈隱寺	165	**舍那寺**	246	永福寺	327	拯苦寺
3	**甘露寺***	85	**靈通寺***	166	獅子庵	247	迎賓院	328	甑山寺
4	感恩寺	86	靈通寺 普炤院	167	**四天王寺***	248	迎聖寺	329	**智妙寺***
5	開慶寺	87	龍寶院	168	**三歸寺***	249	永安寺(庵)	330	**地藏寺 (蘭若)***
6	開國律寺	88	龍巖(岩)寺	169	三藏寺	250	永安庵	331	知足寺(庵)
7	**開國寺***	89	龍淵寺	170	上淸院	251	五臺寺	332	支天寺
8	開聖寺(菴)	90	龍恩寺	171	生天寺	252	**吳彌院***	333	**眞觀寺***
9	開天寺	91	龍泉寺	172	西方精舍	253	龜山院	334	昌陵寺
10	**乾聖寺***	92	龍華寺	173	西補國寺	254	五聖庵	335	昌林寺
11	**乾元寺***	93	龍化寺(院)	174	**西普通院 (寺)***	255	玉輪寺	336	昌福寺
12	**見佛寺***	94	龍興寺	175	西聖居庵	256	翫月菴	337	**彰信寺***
13	見性庵	95	龍興寺 德海院	176	瑞雲寺	257	**王輪寺***	338	昌樂院
14	景德寺	96	留岩(佛恩)寺	177	西院	258	**外院***	339	**昌化寺***
15	**景福寺***	97	臨川寺	178	石房寺	259	**外院寺***	340	**昌和寺***
16	**慶天寺***	98	臨海院	179	石方寺	260	**外帝釋院***	341	天冠寺
17	**敬天寺***	99	**萬德社(社)***	180	石佛寺	261	**龍岩寺***	342	天磨山寺
18	高峯寺	100	萬日寺	181	石寺	262	**龍淵寺***	343	**天壽寺(院)***
19	高寺	101	**妙覺寺(菴)***	182	善觀庵	263	**龍化院***	344	**天水寺***
20	高禪庵	102	**妙蓮寺***	183	善法寺(堂)	264	**龍華院***	345	天神寺
21	高圓寺	103	妙智寺	184	禪岩(巖)寺	265	**龍興寺***	346	天台寺
22	課橋院	104	妙通寺	185	**仙巖寺***	266	牛頭寺	347	天和寺

23	觀瀾寺	105	墨寺	186	禪巖庵	267	隅巖寺	348	**天孝寺***
24	觀佛庵	106	文殊寺 (窟·庵)	187	仙月寺	268	雲開寺	349	清溪寺
25	**觀音寺 (窟·房)***	107	文殊院	188	禪寂寺	269	雲居寺	350	**清凉寺(庵)***
26	**觀靜寺***	108	彌羅寺	189	善賢菴	270	雲谷寺	351	**靑雲寺***
27	廣德寺	109	**彌勒寺***	190	**宣孝寺***	271	雲龍寺	352	清花寺
28	廣利寺	110	彌陀房	191	**禪興寺***	272	**雲岩寺***	353	淨業院
29	**廣明寺***	111	**彌陁寺***	192	聖居菴	273	**雲巖寺***	354	**摠持寺***
30	**光岩寺***	112	**旻天寺***	193	聖燈庵	274	**雲菴寺***	355	鷲頭寺
31	**光巖寺***	113	朴穴寺	194	成佛庵	275	雲住寺(庵)	356	聚雲寺
32	光崇寺	114	白鶴寺	195	聖壽院	276	善觀庵	357	泰安寺
33	**廣濟寺***	115	梵福寺	196	聖住寺	277	雲興寺	358	泰雲寺
34	**廣眞寺***	116	法幢寺	197	性海庵	278	元(圓)通寺	359	**板房庵***
35	廣通普濟寺	117	法林寺	198	燒身寺	279	元(圓)通庵	360	**海安寺***
36	廣通普 濟禪寺	118	**法王寺***	199	**松林寺***	280	元達寺	361	**海晏寺***
37	**廣興寺***	119	**法雲寺***	200	松川寺	281	圓寂寺(庵)	362	海雲菴
38	**龜山寺***	120	**法泉寺***	201	**水口觀音寺**	282	月峰寺	363	海印寺
39	**國清寺***	121	法華寺	202	水精寺(窟)	283	**遊巖寺***	364	幸生院
40	**歸法寺***	122	法興寺	203	首頂庵	284	潤筆寺(庵)	365	香林寺
41	歸信寺	123	普光寺	204	肅陵寺	285	隱仙菴	366	**現聖寺***
42	極樂寺	124	普光院	205	**順天寺***	286	銀字院	367	**賢聖寺***
43	吉祥寺	125	補國寺	206	崇慶堂	287	凝石寺	368	**玄化寺 (大慈恩)***
44	金剛寺	126	普利菴	207	**崇教寺(院)***	288	義相菴	369	玄化寺 長興院
45	金善寺	127	報法寺	208	崇德寺	289	醫王寺 寺衆院	370	**慧日 重光寺***
46	**金身(神)寺 (窟·菴)***	128	寶聖庵	209	崇福觀	290	印經寺	371	弘慶寺(院)

47	金字大藏院	129	普雲寺	210	崇福寺(院)	291	**仁壽寺***	372	**弘敎院***
48	金鍾寺	130	寶月庵	211	**崇善寺***	292	仁濟院	373	弘法寺
49	**洛山寺***	131	報恩寺	212	崇壽院	293	因孝(佛)院	374	洪法寺
50	**南溪院***	132	**普濟寺***	213	崇化寺	294	一宿菴	375	**弘圓寺***
51	南寺	133	菩提寺(庵)	214	崇孝寺	295	**日月寺***	376	**洪圓寺***
52	南聖居菴	134	補陀崛	215	詩穴庵	296	日出菴	377	弘濟寺(院)
53	南神院	135	普通寺	216	信朴寺	297	**慈雲寺***	378	**弘眞院***
54	南雙蓮寺	136	**普通院***	217	神巖(岩)寺	298	**慈恩寺***	379	**弘護寺***
55	內佛堂	137	**普賢寺***	218	新巖寺	299	慈濟寺	380	洪護寺
56	內外帝釋院	138	**普賢院***	219	**神衆院***	300	**慈孝寺***	381	**弘化寺***
57	內願堂	139	**福寧寺***	220	**神穴寺***	301	慈興寺	382	弘華寺
58	**內帝釋院***	140	**福靈寺***	221	新和寺	302	長岬寺	383	紅花寺
59	**內天王寺***	141	復興寺	222	**神孝寺***	303	長慶寺	384	花佛寺
60	念賢寺	142	**福興寺***	223	**新興寺***	304	長安寺	385	華莊寺
61	唐寺 (演福寺)	143	奉國寺	224	實相庵	305	長嚴寺	386	華藏寺
62	大谷寺	144	奉靈寺	225	十善寺	306	藏義寺	387	孝家院
63	**大悲院***	145	**奉先寺***	226	**十王寺***	307	章和寺	388	**孝思觀(院)***
64	大寺 (演福寺)	146	**奉嚴寺***	227	雙峯寺	308	長興院	389	孝信寺
65	大禪院	147	**奉恩寺***	228	樂道庵	309	寂滅庵	390	興慶院
66	**大安寺***	148	北聖居庵	229	安國寺	310	積石寺	391	興敎寺(院)
67	**大雲寺***	149	北聖庵	230	安佛寺	311	寂炤佛寺	392	**興國寺***
68	大慈菴	150	北雙蓮(菴)	231	安心寺	312	寂照庵	393	**興福寺***
69	大藏堂	151	佛境院	232	安寂寺	313	前溪寺	394	**興聖寺***
70	**大興寺***	152	佛教庵	233	安積寺	314	定光寺	395	**興王寺***
71	德賢院	153	佛目寺	234	**安和寺 (靖國)***	315	錠光菴	396	興王寺 薦福院

72	道詵菴	154	**佛福藏***	235	**安和禪院***	316	正因寺	397	興王寺 洪教院
73	**道日寺***	155	佛聖寺	236	**巖房寺***	317	正慈寺		
74	都察院	156	佛成菴	237	**藥師院***	318	淨慈寺		
75	東大悲院	157	**佛恩寺**	238	**藥王院***	319	淨土寺		
76	東蓮寺	158	佛隱寺	239	陽陵寺	320	濟物寺		
77	東林寺	159	佛恩寺 菩提院	240	演慶寺	321	造泡寺		
78	東院	160	佛陰寺	241	衍慶寺	322	**重光寺***		
79	兜率院	161	**佛(仏)日寺***	242	**延慶院***	323	中房寺		
80	洛山寺	162	佛住寺	243	**演福寺***	324	重華寺		
82	蓮花寺(院)	163	佛會寺	244	**蓮花院***	325	重興寺		
총								397	

*는 고려시대 사찰 127개임

참고문헌

사료

『稼亭集』.
『高麗古都徵』.
『高麗圖經』.
『高麗史節要』.
『高麗史』.
『農巖集』.
『大東野乘』.
『東文選』.
『牧隱文藁』.
『三國遺事』.
『三峰集』.
『世宗實錄』.
『松京廣攷』.
『松都誌』.
『新增東國輿地勝覽』.
『陽村先生文集』.
『益齋亂稿』.
『傳燈寺本末寺誌』.
『太祖實錄』.
『破閑集』.

단행본

高裕燮, 『松都古蹟』, 1945 ; 『松都의 古蹟』, 1977, 열화당
權相老, 『韓國寺刹全書』, 동국대학교출판부, 1979.
김창현, 『고려개경의 구조와 그 이념』, 신서원, 2002.
______, 『고려의 불교와 상도 개경』, 신서원, 2011.
대한불교조계종 민족공동체추진본부, 『북한의 전통사찰』 10권, 2011, 양사재.
박용운, 『고려시대 개경연구』, 일지사, 1996.

정학수, 『고려전기 경기제 연구』, 건국대 박사학위논문, 2008.
한국역사연구회, 『고려의 황도 개경』, 창작과비평사, 2002.
_____________, 『서울 개경의 생활사』, 휴머니스트, 2007.

논문

金健利, 「豹菴 姜世晃의 ≪松都紀行帖≫研究-제작경위와 화첩의 순서를 중심으로」, 『美術史學研究』 237·238, 한국미술사학회, 2003.
박종진, 「개경(개성) 연구의 새로운 모색-인적 네트워크와 경관-」, 『역사와 현실』 79, 한국역사연구회, 2011.
_____, 「개성의 문화재」, 『역사비평』 54, 역사문제연구소, 2001.
_____, 「고려시기 개경 절의 위치와 기능」, 『역사와 현실』 38, 한국역사연구회, 2000.
_____, 「고려왕조의 수도 개경의 경관」, 『사회적 네트워크와 공간』 이태진 교수 정년기념논총 간행위원회편, 2009.
_____, 「고려전기 개경의 물과 생활」, 『인문과학』 10, 서울시립대 인문과학연구소, 2003.
변광석·신나경, 「조선시대 개성의 演福寺를 통해본 지역성 탐색」, 『역사와 담론』 56, 호서사학회, 2010.
진현준, 「조선 초기·중기의 실경산수화-실제 작품과 그 현장을 중심으로」, 『미술사학』 24, 2010.
홍선표, 「東國輿地勝覽 繪畫關係記錄」, 『강좌미술사』 2, 1989.
홍영의, 「고려 수도 개경의 위상」, 『역사비평』 45, 역사문제연구소, 1998.
_____, 「오부방리고려전기 개경의 五部坊里 구획과 영역」, 『역사와 현실』 38, 한국역사연구회, 2000.
_____, 「고려시기 개경의 궁궐 조영과 운영」, 『한국중세사연구』 28, 2010.
_____, 「려말선초 개성부의 위상과 판사(유후)의 역할」, 『한국학논총』 35, 국민대 한국학연구소, 2011.
_____, 「역사기행 천년의 역사도시 개성 답사기」, 『역사비평』 74, 역사문제연구소, 2006.
_____, 「조선후기 회화와 지도에 기록된 개성의 유적과 경관」, 『역사와 현실』 79, 한국역사연구회, 2011.
_____, 「천년의 역사도시, 고려 수도 개경의 위상」, 『고고학』 6권 1호, 서울경

기고고학회, 2007.
황인규, 「麗末鮮初 演福寺 塔의 重營과 落成」, 『역사와교육』 7·8, 역사교육연
구소, 1999.

북한의 瓷器가마터 발굴과 연구사 검토

박 정 민*

Ⅰ. 머리말

한국도자사에 있어서 가마터에 대한 조사와 연구는 중요한 학문적 기반을 제공한다. 가마터의 발굴조사를 통해서 그릇이 생산된 시기와 해당 그릇들을 사용하는 계층의 성격에 대한 자료들을 확보할 수 있으며 가마의 구조 자체에 대한 접근도 가능하다. 이 때문에 현재까지 이루어진 한국도자사의 다양한 연구 성과 중의 상당 부분이 가마터들의 발굴조사에 기인한다.

도자기, 특히 瓷器는 그 원료 및 연료의 확보 및 소비처의 위치와 가마터의 입지가 깊은 상관관계를 맺는다. 우리 민족이 자체적으로 생산한 자기문화를 적극적으로 향유할 수 있게 되는 것은 10세기 후반 이후의 고려 시기부터이다. 고려와 조선의 수도였던 개경과 한양은 모두 한반도의 중앙부에 자리한다. 고려시대에 최상질의 상감청자들을 제작했던 주요 가마

※ 이 논문은 2012년 10월 12일 동북아불교미술연구소와 명지대학교 문화유산연구소에서 주최한 북한의 문화유산 학술대회에서 발표한 내용을 수정·보완한 것이다.

* (재)한울문화재연구원 유물보존팀장

터들은 강진과 부안 등 전라도 지역에 자리한다. 조선시대의 경우 왕실에
서 필요한 그릇들은 주로 경기도 광주에 위치한 司饔院의 官窯에서 제작
되었다. 이러한 지정학적 특징들로 한국도자사 연구는 분단된 반쪽의 조
국에서도 비교적 원만하게 이루어질 수 있었다. 비록 고려의 수도였던 개
성이 지금은 갈 수 없는 땅이 되어 고려시대 화려한 청자문화의 완벽한
복원은 아직 어려운 상황이지만 남북화해의 연장에서 부분적으로 이루어
진 개성공단의 발굴조사[1]나 고려왕실의 도읍이었던 개성의 유적들에 대한
접근들은 고려 황실을 포함한 최상층의 청자소비상황의 다양한 모습들을
제공해 준다.[2] 그러나 자료취득의 한계와 필요성 인식의 부족으로 구체적
인 후속 연구들은 이루어지지 못하고 있다. 동시에 북한의 문화재에 대한
연구들은 남북한 정권의 교류상황과 밀접한 연계를 지니고 있는 탓에 요
사이에는 활발한 연구가 진척되지 못했다.

이러한 한계들로 북한지역을 배제하고 고려와 조선시대 瓷器文化의 무
대를 황해도 이남에만 국한해 버린다면 차후 완전한 한국도자사연구의 완
성은 기하기 어려울 것이다. 한국 도자사연구의 주된 흐름이 남한지역에
편중된 것은 이미 언급한 사실이다. 평안도와 함경도는 국토의 최북단지
역으로 다수의 軍陣이 자리했다. 남쪽의 삼남지방에 비해서는 곡식의 소
출도 미비했다. 이 때문에 해당 지역은 윤택한 경제력을 바탕으로 하는 도
자문화의 발달이 두드러진 곳은 아니다. 몇 개의 조선시대 기록들을 살펴
봐도 백자의 생산보다는 소비와 연계되는 지역임을 알 수 있다. 강원도 지
역도 다소간의 정도의 차이는 있을 뿐 상술한 지역과 그 성격이 유사하다.

그렇다 하여 북한지역을 한국도자사의 변방으로 간주하거나 현재 이루
어진 남쪽 위주의 연구 성과만으로 한국도자사의 연구 방향을 한정할 수

---

1 한국토지공사 토지박물관, 『개성공업지구 1단계 문화유적 남·북 공동조사 보고서』,
  2005.
2 방병선, 「개성출토 고려청자의 연구」, 『강좌미술사』 17, 한국불교미술사학회,
  2001.

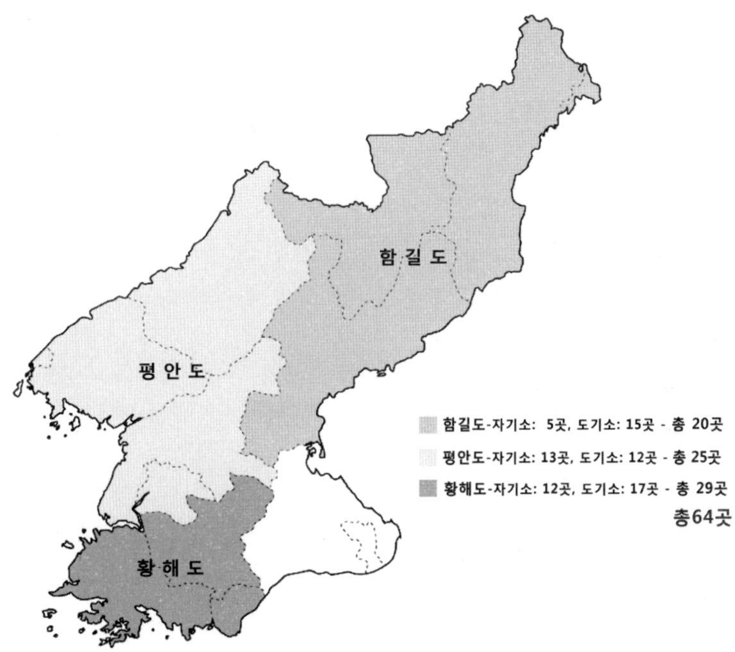

도 1. 세종실록지리지에 등장하는 북한지역 도자소

는 없다. 북한지역에도 다양한 가마터들이 산재해 있고 지리환경 및 원료의 차이로 인해 남쪽과는 다른 특징을 지니는 도자기들이 제작되었다 (도 1).

고려 초기에는 청자의 제작이 수도였던 개성과 가까운 황해도에서 주로 이루어졌다. 이미 배천군 원산리 등의 가마터 발굴에서 청자의 제작시기와 성격을 밝혀준 다양한 명문들이 출토되었다. 이를 통해 우리나라 초기 청자의 생산과 관련된 중요한 연구 성과들이 구축될 수 있었다. 또한, 조선 후기가 중심을 이루는 황해도 海州, 함경북도 會寧 등의 가마터들에서는 각지의 특징이 잘 반영된 瓷器들이 만들어졌다.[3] 물론 고려, 조선시대

---

3 북한의 일반에서는 함경북도의 명승이라는 會寧의 자랑 '會寧三美'가 널리 알려져

최상질의 자기들을 생산하던 지역들은 현재 남한에 위치한다. 그러한 그릇들이 소비되던 곳도 상당수는 남쪽에 편중되어 있다. 그러나 人體도 그렇듯이 중요한 부위들이 상반신에 해당한다 하여 四肢의 종단이 무의미하다고는 할 수 없다.

향후 한국도자사 연구에서도 북한지역을 포함한 한반도 전역을 연구의 대상으로 삼아야만 남쪽에서 생산된 자기들이 전국으로 이동되는 물류체계와 소비성향에 대한 보다 입체적인 자료들을 확보하게 될 것이다. 이 과정으로 통해 한국도자사의 연구의 영역이 확대됨과 동시에 구체적인 성과들의 축적이 가속화 될 수 있을 것이다.

그러한 논지의 일환으로 현재까지 북한에서 이루어진 가마터들의 발굴성과들을 살펴보고 그 내용과 연구방향에 대해 접근하고자 한다. 차후 이루어질 남북한 학계의 陶瓷史관련 교류와 상호이해에 관련된 기본자료의 축적이라는 과정이 필요하기 때문이다. 이 글에서 발굴된 가마터들과 조사로 이루어진 연구성과까지 살펴봄으로써 차후 한국도자사 연구의 범위를 확대할 수 있는 계기를 만들고자 한다. 더불어 북한도자사 연구의 방향을 북한 연구자들의 저작들을 통해 살펴볼 것이다.

북한은 사회주의 이념을 표방하고 있기 때문에 역사에 대한 인식이나 활용이 우리와는 차이가 있다. 다수의 사회주의 국가들에서는 역사 연구의 성과를 史實과 사료비판이라는 과정 없이 체제를 광고하기 위한 도구로 이용한다. 북한 정권이 고고학 조사를 벌이는 이유도 이러한 체제수호와 우월성의 광고에 연장이다. 이러한 사실을 인지하고 우리의 연구방법과 비교, 비판으로 그 연구사를 검토하고 객관적인 태도로 현재까지 이루어진 북한의 가마터 조사를 인식하고자 한다.

북한도자사의 연구는 북한 정권이 주장하는 목적을 위해 성과물들이 해석됨에 따라 다수 오류를 범하고 있다. 하지만 남한의 도자사 연구수준은

있다. 女美, 참美, 土美라 하여 여성들이 아름답고, 백살구가 유명하며 백토가 좋아 그 지역의 백자가 아름다운 것이 바로 회령백토의 덕분이라고 자찬하고 있다.

이미 그들이 진행한 발굴조사에서 필요한 내용을 객관적으로 추출하고 한국도자사의 영역을 한반도 전역으로 확장시킬 수 있을 정도에 도달하였다. 이 때문에 객관적인 사실들을 토대로 비판적인 자세를 취하며 건전한 교류를 증진하기 위한 기본 자료들의 정리라는 측면에서 이 글의 활용도를 기대해 본다.

Ⅱ. 북한의 瓷器가마터 발굴 성과와 주체

북한 정권은 1946년 4월 29일 〈보물 고적 명승 천연기념물 보존에 관한 법령〉을 마련하고 민족문화유산을 국가가 직접 보존·관리하고, 문화재의 국외 반출과 파괴 훼손을 금지하였다. 이 법령을 근거로 각 도에 '고적보존위원회'들이 설치되었고 이듬해인 1947년에는 평양에도 '북조선고적보존위원회'가 조직되었다. 이와 비슷한 시점에 신의주, 청진, 함흥 등에 역사박물관이 건립되었고 이후에도 각도에 박물관들이 차례로 세워졌다. 또한 북한 정권은 1948년 내각 결정 110호 〈물질문화 유물 보존에 관한 규정〉을 채택하여 유적과 유물에 대한 통일적 조사 및 보존의 관리체계를 운영하였으며 1954년에는 내각 지시 92호로써 각종 건설공사 과정에서 출토되는 유적과 유물들을 과학적으로 처리할 수 있는 법적 근거를 마련하였다. 이때부터 여러 기관에서 실시되던 발굴조사를 과학원 산하의 고고학 민속학 연구소에서 전담하게 되었다. 현재 북한의 고고학 조사는 주로 사회과학원 고고학연구소에서 담당한다. 이외에도 김일성종합대학 역사학부 연구집단이 발굴을 진행하는 경우도 있다.[4]

---

4 김일성종합대학의 역사학부 연구집단에서 조사한 최근 유적으로는 평양의 고구려 첨성대가 있다. 2011년 10월 12일에 북한의 조선중앙통신은 평양에서 고구려시기의 첨성대터가 발굴되었다고 보도하였다. 발굴단은 평양시 대성구역의 안학동에 있는 평양민속공원 건설장에서 발굴된 해당 유적은 발굴과정에서 수습된 숯의 연

도 2. 봉천군 봉암리 가마전경

북한은 발굴조사를 통해 확인된 유적 및 유물의 보존과 관리에 대한 업무를 정무원의 직속기구인 문물보존지도국(舊 문화유물보존지도국)이 담당하고 있다. 북한 정권은 해방이후부터 최근까지 다수의 유적을 발굴하여 구석기시대에서 조선시대에 이르는 다양한 유적을 조사하고 그 결과를 기록하였다. 북한은 그들의 문화재를 국보급, 보물급, 사적, 경승지, 천연기념물로 나누어 관리하고 있다.

북한에서 이루어진 최초의 가마터 발굴은 1959년에 황해남도 봉천군 봉암리와 옹진군 운동리에서 이루어졌다(도 2). 그 해는 1952년에 설립된 과학원에서 발굴조사를 담당하던 물질문화연구소가 고고학 및 민속학연구소로 개칭되었던 시기였으며 당시 소장은 유명한 북한의 고고학자 도유호(都宥浩, 1905~?)였다.[5] 이 시기에 북한은 전쟁 이후 국가재건 사업을 활

대측정 결과 고구려 첨성대가 5세기 초에 지어진 것으로 드러났다고 주장하였다.

5 도유호는 북한의 고고학자이자 역사학자이다. 함흥출신으로 1922년 서울의 휘문고등보통학교 5학년에 편입하여 1923년 졸업하였다. 이해 경성고등상업학교에 진학하여 1929년 졸업하였다. 그해 중국 北京으로 가서 燕京大學文學院에 입학하여 1년간 수학하다가 이듬해 다시 유럽으로 떠났다. 1931년 독일의 프랑크푸르트대학에 입학하여 사회철학과 사회사를 공부하였고, 1933년 오스트리아의 빈대학 사학과로 옮겨 고고학을 전공하고 1935년 철학박사 학위를 취득하였다. 1945년 광복이 되자 잠시 함흥시립도서관장과 함흥의과대학 강사를 역임하였다. 평양에서

발하게 진행하였으며 식민사관을 극복하고 인민들을 교육하기 위하여 전
국적으로 다양한 발굴조사들을 전개하였다.[6] 이후 1980년대까지 북한의
고고학연구소는 조국의 역사를 주체적인 입장에서 새롭게 정리, 체계화하
기 위한 고고학 연구에 매진하였다. 이 때문에 북한의 고고학 인력들은 주
로 선사시대의 유적 발굴에 역량을 집중하였으므로 瓷器를 굽던 가마터
등의 유적들을 우선으로 선택하여 조사하는 경우는 매우 드물었다.

이러한 북한학계의 태토에 약간의 변화를 가져온 것이 1989년에 시작
된 황해남도 배천군 원산리의 초기청자가마군의 발굴조사이다(도 3). 이
조사를 통해 북한은 고려초기청자의 성립 및 발전과 관련된 매우 중요한
자료들을 발굴해냈다. 벽돌로 만들어진 길이 약 40m의 청자가마와 함께
'淳化三年(992)'명이 시문된 청자 편들이 출토되어 가마의 운영시기를 가
늠하게 해주었다. 이 가마의 발굴은 남한 및 일본학계의 연구성과들로도
연결되었으며 현재까지 한국도자사에서 가장 뜨거운 논쟁분야인 고려초기
청자의 탄생과 관련된 부분을 해결하기 위한 중요한 단서로 인식되고 있
다. 원산리 가마의 발굴로 고려초기청자의 성립과 그 당시 요업기술에 대
한 다양한 정보들이 축적되었다. 이를 계기로 1950년대 발굴된 또 다른

는 1947년 김일성종합대학의 교수와 고고학연구소장, 1949년 조선역사편찬위원회
원시사분과위원회 위원이 되었다. 1952년 과학원이 설립되자 물질문화연구소의
초대소장직에 오르고, 1959년 고고학 및 민속학연구소로 개칭된 뒤에도 그대로
소장직을 맡았다. 그후 20년간 북한의 주요 고고학발굴에 참여하고 북한 고고학
발전에 이바지하였다. 1963년 자신의 저서『조선원시고고학』에서 문화의 전파이
론을 채용한 것은 변증법적 유물론에 위배되는 반동적 이론이라 하여 호된 비판
을 받은 뒤 숙청당했다.

6 북한 정권은 1946년 4월 29일 '보물 고적 명승 천연기념물 보존에 관한 법령'을
마련한 이후, 1947년 송평동패총, 1949년 안악3호분(冬壽墓)·나진초도유적, 1950
년 용강궁상리유적, 1954년 회령오동유적, 1955년 승호금탄리유적·강남원암리유
적, 1956년 영흥용강리토성·사리원상매리석관묘, 1957년 봉산지탑리유적, 1959
년 강계공귀리석관묘, 1963년 의주미송리동굴유적·웅기굴포리 패총 등 다수의
중요 유적들에 대한 발굴조사들을 실시하였다.

도 3. 배천군 원산리 2호 가마 개축상태

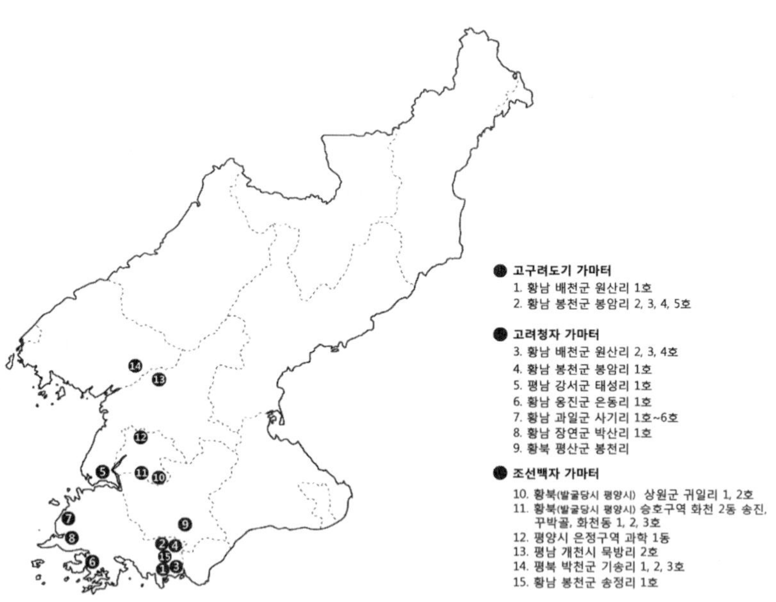

도 4. 북한에서 발굴된 가마터 분포도

초기청자가마인 봉천군 봉암리 가마가 재조사되기도 하였다. 배천군 원산리 가마는 고려청자의 우수성을 언급하는 김일성의 교시에도 사용될 정도로 유명한 유적이 되었으며 발굴 후 국보로 지정되었다.[7] 그후에도 자기가마터들이 지속적해서 발굴되었다. 1990년대 북한에서는 약 5건의 자기가마터가 조사되었으며 2000년 이후로 현재까지 8건의 자기가마터들이 발굴되었다. 2000년대 이전에는 주로 고려시대의 가마터들이 조사되었으며, 2000년대 이후에 발굴된 가마터들은 주로 조선시대 백자들을 제작한 것으로 드러났다. 이러한 결과는 2000년대 이후 평양의 승호구역(現 황해북도)에서 5기 이상의 조선시대 가마군이 발굴조사 되었기 때문으로 특별한 의도나 지역성에 기인하는 것은 아니다(도 4).

북한에서 현재까지 이루어진 자기가마터들에 대한 발굴조사를 다음의 표로 정리하였다.

<표 1> 북한 자기 가마터 발굴 현황 일람표(2012년 기준)

	유적명	시기(단위:世紀)	재원
1	황남 배천군 원산리 1호(도기)	고구려 (북측의 주장)	길이 6.2m, 폭2.4m
2	황남 봉천군 봉암리 2, 3, 4, 5호	고구려 (북측의 주장)	길이 5.4~6.4m, 폭 2.2~2.95m
3	황남 배천군 원산리 2, 3, 4호	10세기	길이 10.7~38.9m, 폭 0.9~1.9m
4	황남 봉천군 봉암리 1호	10세기	길이 44m, 평균 폭 0.95m
5	평남 강서군 태성리 1호	11세기	잔존길이 40m, 폭 1.2~1.4m
6	황남 옹진군 은동리 1호	고려	잔존길이 55m, 폭 1.7~1.8m 정도
7	황남 과일군 사기리 1호~6호	13~14세기	잔존길이 3m~23m, 폭 1.2m~

---

7 1989년 발굴된 황해남도 배천군 원산리의 초기청자가마터들은 당시에 만들어진 벽돌가마의 형태가 비교적 온전하고 가마내부에서 요업시기를 알려줄 만한 명문 자료들이 출토되었다. 그 결과 학술적 중요성이 인정되어 국보로 지정되었으며 4기의 가마들은 1호부터 각각 국보 165호, 166호, 167호, 168호로 지정되었다.

			1.6m
8	황남 장연군 박산리 1호	13~14세기	잔존길이 20.4m, 폭 1.2~1.6m
9	황북 평산군 봉천리	13~14세기	-
10	평양시 상원군[8] 귀일리 1호, 2호	18~19세기	잔존길이 10m, 폭 1.5~1.8m
11	평양시 승호구역 화천2동 ㉠송진, ㉡꾸박골, ㉢화천동 1호, ㉣2호, ㉤3호	㉠15, ㉡15~16, ㉢15~16, ㉣18~19, ㉤16후반~17	잔존길이 12.6~18.6m 폭 1.5~1.7m
12	평양시 은정구역 과학 1동	15~16세기	잔존길이 2.6m, 폭은 0.9m
13	평남 개천시 묵방리 2호	조선	잔존길이 16m 폭은 1.7m
14	평북 박천군 기송리 1호, 2호, 3호	조선	잔존길이 12.4~21.28m 폭 1.1~1.92m
15	황남 봉천군 송정리 1호	18~19세기	잔존길이 18.8m, 폭 1.2m

발굴된 가마터들의 구체적인 내용을 살펴보자.

1. 황해남도 峯泉郡 봉암리 2, 3, 4, 5호 가마는 예성강 연안의 천지산을 주봉으로 하여 봉암저수지쪽으로 뻗어 내린 야산들의 종단부에 위치한다. 봉천군은 황해남도의 동부에 위치한 군으로 예전의 이름은 平川郡이다. 1952년의 북한의 지방 행정구역 재편에 의해 평산군의 세곡면·용산면·고지면·마산면과 연백군의 적암면·산외면·서북면이 분할되어 평천군이 되었다. 그 후 1990년에 봉천군으로 개칭했다.[9] 이 가마들은 현재 북한의 학계에서 고구려시대 도기들을 제작했던 가마로 분류되어 있다. 해당 지역에서 총 5기의 가마들이 조사되었다. 그 중 1호 가마는 고려초기에 청자를 번조했던 가마로 인식하고 있으나 나머지 4기의 가마에 대해서는 고구려시대에 운영된 가마라고 주장한다. 북한의 학계는 5호 가마에서 채집된 숯을 C14측정해 본 결과 B.P. 1294±115 혹은 656±115의 결과치를 얻었다고 하며 이를 토대로 해당 가마의 운영시기를 6세기대로 비

---

8 2010년 2월 말 들어 평양의 행정 구역 면적이 2/3이하로 축소되었으며, 평양에 속했던 강남군, 중화군, 상원군과 승호구역이 황해북도로 편입되었다.

9 조선중앙통계국, 『2008년 인구조사』, 2009.

정하였다.[10]

봉암리 도기가마들 중 2호는 봉암저수지에서 송정리로 가는 작은 고개 도로의 중간에 노출되어 있었다. 바닥면을 타원형으로 굴착하고 잡석을 이용하여 벽을 축조하고 그 상부에 천장을 둥글게 제작하였다. 가마의 길이는 5.4m, 최대폭은 2.2m이다. 연소실 경사도는 5°, 소성실의 경사도는 35°이다. 연질도기가 다수 출토되었으며 청자발의 굽편 등 3점의 청자가 출토되었다. 3호가마는 잔존길이 6.4m, 폭 2.94m, 경사도 약 10°이다. 경질도기 편들이 주로 출토되었으며 청자화형접시 편과 이중으로 녹아 붙은 청자발 편이 함께 출토되었다. 4호, 5호가마들의 폐기층에서 청자 편들이 일부 출토되었다. 이 가마들은 한 칸의 반지하굴식가마들이다. 북한의 학계에서는 퇴적층에서 확인된 도기와 자기를 함께 번조한 것으로 판단하고 있다. 그 때문에 봉암리 도기가마의 퇴적에서 확인된 청자들의 제작시기를 고구려시대로 판단하기도 한다.[11] 그러나 가마의 구조상 청자를 번조했던 가마로 분류하기에는 무리가 따른다. 남한의 경우도 고려전반기의 청자가마터 주변에는 도기를 번조했던 가마들이 함께 자리하는 것으로 볼 수 있으며, 봉암리의 경우도 조사된 도기가마들과 가까운 거리에 별도의 청자가마가 위치할 가능성이 농후한 것으로 보인다.

2. 황해남도 白川郡 원산리에서 1989년부터 약 4차례의 발굴조사를 통해 총 4기의 가마터가 존재하는 것이 확인되었다. 배천군은 일제 강점기에는 서쪽으로 이웃한 연안군과 합해 연백군에 속했지만 해방 후에 연안군과 배천군으로 분리되었다. 일제 강점기에 배천온천이 개발되어 경성(서울)에 가까운 온천의 하나로서 번성하였다. 가마들은 원산리 6작업반의 배천~봉천간 큰 도로 좌측의 홍산에서 뻗어 내린 구릉의 종단부에 자리한다. 가마들과 작업장이 들어선 부지는 약 6,000㎡정도이다. 1호는 도기가마이며 2호부터 4호까지가 청자를 굽던 가마이다. 1호가마(국보급 165호)

---

10 사회과학출판사, 『조선사회과학학술집』 196, 2010, 17쪽.
11 앞의 책, 21쪽.

는 능선의 좌측경사면에 자리하며 아궁이와 번조실, 연도부로 구성된 길이 약 6.2m의 반지하굴식가마이다. 번조실은 너비 2.4m이며 불칸과 가마칸 사이의 간벽에는 큰 불구멍이 있었다고 한다.

3. 배천군 원산리 2호(국보급 166호), 3호(국보급 167호), 4호(국보급 168호)에 해당하는 청자가마들은 1호(도기)가마의 동남쪽에서 서북방향으로 약 3~4m 정도 떨어진 곳에 위치한다. 가마터들은 구릉의 경사면을 일부 굴착하여 가마 바닥을 조성하고 가마벽은 벽돌로 조성하여 터널형의 가마천장부를 만들었다. 가마는 아궁이와 번조실, 굴뚝 등으로 구분되어있다.

원산리 1989년 7월부터 1990년 7월까지 발굴조사가 실시되었다. 2호가마는 길이 38.9m, 폭 1.8~1.9m로 약간 편남한 동서방향으로 자리했다. 3호가마는 길이 10.7m, 폭 1.4m이며 경사도는 약 10°였다. 가마는 동북-서남방향으로 위치한다. 4호가마는 길이 22m, 폭 0.9m이며 경사도는 10°로 동북-서남방향으로 조성되었다.

가마의 각 칸의 좌측에서는 출입구가 만들어졌다. 특히 40m가 넘는 2호가마의 경우는 가마가 운영되는 동안 세 차례에 걸쳐 가마를 수리하였다. 그 과정에서 가마의 폭은 좁아들고 길이 또한 줄어들었다. 이 2호의 4차가마에서는 '淳化三年(992)'의 명문이 있는 제기들이 출토되어 우리나라 초기청자의 도입과 발전과 관련된 다양한 정보들을 제공해주었다. 이 가마들의 발굴은 이후 북한의 고고학계에서도 자주 언급되는 주요성과로 인식되고 있다.

4. 황해남도 봉천군 봉암리 1호 자기가마는 고려초기의 가마터로 봉천리 소재지로부터 동북쪽으로 약 2㎞ 떨어진 곳에 자리한다. 가마는 동서로 연장되는 표고 약 150m의 구릉 말단부에 위치한다. 가마의 좌우는 원래 골짜기에 해당하나 갑발과 벽돌 등의 요도구의 퇴적 구릉이 조성되었다. 1959년 6월에 최초 조사하고 1991년에 재조사하였다. 가마는 잔존길이 44m, 폭은 0.96m이며 경사도는 6°이다. 가마의 바닥에는 약 5㎝ 정도

의 모래를 깔았다. 가마바닥에는 2.2~2.3m 간격을 두고 3개의 벽돌을 약 15㎝ 간격으로 가로 놓은 간벽돌이 있고 각 칸의 측벽에 출입구로 판단되는 폭 약 60~70㎝ 정도의 석재 시설물이 있다. 횡으로 시설된 벽돌과 출입구들의 개수로 볼 때, 이 가마는 약 17개의 칸으로 분리된 등요로 보인다. 북한학자들은 출토된 갑자(갑발의 북한식표현)들을 원통형, 배부른 화분형, 뚝배기형 등으로 구분하였으며 뚝배기형이 절대 다수를 차지한다고 보고하였다. 원산리가마의 발굴 성과와 유사한 점을 들어 요업시기가 고려초기일 것으로 추정하였다.

5. 평안남도 강서군 태성리에서도 청자가마가 발굴되었다. 江西郡은 평안남도의 군이다. 덕흥리 고분, 강서삼묘(삼묘리에 위치)와 같은 고구려 유적들이 다수 남아 있다. 평안남도의 서남부에 위치한다. 서쪽은 온천군, 증산군에 닿아 있으며 동쪽으로는 천리마군과 접한다. 북쪽은 대동군과 접하며 남쪽은 대안군과 용강군에 접한다. 청자가마터는 현암산과 백양산에서 남쪽으로 약 2㎞ 떨어진 곳에 위치한다. 가마는 야산의 북쪽 능선 경사면에 동남~서북 방향으로 구축되었다. 1988년 6월에서 1989년 6월 사이에 3차례에 걸쳐 발굴조사를 실시하였다. 조사 결과 길이 약 40m, 폭 1.2~1.4m 정도의 가마를 확인하였다. 가마는 벽돌로 축조되었으며 잔존하는 벽체의 높이는 최대 60㎝로 보고되었다. 출토된 청자들은 연회색, 회갈색 유약이 시유되었으며 확인된 문양으로는 화문, 봉황문(북한학계에서는 앵무문을 봉황문으로 지칭 함) 번개문 등이 있다. 청자들은 내화토를 받쳐 번조하였으며 M자형 갑발 편들이 다수 확인되었다. 유적에서 총 9개가마가 확인되었으나 잔존상태가 가장 양호한 1기만 발굴 조사하였다.[12]

6. 황해남도 옹진군 은동리 1호 가마는 군의 소재지에서 약 13㎞ 떨어진 은동저수지 부근 표고 약 200m 정도의 사까지봉의 북쪽경사면에 자리한다. 봉우리의 북쪽 능선에 약 70m 사이를 두고 2개의 경사면이 병렬로 자리한다. 이 중에 남쪽 경사면에 자리한 가마를 1호, 북쪽 사면에 위치하

---

12 김영진, 「태성1호 도자기가마터」, 『조선고고연구』 126, 사회과학출판사, 2003.

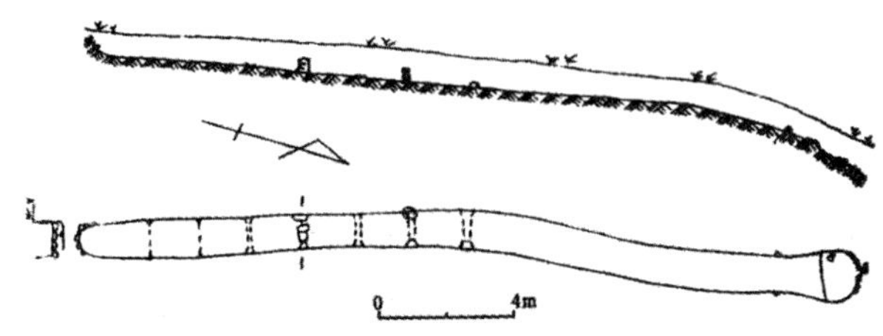

도 5. 사기리 1호가마터의 구조

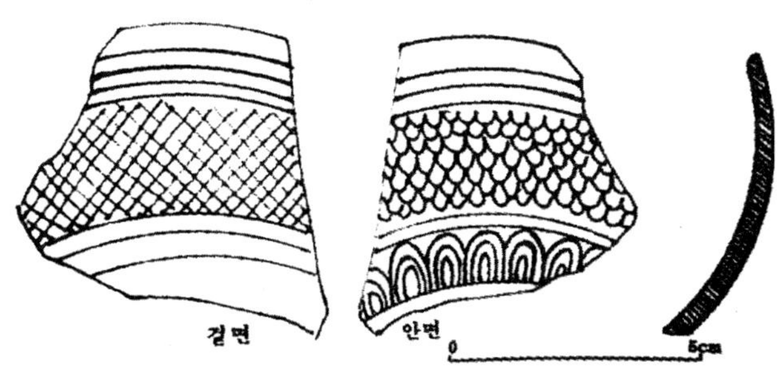

도 6. 사기리 1호가마터 출토품

는 가마를 2호로 명명하였다. 두 기 모두 1959년에 발굴 조사되었으며 1 호는 잔존길이 55m, 폭 1.7~1.8m 정도이다. 2호는 길이 10.5m만 잔존하 며 바닥이 진흙으로 만들어져 소결되었던 정황만 확인되었다고 한다. 두 기 모두 청자와 일부 백자들이 확인되었다.[13]

7. 황해남도 과일군 사기리 가마군은 행정 소재지에서 약 10㎞ 떨어진 풍장산(329m)의 서남측 구릉에 자리한다. 과일군은 1967년 10월에 松禾 郡으로부터 분리되었다. 과일군이 자리하는 지역은 황해남도의 북서부(황 해 연안)에 해당하는 지역으로 많은 과수농장지구가 위치한다. 이 때문에 지역의 명칭도 과일군으로 변경되었다. 1992년에 총 6기의 가마들이 약

13 과학원출판사, 『고고학자료집』 3, 1963.

6,000㎡의 범위에서 조사되었다. 1호는 길이 23m, 폭 1.2m로 내부와 퇴적에서 청자 편들이 출토되었다. 2호는 약 3m 정도가 잔존하며 폭은 약 1m로 잔존상태가 불량하다. 가마에서 소량의 상감청자들이 출토되었다. 3호 잔존길이 12m, 폭 1.6m, 경사도 15°이다. 4호는 잔존길이 12m이며 경사도는 15°이다. 청자 편들이 출토되었다. 5호는 잔존길이 13.8m이며 경사도는 역시 15°이다. 청자 편들이 출토되었다. 6호는 잔존길이 18.4m이며 폭이 1.2~1.6m 이다(도 5, 6).[14]

8. 황해남도 장연군 박산리 1호 가마터는 1994년 6월 3일부터 15일까지 발굴 조사되었다. 가마의 구조는 반지하식오름가마로 구분되었다. 잔존길이는 20.4m, 폭은 1.2~1.6m이고 아궁이를 제외하고 8칸으로 구분된다. 청자와 상감청자들이 함께 출토되었다.[15]

9. 황해북도 평산군 봉천리 가마군은 행정소재지로부터 서쪽으로 2㎞떨어진 서봉저수지 인근에 자리한다. 가마 2기는 저수지 서쪽기슭에 위치하며 가마 2기는 저수지 북쪽기슭에 자리한다. 1984년 6월에 발굴 조사되었으며 청자 편들이 출토되었다.[16]

10. 평양시 상원군 귀일리 자기가마터(발굴 당시 평양시, 現 황해북도)들은 행정소재지 서쪽으로 약 1㎞ 정도 떨어진 구릉의 중턱 북쪽 경사면에 자리한다. 1992년 5월에서 6월 사이에 발굴조사 되었다. 발굴자는 귀일리가마들을 지상식 오름가마로 구분하였으며 가마벽체의 내부는 백토를 발라 마무리하였다. 가마의 잔존길이는 10m, 폭은 1.5~1.8m정도이다. 가마의 내부는 약 4~5개의 칸으로 구분되며 ‘壽’, ‘福’ 등의 문자가 시문된 청화백자들이 함께 출토된다. 2호는 잔존길이 10m, 폭 1.5m로 역시 청화백자들이 출토된다. 두 가마 모두 18세기에서 19세기에 인근의 큰 소비시

---

14 리철영, 「과일군 사기리 청자기1호가마터 발굴보고」, 『조선고고연구』 119, 사회과학출판사, 2001.
15 사회과학원, 『조선고고학총서』 50, 2009, 125~131쪽.
16 사회과학원, 앞의 책, 132~138쪽.

장인 평양에서 소용되는 백자들을 제작한 가마들이다.[17]

　11. 평양시 승호구역 화천2동 자기가마터군(발굴당시 평양시, 現 황해북도)은 화천역에서 북쪽으로 약 5㎞ 떨어진 송진마을 근처에 자리한다. 1996년과 2000년에서 2001년 사이에 총 4차례에 걸쳐 발굴이 진행되었다. 이 중에 송진자기가마터는 잔존길이가 17m, 폭은 1.1~1.2m이며 경사도는 30°이다. 가마는 아궁이와 굴뚝부를 제외하고 총 7개의 구획으로 나뉜다.[18] 꾸박골자기가마터는 지상식 오름가마로 잔존길이는 12.6m, 폭은 1.5m이며 4칸으로 구분된다.[19] 화천2동 1호 가마는 잔존길이가 13.66m, 폭은 1.4m 이고 가마는 아궁이와 구뚝부를 제외하고 4칸으로 구분되며 기울기는 20°이다. 출토된 유물을 기준으로 볼 때, 해당가마의 운영시기는 18~19세기에 해당할 것이다.[20] 2001년 5월에 발굴된 화천2동 2호 가마는 잔존길이가 16m, 폭은 1.52m이고 가마의 칸수는 5칸이다. 가마의 경사도는 20°이며 주로 18세기에서 19세기에 해당하는 백자들을 제작하였다.[21] 화천2동 3호 가마의 잔존길이는 18.6m, 폭은 1.5~1.7m이며 6칸으로 구성되었다. 출토된 유물 중에 철유자기가 확인되나 대부분은 아무런 문양이 없는 백자로 포개구이의 흔적이 있다. 굽은 평저와 오목굽으로 주로 접

---

17 강승태, 「상원군 귀일리 2호자기가마터 발굴보고」, 『조선고고연구』 106, 사회과학출판사, 1998.

18 강승태, 「화천로동지구 화천2동(송진동)자기 가마터 발굴보고」, 『조선고고연구』 115, 사회과학출판사, 2000.

19 북한의 경우 유구를 발굴하고 도면을 작성하는 과정에서 측량기술을 이용한 실측도면 보다 스케치 위주의 도면을 제시하는 경우가 많다. 해당 유적의 경우에도 제시된 도면으로는 지상식인지 지표면을 약간 굴착한 반지하식인지를 구분하기 어렵다. 이 글에서는 발굴자의 견해와 보고서의 표현을 따르고자 한다. 강승태, 「화천2동 리조자기가마터에 대하여」, 『조선고고연구』 121, 사회과학출판사, 2001.

20 강승태, 「화천2동 1호자기가마터 발굴보고」, 『조선고고연구』 134, 사회과학출판사, 2005.

21 강승태, 「화천2동 2호자기가마터 발굴보고」, 『조선고고연구』 132, 사회과학출판사, 2004.

시, 발 등의 생활용기가 주종을 차지한다. 발굴자는 16세기중반에서 17세
기말에 운영된 가마로 판단하였다.[22]

12. 평양시 은정구역 과학1동 자기가마터는 2002년 5월에 발굴 조사되
었다. 가마는 동남-서북으로 자리하며 잔존길이는 2.6m, 폭은 0.9m이다.
태토빚음을 받쳐 포개구이한 백자들이 출토되었다.[23]

13. 평안남도 개천시 묵방리 가마군은 총 4기의 가마들로 이루어졌다.
그 가운데 온전한 건 2호 가마 뿐이다. 가마들은 묵방산(일명 고자산)으로
부터 약 1.5㎞ 정도 떨어진 약수골 골자기의 북쪽 사면에 위치한다. 1998
년 5월에서 6월 사이에 조사되었으며 가마의 잔존길이는 16m이며 폭은
1.7m 정도이다.[24]

14. 평안북도 박천군 기송리 가마터는 박천읍에서 동남쪽으로 약 10.6
㎞ 떨어진 기송리 4작업반 주변에 자리한다. 1988년 5월에 1차 조사,
1993년 6월에 2차 조사가 진행되었다. 1호는 잔존길이가 21.28m, 폭 1.5
~1.92m, 기울기 23°이며 포개구이를 진행하였다. 2호는 잔존길이 12.4m,
폭 1.4m 로 6칸으로 구성되었다. 3호는 1999년 6월에 추가로 발굴되었다.
3호 가마는 1호 가마의 북서쪽 약 1㎞ 지점에 자리한다. 3호 가마는 잔존
길이가 12.4m, 폭 1.1~1.5m로 4칸의 구획이 확인되었다.[25]

15. 황해남도 봉천군 송정리 가마터는 송정리의 공검천 서북쪽 두경산
과 마주한 구릉의 하단부에 위치한다. 1992년 5월 19일에서 21일까지 발
굴조사를 실시하였다. 가마의 잔존길이는 18.8m, 폭은 1.2m로 경사도는
20°이며 총 7칸으로 조사되었다. 출토된 유물들의 조형적인 특징으로 볼

---

22 강승태, 「새로 발견된 화천2동 3호 자기가마터에 대하여」, 『조선고고연구』 144,
　　사회과학출판사, 2007.
23 강승태, 「과학1동 자기가마터 발굴보고」, 『조선고고연구』 129, 사회과학출판사,
　　2003.
24 사회과학원, 앞의 책, 186~189쪽.
25 강승태, 「기송리 3호 자기가마터 발굴보고」, 『조선고고연구』 140, 사회과학출판
　　사, 2006.

때, 가마의 운영시기는 주로 18세기에서 19세기에 해당하는 것으로 보인다.[26]

Ⅲ. 북한 도자사의 연구방향과 목적

북한 고고학 및 미술사 연구에서 배천 원산리 고려초기청자가마터를 제외한 瓷器 가마터의 발굴과 그 연구는 사실상 그리 큰 비중을 차지하지는 못한다. 실제로 최근 이루어진 사회과학원의 『조선사회과학학술집』의 「고고학연구론문집」에서도 가마터의 발굴 등은 주요 발굴성과로 구분되지 못했다.[27] 1990년대 이후 先軍政治가 강조되고 거듭되는 천재지변과 외교상황 악화에 따른 소위 '고난의 행군'을 겪는 동안 북한 정권은 유구한 역사를 가진 조선민족의 우수성과 조선이 인류문화 발상지 중의 하나라는 것을 실증하고자 노력했다. 그들은 이를 인민들의 사기 증진에 활용하고자 하는 방향으로 고고학적인 발굴조사와 그 성과들을 응축시켰다. 단군릉의 발굴 등이 대표적인 사례라 하겠으며 함경북도 화대군 석성리 화산용암에서 발굴된 구석기시대의 어린이와 성인의 머리뼈에 대한 연구를 비롯하여

---

26 김영진, 「봉천군 송정리 1호 자기가마터 발굴보고」, 『조선고고연구』 122, 사회과학출판사, 2002.
27 북한의 사회과학원은 해방이후 북한의 다양한 사회, 과학 분야의 연구 성과들을 집대성한 총서 형식의 『조선사회과학학술집』을 제작하고 있다. 2012년까지 총 1,500여 권을 목표로 편찬, 발행 중인 이 학술집은 '철학편', '경제학편', '법학편', '언어학편', '문학편', '역사학편', '민족고전학편', '민속학편', '고고학편', '백두산3대장군혁명역사편' 등 총 10편으로 이루어졌다. 북한의 사회과학분야에서 이러한 총서형식의 도서가 편찬 발행되기는 처음이며, 특히 학술집에 실린 내용 중에는 새로이 공개되는 연구 성과들이 포함된 점도 특기할 만하다. 그러나 고고학편의 도자기관련 부분은 1980년대에 만들어진 연구성과들을 거의 대부분 그대로 차용하고 있다. 이는 총서의 다른 책들에는 최근까지 이루어진 여타 사회과학 분야의 연구 성과들이 다수 반영되는 상황과 비교가 되는 부분이다.

함경북도 웅기 굴포리에 위치하는 서포항원시유적발굴보고 등 주로 철기시대 이전의 유적들에 대한 발굴조사들이 활발히 진행되었다. 또한 평양성을 포함한 고구려시대 유적들에 대한 발굴조사와 발해사 연구를 통해 중국과 견줄 만한 우리 민족의 위상을 강조할 수 있는 고고학적인 조사들에 매진하였다.[28]

북한의 고고학연구에서 도자기 가마터에 대한 발굴조사는 주로 노동자, 근로인민들이 역사 발전에 끼친 영향력과 긍정적인 역할들을 강조하고 우리 민족의 발달된 공예기술을 선전하기 위한 측면에서 진행되었다. 또한 고려청자 발전의 사회역사적 환경을 설명하기 위한 자료로서 배천 원산리 가마 등을 적극 활용하고 있다.

북한정권은 후삼국의 봉건국가들을 하나로 통일한 고려를 우리 민족의 최초 통일국가로 간주하고 고려시기에 들어 경제와 문화적인 발전을 완성했다고 판단한다.

'고구려→발해→고려'로 이어지는 우수한 문화를 이어받은 것이 현재의 북한 정권이라는 정당성을 강조하기 위해 고려의 우수성을 역사적으로 극대화시키고 있다.

북한의 학계는 고려를 오늘날 우리 민족의 숙원인 '통일'을 최초로 달성한 나라로 호평한다. 권력을 틀어쥔 봉건귀족들에 의하여 혼란이 야기된 후삼국시기 지방의 토호들은 농민과 수공업자들을 착취하여 근로대중의 자주성을 유린하였다. 고려의 통일로 근로인민대중들의 창의력이 주목받게 되었다. 비록 봉건사회의 테두리 안에서 이루어지기는 하였지만 통일 이후 근로대중은 자기들을 보호해가며 성장할 수 있게 되었다고 주장한

---

28 1998년 7월 발해 건국 1천 300주년을 맞아 출간된 『발해사연구』(전7권)는 북한이 진행한 발해사 연구의 주요 성과이다. 당시 조선중앙통신은 이 책에 대해 '발해의 고구려 계승성과 그 발전 면모에 대한 새로운 인식을 주게 될 것'이라고 언급했다. 이외에도 1990년대 중반이후 북한 사회과학원 소속 역사학자들이 발표한 논문들과 단행본들도 북한의 발해사 연구 성과들이다.

다. 북한학계는 고려의 청자문화를 바로 이러한 사회역사적 환경과 근로대중이 이루어낸 수공업발전의 증거품이라고 간주하여 청자가마터의 발굴과 유물들의 정리 및 연구를 진행해왔다. 그러나 고려의 청자문화를 근로대중의 창의력의 산물로 치부하기에는 많은 무리가 따른다. 고려의 청자는 10세기 光宗(925~975)으로 대표되는 국가권력이 주도가 되어 받아들인 다수의 중국 문물제도 가운데 하나이다. 이전시기 수입에 의존하였던 瓷器를 한반도에서 직접 생산하기 위해 고려는 五代十國의 혼란 속에 吳越國(존속기간 907~978)의 청자장인들을 흡수하여 청자를 제작하였다. 비교적 빠른 시간 안에 중국의 청자기술을 고려화할 수 있었던 원인은 당시 고려가 가지고 있었던 경질도기의 제작기술이 바탕이 되었기 때문이다.

또한, 북한학계에서는 고구려인들이 瓷器를 생산했다고 주장한다. 그들은 고구려자기의 존재를 방사성동위원소 연대측정(C14)과 출토유물들의 상대적 층위 비교를 통해 검증하였다고 주장한다. 원산리 1호에서 채집한 숯을 사회과학원 고고학연구소 연대측정실에서 분석한 결과 B.P. 1438±88년 또는 512±88년의 연대를 얻었다고 한다. 이를 근거로 원산리 1호 가마가 고구려시기에 운영되었다고 주장하며 해당 가마의 출토품과 중국 요녕성 집안의 고구려 365호분에서 출토된 6~7세기 고구려시대 유물과 그 조형적인 형태가 유사하다는 점 또한 주요한 근거로 삼고 있다.[29] 현재까지 남한에서 축적된 자료의 분석결과로 볼 때, 고구려도기들로 구분된 원산리 1호의 경질도기들은 고려시대에 제작된 것으로 분류하는 것이 보다 타당할 것이다(도 7).

북한의 학계는 가마터의 발굴조사와 별개로 평양시 낙랑구역 벽돌무덤과 인근의 고구려문화층에서 청자발 두 점이 출토되었으며 그 고유한 모양이 중국과는 다른 조선적이었다고 한다. 구연은 내만하였으며 유색은 황색이 진하고 굽 안쪽에는 번조시 받쳐 구운 내화토빚음의 흔적이 있었

---

29 리윤철, 「원산리 가마터의 14C년대 측정결과와 그 해석」, 『조선고고연구』108, 사회과학출판사, 1998.

도 7. 배천군 원산리 가마 출토 도기류

다고 한다. 벽돌무덤의 축조시기를 고려할 때, 해당 청자들의 제작시기는 3세기 정도로 보이며 고구려에서 제작한 청자라고 주장한다. 그러나 이 부분에도 맹점이 많다. 구체적으로 어떠한 형태가 조선적이라는 근거는 제시되지 않았다. 또한 평양과 같이 사람들이 계속 살아왔고 농경과 개발 행위가 지속적으로 이루어진 지역에서는 문화층간의 교란도 꾸준하다. 그러나 구체적인 층위의 제시 없이 벽돌무덤과 고구려문화층이라고만 언급하고 있으므로 출토된 유물의 편년은 제고의 여지가 높다.

그들은 남한의 학계의 정론에 대해서는 삼국시대 다양한 유적에서 출토되는 자기들을 허무주의적이고 무비판적으로 외국산으로 분류하는 것은 잘못이라고 지적하며 발해 역시 청자와 백자들을 적지 않게 생산, 이용하였다고 주장한다. 이는 김정일이 언급한 발해 관련 역사인식을 뒷받침하기 위한 역사적 근거들을 제시하기 위한 왜곡행위의 연장이다.[30]

북한학계에서 후기신라로 언급되는 통일신라시대의 왕경 유적에서 출

---

30 김정일은 "발해는 고구려유민들에 의하여 옛 고구려 땅에 세워진 강력한 주권국가로서 고구려의 문화를 계승, 발전시켰으며 우리나라의 대한 북방 여러 나라들의 거듭되는 침입을 막고 나라와 겨레의 안전을 보장하는데 큰 기여를 하였다"고 언급하였다. 조선로동당출판사, 『김정일선집』 1(증보판), 2009, 38쪽.

토되는 중국산 백자들도 당시에 신라인들에 의해 제작된 것으로 주장한다. 황룡사9층탑에서 추토된 백자호와 굽 안쪽에 '官'자가 음각된 정요백자들 역시 신라의 자체 생산품으로 주장한다.

북한학계는 고려자기를 통일이라는 변화된 새로운 환경 속에서 도자기 공인들의 창조적인 노력으로 만들어진 보물이라고 판단하였다. 고려청자는 북한 인민들의 민족적 정서와 감정에 맞는 새로운 형태를 소유한 독창적인 문화로서 중국을 비롯한 다른 주변국들과도 구별되는 우리 민족의 자랑이라고 여긴다. 이러한 우수한 고려청자는 조선시대의 변화된 환경으로 그대로 전승된다고 주장한다.

이러한 학술적 견해 차이만큼이나 남북한 학계에서 사용하는 도자사 용어도 서로 다르다. 대표적인 용어들 몇 가지만 소개하고자 한다. 상호 이해는 서로 다른 차이의 인식에서부터 시작된다.

<표 2> 남북한 陶瓷史 용어들의 비교

남한	북한
상감기법	무늬박이법
음각기법	오목새김법
양각기법	돋을새김법
투각기법	뚫은새김법
청자	청자기
철채청자	검은자기
동화청자	진홍자기[31]
철백화청자	그린무늬자기
연리문청자	알록반죽자기
분청자	분장자기
백자	백자기
갑발	갑자
도침	밑대
태토빚음	흙구슬

북한의 경우 남한의 학계에 비해 연구자로 구분될 만한 인력의 폭이 매우 적다. 또한 구체적인 발굴조사를 주로 사회과학원 산하 고고학연구소에서 전담하다시피 하므로 한 가지 분야에 다수의 인원이 배치되어 입체적인 연구를 진행하기에는 무리가 따른다. 이런 배경 때문에 북한의 경우 도자사학계라고 지칭할만한 학자군과 연구 성과물들은 매우 협소하다. 그럼에도 불구하고 지난 30년간 북한에서 이루어진 다양한 가마터 조사를 담당하고 관련된 연구물들을 축적해 온 소수의 연구자들이 있다. 그 대표적인 인물이 1960년대의 리병선과 1980~1990년대의 김영진, 2000년대 이후의 강승태 등이다.

리병선은 주로 압록강 유역의 청동기시대에 관련된 연구를 주로 수행하였던 인물이다.[32] 1960년대는 도자기가마터의 발굴이 이루어진 바가 적고 아직 고구려시대에 자기가 자체 생산되었다는 등의 학설이 가시화되기 이전이다. 그러므로 주로 상고사를 연구하는 고고학자가 가마터의 조사를 담당하게 될 경우에 해당 유적에 대한 조사성과를 기록하는 수준에서 연구가 마무리되었다. 리병선은 황해도의 고려자기 가마터들을 부분적으로 발굴하고 이를 북한학계에 보고하였다.[33]

이후 황해도 지역을 중심으로 고려초기청자가마터들이 조사되는 과정에서 주목받기 시작한 인물이 김영진이다. 그는 현재 박사(부교수)로서 1987년에 이미 북한 최초의 고려청자 관련 단행본을 집필하였다.[34] 그 이

---

31 북한학계에서 진사라는 것은 수은의 화합물이며 청자에는 동의 산화물인 석록을 사용하므로 진사라는 용어는 적절치 않다고 인식하고 있다.

32 리병선, 「압록강류역의 청동기시대의 특징적인 토기들과 그 분포정형」, 『고고민속』 3, 1963 ; 「압록강류역의 빗살무늬그릇유적들의 계승성에 대한 약간의 고찰」, 『고고민속』 2, 1965 ; 「압록강류역의 청동기시대의 특징적인 토기들과 그 분포 정형」, 『고고민속』 3, 1965 ; 「압록강 및 송화강 중상류 청동기시대문화와 그 주민」, 『고고민속』 3, 1966 등 저자가 이룩한 다수의 연구 성과들은 주로 압록강 유역의 선사시대 문화에 집중됨을 알 수 있다.

33 리병선, 「황해남도 고려자기 가마터 발굴 간략보고」, 『고고학자료집』 6, 1960 ; 「황해남도 고려자기 가마터 발굴보고」, 『고고학자료집』 3, 1963.

후 다수의 청자가마터 관련 발굴에 참여하면서 관련 분야에 대한 연구를 진행하였다. 그가 1980년대 후반에 작성한 연구성과들은 이후 다수의 북한 학계의 고려청자 관련 부분에 거의 대부분 그대로 인용되고 있다.[35] 그가 남한의 학계에 알려지게 된 것은 『도자기가마터발굴보고』라는 책 때문이다.[36] 이 책은 저자가 축적해온 북한의 가마터발굴과 그 성과를 기록한 것으로 1990년대 이후부터 이어지던 고려 초기청자 제작시점에 관한 논쟁에 새로운 국면을 제시한 배천 원산리가마의 발굴 성과를 수록하고 있다. 이 때문에 그의 저서는 남한 학계에서는 큰 주목을 끌었으며 다수의 논문들에 참고서적으로 적극 활용되었다.

최근에 김영진은 북한 정권이 중국 베이징선영과무유한공사와 조선출판물수출입사의 후원으로 제작한 『조선사회과학학술집』의 도자기편의 집필도 담당하였다. 해당 논문집은 주로 김영진의 기존 연구 성과에 최근의 발굴 자료들이 첨가되는 식으로 구성되었다. 책의 구성을 자세히 살펴보면, 1편은 조선도자사연구이며 2편은 고려자기로 구분된다. 논문집은 1편에서 다루어진 내용임에도 불구하고 별도의 편을 할애하여 고려자기에 대하여 거듭 서술하고 있다. 고려자기의 연구를 이처럼 중요하게 다루는 것은 저자인 김영진이 해당분야에 대한 다수의 연구성과를 확보한 연유도 있겠으나 북한 정권이 표출하고자 하는 목적을 위함이라고 판단된다. 북한정권은 고려자기를 중국과 견줄 수 있는 수준의 기술력이 농축된 겨레의 과학기술 유산으로 인식하기 때문이다. 1편의 구성은 고구려자기로부터 시작한다. 이는 김일성의 교시와 밀접한 관련이 있다. 김일성은 "지난 시기 우리나라가 제일 강했던 때는 고구려때였습니다"라고 언급하였다.[37]

---

34 김영진, 『고려자기』, 사회과학출판사, 1987.
35 김영진·강승태 공저, 『조선고고학총서』 50, 사회과학원 고고학연구소, 2009 등에 기술되어 있는 고려청자관련 내용은 김영진의 1987년 저작의 내용과 거의 일치한다. 또한, 사회과학출판사, 『조선사회과학학술집』 26, 2010에도 김영진의 연구성과가 그대로 인용되어 있다.
36 김영진, 『도자기가마터발굴보고』, 사회과학출판사, 2002.

그 이후 북한의 학계는 집안의 고구려고분들이나 평양의 안학궁터에서 출토된 자기들을 고구려자기로 인식하기 시작한다. 기존의 삼국시대 이전에는 자기를 제작하지 못했다는 관점을 비판한다. 이러한 새로운 역사인식의 등장은 지나친 자국사 우월주의에 따른 잘못된 해석이다.

김영진은 고려청자에 대한 연구뿐만 아니라 고구려와 발해의 도자기에 관한 연구도 진행하였다.[38]

발해도자기 연구에 대한 또 다른 논문으로는 리창진의 연구가 대표적이다. 저자는 고려청자가 중국의 영향이 아닌 발해자기의 영향을 받았다는 논지를 전개한다.[39] 이를 위해 발해시대 자체적으로 청자와 백자를 생산하였다는 사례들을 언급하며 발해는 고구려의 자기를 계승하였다고 주장한다. 특히 고려청자는 태토의 산화철 함유량이 2%이지만, 중국 남송의 청자는 태토에 약 3%의 산화철을 함유하는 차이를 고려의 청자문화의 독자성과 연결시키고 있다. 또한 『고려사』에 등장하는 발해국세자 大光顯 (?~?)의 투항기사를 중요하게 다룬다. 937년(고려 태조 17년)에 대광현이 투항의 대가로 元甫의 작위에 올라 다스리게 되는 白州가 현재의 황해도 배천군에 해당하며 당시 그 곳으로 이주한 2만의 발해인 중에는 도공들도 있었을 것이라고 주장한다. 그 도공들이 원산리 고려초기청자가마를 운영하는 주체가 되었을 것이고 이는 발해유적에서 원산리산의 청자와 유사한 형태의 자기들이 출토되는 점으로도 증명된다고 주장한다. 그러나 구체적으로 어느 유적에서 출토된 어떤 유물이 유사한지에 대한 언급이나 구체적인 비교는 이루어지지 못했다. 저자는 자신의 글에서 사료에 대한 무비

---

37 조선로동당출판사, 『김일성전집』 47, 2002, 406쪽.
38 김영진, 「발해삼채의 연원에 대하여」, 『조선고고연구』 105, 사회과학출판사, 1997 ; 「도자기를 통하여 본 고구려와 발해의 계승 관계에 대하여」, 『조선고고연구』 109, 사회과학출판사, 1998.
39 리창진, 「발해도자기의 연원에 대하여」, 『조선고고연구』 105, 사회과학출판사, 1997 ; 「고려푸른자기는 발해푸른자기의 계승발전」, 『조선고고연구』 110, 사회과학출판사, 2001.

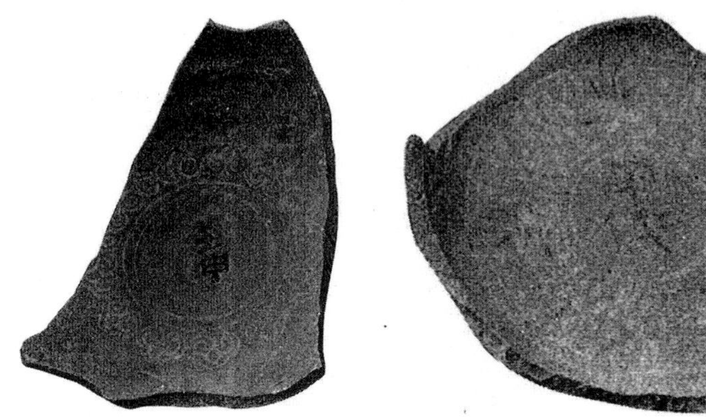

도 8. 청자상감운학문'壬申'명저부편, 잔존고 4.2cm 저경 6cm, 개성 영통사지출토(좌)
도 9. 청자상감운학문'甲戌'명저부편, 잔존고 4cm 저경 6.2cm, 개성 영통사지출토(우)

판적이고 자의적인 인용으로만 논지를 전개하고 있다.

리창진은 고려후기청자의 표지유물이라고 할 수 있는 간지명청자의 제작시기에 대한 글도 발표한 바 있다.[40] 그는 영통사[41]에서 출토된 '壬申'명과 '甲戌'명 청자가 각각 13세기 후반인 1272년과 14세기 전반인 1334년에 제작된 것으로 판단하였다. 두 점 모두 내저면 중앙에 간지명을 흑상감으로 시문하고 내면에는 雲鶴紋을 시문하였다. 갑술명은 운학문의 구름을 雨點紋형태로 묘사하였다. 이러한 유물들의 조형적인 특징은 고려후기

40 리창진, 「령통사 유적에서 나온 간지명자기의 년대에 대하여」, 『조선고고연구』 122, 사회과학출판사, 2002.
41 영통사는 1027년(현종 18) 창건된 사찰로, 개성시 용흥동 오관산 기슭에 있다. 16세기 무렵 화재로 소실되었으나, 2002년 11월 북한의 조선경제협력위원회와 대한불교천태종이 함께 복원 사업을 시작하여 2005년 10월 31일에 복원을 완성했다. 영통사는 인종을 비롯한 왕들이 참배하고, 각종 왕실 법회가 열렸던 큰 사찰이었다. 당시에는 일부 국왕들의 眞影을 모시는 眞影閣도 있었다. 대각국사 義天은 이곳에서 教觀을 배우고 천태종을 열었으며, 입적한 후에는 그의 비가 이곳에 건립되었다. 문화재로는 영통사 대각국사비(북한 국보 155호), 영통사 오층석탑(북한 국보 133호) 등이 대표적이다.

에 제작된 다른 간지명청자들에서도 공통적으로 드러난다. 다만, 현재 남한의 학계에서는 간지명청자들의 제작시기를 14세기 전반으로 간주하는데 비해 리창진은 '壬申'명 청자의 제작시기를 90년대 이전의 남한학계처럼 13세기 후반으로 비정하고 있다. '甲戌'명 청자의 제작시기에 대한 추론을 위해서는 1301년의 기년을 지니는 송광사 자정국사 묘광탑출토 청자상감 국화문합과의 비교를 시도하는 등 미술사적인 지식을 부분적으로 활용하는 모습도 보인다(도 8, 9).

김영진과 리창진 이후에 북한에서 이루어진 자기가마터의 발굴에 가장 많이 참여한 학자는 학사 강승태이다. 그는 1998년에 「상원군 귀일리 2호 자기가마터 발굴보고」라는 글을 『조선고고연구』에 계제한 이후 지속적으로 가마터 발굴에 대한 연구성과들을 발표해왔다. 그는 이후 「화천로동지구 화천2동(송진동)자기 가마터 발굴보고」(2000년), 「과일군 사기리 청자기1호가마터 발굴보고」(2001년), 「화천2동 리조자기가마터에 대하여」(2001년), 「과학1동 자기가마터 발굴보고」(2003년), 「화천2동 2호자기가마터 발굴보고」(2004년), 「화천2동 1호자기가마터 발굴보고」(2005년), 「기송리 3호 자기가마터 발굴보고」(2006년), 「새로 발견된 화천2동 3호 자기가마터에 대하여」(2007년) 등 다수 발굴유적의 보고와 관련 소논문들을 발표해왔다. 그는 또한 고려와 조선간에 이루어진 자기문화의 계승과 조선백자 제작공정에 관해 연구하였다. 「고려자기와 리조자기와의 계승관계」라는 소논문에서 강승태는 조선자기는 고려자기를 그 시대적 요구에 맞게 더욱 계승발전 시킨 귀중한 문화유산이라고 주장한다. 그러나 어떤 점이 계승되었고 어떤 점이 어떠한 방식으로 발전되었는지에 대한 구체적인 접근은 이루어지지 못했다. 실제 조선의 자기문화가 고려와는 차이가 있음에도 막연하게 조선의 자기를 고려의 직접적인 계승 관계만 주장하고 있다. 특히 북한에서는 분장자기로 지칭되는 분청자들을 고려시기에 제작된 문화유산으로 간주하고 그 제작이 16세기까지 이어지는 상황 또한 자신의 논지가 적절함을 나타내는 증거로 삼고 있다. 북한에서는 조선시대에 제

작된 분청자 편이 일부 청자가마터에서 발견되는 것을 근거로 분청자가
고려시대 약 12~13세기에 제작되는 것으로 주장되기도 한다.[42] 또한 강
승태는 조선시대 자기제작에 필요한 공정들을 설명하며 원료의 취득에 다
양한 지역의 흙들이 사용되었음을 문헌과 화학성분 분석 결과를 인용하여
설명한다. 김책공업종합대학의 화학분석소에서 1994년에 실시한 귀일리가
마터 자편들의 분석 결과를 이용하여 해당 가마에서 사용된 원료가 두 곳
이상의 다른 지역에서 유입되었음을 주장하였다. 또한 물레를 통한 성형
의 특징과 시유과정 등을 순서대로 기술하였다. 다만, 현재 남한에서 이루
어지고 있는 해당분야의 연구성과와 접근방법들을 기준할 때, 매우 초보
적인 수준의 접근만이 이루어진 시도라고 할 수 있다.[43]

이상 언급한 주축 인물들 외에도 도자기에 관한 문헌사적인 접근을 시
도한 연구가 있다. 지원봉은 문헌에 등장하는 고려청자를 통해 우리 선조
들이 가지고 있던 고려청자에 대한 인식을 살펴보았다.[44] 보존과학 분야
의 논문으로는 리윤철의 글이 대표적이다. 그는 방사선탄소동원소 분석에
따라 배천군 원산리 1호가마의 운영시기를 고구려시대로 비정하는 논문을
작성하였다.[45]

조성진과 강명철과 같은 인물들은 조선과 일본 간에 이루어진 도자문화
의 교류양상에 대한 연구를 진행하였다. 우리의 뛰어난 도자문화가 일본
에 큰 영향을 주었다는 관점을 죠몽시대의 토기에 등장하는 문양에서부터
임진왜란 이후 규슈지역에서 제작된 백자까지 예로 들며 설명한다.[46]

---

42 강승태, 「고려자기와 리조자기와의 계승관계」, 『조선고고연구』 150, 사회과학출판
　　사, 2009.
43 강승태, 「리조자기의 자기제작 공정」, 『조선고고연구』 147, 사회과학출판사, 2008.
44 지원봉, 「옛기록과 반영을 통해본 고려청자의 지위」, 『조선예술』 568, 문학예술출
　　판사, 2004.
45 리윤철, 「원산리 가마터의 14C년대 측정결과와 그 해석」, 『조선고고연구』 108, 사
　　회과학출판사, 1998.
46 조성진, 「우리나라 도자공예가 일본도자기의 발생발전에 미친 영향」, 『력사과학』
　　172, 과학백과사전출판사, 1999 ; 강명철, 「우리나라 도자기 공예가들에 의한 일

　고려시대 상감청자와 문양에 관한 연구로는 박동명의 최근 글이 주목된다.[47] 이 논문에서는 고려 5대 景宗(955~981년)의 榮陵에서 출토되었다고 전하는 상감청자 편을 10세기대 유물로 상정하고 고려상감청자의 시작을 10세기 이전으로 주장한다. 또한 상감청자에 나타나는 문양을 우리나라의 다종다양한 동식물을 묘사한 것으로 간주하고 그 문양들이 인민들의 민족정서적인 감정을 진실하게 표현한 것이라고 주장한다. 특히 상감기법을 오로지 우리 민족의 창조성에 기인한 것으로 간주하고 당시 채색과 음각 위주의 중국 자기문화에도 고려가 많은 영향을 주었다고 주장한다. 저자인 박동명은 북한학계에서 본격적인 도자사연구자로 분류하기에는 무리가 있다. 그는 같은 해 고려 청동거울의 유형과 문양에 관한 글을 발표한다.[48] 그의 고려 청동거울에 대한 인식 역시 동아시아의 문화교류라는 일반론적인 견해에서 벗어나 고려상감청자에 대한 인식처럼 독창적이고 자주성이 강조되는 시각으로만 접근하고 있다. 그가 다루는 고려 공예사의 관점은 지나친 자국사 우월주의적인 성향이 강하다.

　북한의 도자사 연구목적 자체가 순수하게 학문적인 부분을 간과한 채, 고조선에서 고구려, 발해를 거쳐 고려와 조선 그리고 종단에 현 북한정권에 연결된다는 정통성만을 강조하기 위한 수단으로 사용되고 있는 상황이 도자사 연구 발전에 가장 큰 걸림돌이 되고 있다. 고려귀족문화의 화려함을 나타내는 고려청자를 오로지 당시의 근로대중인 도공들의 독자적 창작물로 간주하고 중국과의 교류관계에서 파생된 청자들의 다양한 형과 색, 문양들도 고려의 자연을 노래한 창의적 묘사라고만 주장하므로 그 이상의 새로운 접근이나 발전은 진행될 여지가 없다. 차후 이루어지는 발굴결과들도 대부분 지금까지 만들어진 북한 도자사학계의 주장을 공고하도록 하

<hr>

　　본도자기의 발전」, 『조선예술』 509, 문학예술출판사, 1999.
47 박동명, 「고려상감자기 장식무늬의 변천과 특징」, 『조선고고연구』 154, 사회과학출판사, 2010.
48 박동명, 「고려청동거울의 류형과 장식무늬」, 『조선고고연구』 157, 사회과학출판사, 2010.

는 도구로 활용될 가능성이 높다. 고고학 및 미술사학적인 성과물들이 북한정권의 정통성을 입증하려는 도구로 활용되고, 정치적인 선전수단으로 이용된다면 북한학계의 학문적 성장은 기대할 수 없을 것이다.

Ⅳ. 맺음말

최근 북한 역사학과 고고학계의 동향은 2010년 『조선고고연구』 3호의 권두서언에도 자세히 드러난다.[49] 이 글은 사회과학원 고고학연구소로 대표되는 북한 고고학계의 목소리라 할 수 있는 글이다. 2010년은 조선노동당 창건 65해를 맞이하는 해였다. 북한 고고학자들은 자신들을 '김일성민족'이라 칭하며 2010년을 그들 역사에 특기할 만한 혁명적대경사로 언급하였다. 그들은 선조들이 남긴 유적과 유물들을 더 많이 발굴하고 잘 보존 관리하여 유구한 역사와 찬란한 문화를 커다란 민족의 긍지로 만들기 위해 더욱 노력할 것이라고 언급하며 조국해방전쟁(한국전쟁) 중에도 역사유적 발굴을 진행할 수 있도록 지시했던 김일성의 영도력을 찬양하고 있다. 북한 고고학계는 특히 1990년대 이후 북한이 인류의 발상지중 하나임을 증명하기 위한 일환으로 구석기시대 유적의 발굴에 다수의 노력을 기울였다. 동시에 역사자료를 근거로 삼기 위해 대동강인근에서 단군과 관련된 다수의 유적을 발굴하였다고 선전하고 이를 근거로 소위 '대동강문화권'을 주장하여 북한을 인류의 발상지화 하는 작업을 진행했다. 고조선이 인류의 발상지에 해당하며 이를 우리 민족의 가장 자랑스러운 국가였던 고구려가 계승하였다고 역설한다. 고구려에서 발해로 다시 고려로 이어지는 역사관은 조선을 거쳐 북한에게 그 정통성이 연결된다는 것이 북한 고고학이 유적과 유물의 발굴로 구체화하려는 주된 논지임을 이 글을

---

49 사회과학원 고고학연구소, 「우리당의 력사와 더불어 빛나는 위대한 령도와 고고학이 걸어온 영광의 로정」, 『조선고고연구』 156, 2010.

통해 거듭 확인할 수 있다.

북한의 도자사 연구는 국가 차원에서 이루어지는 고고학 발굴성과에 깊게 연결되어 있다. 해방이후 북학의 고고학계와 역사학계는 식민사관의 극복이 최대의 과제였으므로 발굴성과도 주로 이러한 연구성과를 축적할 수 있는 방향으로 진행되었다. 주로 원시시대와 그 유적 발굴 그리고 고조선과 관계되는 유적에 중점을 두었다. 또한 맑스 레닌주의 방법론에 입각하여 우리나라의 원시 고대 및 중세 유적들을 연구함으로써 우리나라 역사 발전의 합법칙성을 이론적으로 체계화해야 됨을 강조한 것과 같이 정치적인 목적이 강하게 반영되어 있었다. 이와 더불어 민족적 정통성과 자긍심을 불어넣는 고구려계승의식과 맞물려 고구려 유적·유물 발굴에도 관심이 집중되었다. 북한의 자기가마터 발굴은 이러한 고구려유물의 다양화라는 측면에서도 진행된 바 있다. 고려시대에 요업이 운영되었을 것으로 판단되는 배천 원산리 1호 도기가마와 같은 유적에서 출토된 그릇들을 고구려시기의 그릇들로 분류하거나 고구려시대 유적에서 출토된 중국산 자기들을 고구려에서 자체 생산한 자기들로 간주하는 것 등은 정권이 추진하는 틀대로 움직이는 북한학계의 한계성을 보여준다.

북한학계의 고고학연구목적이 정치와 밀접한 관계로 인하여 현재까지 이루어진 연구들은 상당 부분이 왜곡되고 조작이 이루어졌다. 이중 가장 근본적으로 큰 문제가 되는 것은 편년이다. 각기 가마터에서 출토된 자기들의 조형적인 특징이나 문양, 그리고 번조받침 등을 통한 상대적인 비교 등은 없이 단순한 형식 분류 방법이나 층위구분에 의한 상대연대를 근거로 절대편년의 기준을 삼고 있는 실정이다. 더군다나 제시된 편년안도 매우 포괄적이고 정교하지 못한 한계를 드러내고 있다. 특히 조선시대 백자를 번조한 가마터들의 운영시기를 편년하는 과정에서 한 가마의 운영기간을 200년 이상의 시간폭으로 제시하고 있다.

북한의 학계는 또한 고려 및 조선문화의 기원과 전파라는 측면에서도 중국 등 주변국과의 관계를 무시하고 독자적인 발전만을 이룩하여 왔다고 주장하고 있다. 이처럼 지역간의 문화적 차이에 대한 접근 없이 맹목적인 자국사 위주의 자생발전론만을 주장한다면 동아시아 내에서 이루어지는 다양한 문화적 접목과 흐름을 거시적으로 읽어낼 수 없을 것이다.

이상 살펴본 것과 같이 북한의 학계에서 이루어진 도자사에 대한 연구와 자기 가마터발굴은 국가기관인 사회과학원 고고학연구소에서 이루어졌으며 그 결과 역시 정권이 추진하는 역사의 인식과 서술 방향에 맞게 정리되었다.

현재 남한과 서구사회의 고고학과 발굴조사라는 분야는 다양하고 새로운 방법론들의 이용과 여타학문들과의 유기적인 융합을 통해 거듭 발전하고 있다. 특히 자연과학과 응용과학 분야를 통한 분석방법들을 통해 기존에 이루어진 연구에 대한 재해석들도 등장하는 형국이다. 나날이 거듭나는 기자재들과 컴퓨터를 이용한 도면의 작성과 3D-scan을 통한 유구·유물의 실측은 이미 남한의 학계에서 최신의 동향이라고 말할 수 없을 정도에 이르렀다. 고고학 현장에도 자본의 힘이 절실해지는 것이 요즈음의 실정이다. 북한에서 발굴된 자기가마터들의 발굴성과들만을 볼 때, 남북한의 격차는 현격하며 그 해석의 과정 역시 상당한 견해차이가 상존한다. 그럼에도 불구하고 북한에서 이루어진 자기 가마터 성과들은 차후 한국 도자사 연구에 있어서 중요한 부분을 담당할 수 있을 것이다. 북한 지역의 도자기에 대한 연구를 통해 한반도 전역으로 이동되었던 자기들의 물류체계와 소비성향에 대한 보다 입체적인 자료들을 확보하게 될 것이다. 이 과정으로 통해 한국 도자사의 연구의 영역이 확대됨과 동시에 구체적인 성과들의 폭은 더욱 후박해질 것이다.

참고문헌

사료

『朝鮮王朝實錄』.

보고서

강승태, 「상원군 귀일리 2호자기가마터 발굴보고」, 『조선고고연구』106, 사회과학출판사, 1998.

______, 「화천로동지구 화천2동(송진동)자기 가마터 발굴보고」, 『조선고고연구』115, 사회과학출판사, 2000.

______, 「화천2동 리조자기가마터에 대하여」, 『조선고고연구』121, 사회과학출판사, 2001.

______, 「과학1동 자기가마터 발굴보고」, 『조선고고연구』129, 사회과학출판사, 2003.

______, 「화천2동 2호자기가마터 발굴보고」, 『조선고고연구』132, 사회과학출판사, 2004.

______, 「화천2동 1호자기가마터 발굴보고」, 『조선고고연구』134, 사회과학출판사, 2005.

______, 「기송리 3호 자기가마터 발굴보고」, 『조선고고연구』140, 사회과학출판사, 2006.

______, 「새로 발견된 화천2동 3호 자기가마터에 대하여」, 『조선고고연구』144, 사회과학출판사, 2007.

김영진, 「봉천군 송정리 1호 자기가마터 발굴보고」, 『조선고고연구』122, 사회과학출판사, 2002.

______, 「태성1호 도자기가마터」, 『조선고고연구』126, 사회과학출판사, 2003.

리병선, 「황해남도 고려자기 가마터 발굴 간략보고」, 『고고학자료집』6, 1960.

______, 「황해남도 고려자기 가마터 발굴보고」, 『고고학자료집』3, 1963.

리철영, 「과일군 사기리 청자기1호가마터 발굴보고」, 『조선고고연구』119, 사회과학출판사, 2001.

조선민주주의인민공화국 사회과학원 고고학연구소·일본 다이쇼대학, 『령통사 유적발굴보고』, 2002.

한국토지공사 토지박물관, 『개성공업지구 1단계 문화유적 남·북 공동조사 보
　　　고서』, 2005.

단행본

과학원출판사, 『고고학자료집』3, 1963.
김영진, 『고려자기』, 사회과학출판사, 1987.
＿＿＿, 『도자기가마터발굴보고』, 사회과학출판사, 2002.
사회과학원, 『조선고고학총서』50, 2009.
사회과학출판사, 『조선사회과학학술집』26, 2010.
＿＿＿, 『조선사회과학학술집』196, 2011.
조선로동당출판사, 『김일성전집』 47, 2002.
＿＿＿, 『김정일선집』 1(증보판), 2009.
조선중앙통계국, 『2008년 인구조사』, 2009.

논문

강명철, 「우리나라 도자기 공예가들에 의한 일본도자기의 발전」, 『조선예술』
　　　509, 문학예술출판사, 1999.
강승태, 「리조자기의 자기제작 공정」, 『조선고고연구』147, 사회과학출판사,
　　　2008.
＿＿＿, 「고려자기와 리조자기와의 계승관계」, 『조선고고연구』150, 사회과학출
　　　판사, 2009.
김영진, 「발해삼채의 연원에 대하여」, 『조선고고연구』105, 사회과학출판사,
　　　1997.
＿＿＿, 「도자기를 통하여 본 고구려와 발해의 계승 관계에 대하여」, 『조선고
　　　고연구』109, 사회과학출판사, 1998.
리윤철, 「원산리 가마터의 14C년대 측정결과와 그 해석」, 『조선고고연구』108,
　　　사회과학출판사, 1998.
리창진, 「발해도자기의 연원에 대하여」, 『조선고고연구』105, 사회과학출판사,
　　　1997.
＿＿＿, 「고려푸른자기는 발해푸른자기의 계승발전」, 『조선고고연구』110, 사회
　　　과학출판사, 2001.
＿＿＿, 「령통사 유적에서 나온 간지명자기의 년대에 대하여」, 『조선고고연구』

122, 사회과학출판사, 2002.

박동명, 「고려청동거울의 류형과 장식무늬」, 『조선고고연구』157, 사회과학출판사, 2010.

_____, 「고려상감자기 장식무늬의 변천과 특징」, 『조선고고연구』154, 사회과학출판사, 2010.

방병선, 「개성출토 고려청자의 연구」, 『강좌미술사』17, 한국불교미술사학회, 2001.

사회과학원 고고학연구소, 「우리당의 력사와 더불어 빛나는 위대한 령도와 고고학이 걸어온 영광의 로정」, 『조선고고연구』156, 2010.

조성진, 「우리나라 도자공예가 일본도자기의 발생발전에 미친 영향」, 『력사과학』172, 과학백과사전출판사, 1999.

지원봉, 「옛기록과 반영을 통해본 고려청자의 지위」, 『조선예술』568, 문학예술출판사, 2004.

북한의 문화유산 정책과 관리체계

정 창 현*

I. 머리말

통일은 다름의 이해와 소통을 추구한다. 통일은 단순한 체제통합이나 정치-경제적 통합이 아니라 그것을 넘어서 사회문화적인 통합이나 남과 북의 신체, 사회적 신체의 통합이다.[1] 특히 통일은 남과 북이 소통해 가는 '과정'으로 접근해야 한다. 그런 점에서 통일의 과정에서는 통합보다는 소통을 앞세워야 한다. 남과 북의 다름을 통합하는 것이 아니라 공존과 소통을 통해 공존하며, 다름 속의 공통점을 찾아가는 과정이어야 한다.

문화적 영역과 접근은 남과 북의 차이와 다름을 이해하는 가장 중요한 분야이고, 인문학은 남과 북의 역사적 연원을 밝히고 소통의 근거를 마련함으로써 통일에 기여할 수 있을 것이다. 문화적 영역 중에서도 남북이 분단되기 전 역사적 경험을 공유한 결과이고, 미래 통일과정에서 공유할 수

※ 이 논문은 2012년 05월 12일 동북아불교미술연구소와 명지대학교 문화유산연구소 주최로 열린 북한의 문화유산 학술대회에서 발표했던 내용을 수정·보완하였다.

* 국민대학교 겸임교수

1 김성민, 「분단과 통일, 그리고 한국의 인문학」, 『한국 인문학의 길을 묻다』, 대동철학회, 2010, 87쪽.

밖에 없는 문화유산은 남과 북이 이념과 편견을 떠나 손쉽게 교류하고, 공유할 수 있는 역사적 자산이다.

남과 북이 문화유산을 매개로 소통하고, 교류하기 위해서는 먼저 북한의 문화유산 정책과 그 변화과정, 문화유산의 관리체계 등에 대한 이해가 선행되어야 한다.

북한은 민족문화유산을 3가지 종류로 나누고 있다. 첫째로 이어받아야 할 것과 둘째로 보존해 두기만 할 것, 셋째로 폐기해야 할 것이다. 북한은 이들 유산 중 첫째 유형을 민족문화의 전통으로 규정한다.[2]

북한은 해방직후부터 민족문화유산 보존과 계승 발전에 힘을 쏟아 많은 성과를 거두었다. 북한은 광복 후 북조선임시인민위원회 결정으로 '보물 고적 천연기념물보존에 관한 법령'을 채택한 후 1990년대에 들어와 '조선민주주의인민공화국 문화유물보호법', '조선민주주의인민공화국 명승지, 천연기념물보호법' 등 여러 가지 결정들을 채택하고, 문화유산의 보존관리를 법제화했다. 또한 역사박물관들을 '학술연구기지, 유물보존기지, 대중교양장소'로 건설해 지금까지 운영해 오고 있다. 현재 평양에 조선중앙력사박물관, 민속박물관을 비롯해 각도마다 역사박물관이 세워져 있으며, 발굴 고증된 유물들을 역사적 사실에 맞게 진열하는 사업을 진행하고 있다. 특히 북한은 중앙집권적이고, 집단주의적 관리체계에 따라 일원화된 문화유적관리체계를 갖추고 있고, 광범한 군중을 망라하는 '사회적 담당관리제'를 실시하고 있다.

이 글에서는 향후 남북 문화유산 분야의 교류와 소통을 위해 현재 북한의 문화유산 정책의 특징과 보존관리체계를 살펴보고자 한다. 특히 북한 문화유산 정책의 근본적인 변화를 가져온 1985년 7월 11일의 「조선민주주의인민공화국 주석명령 제35호」(이하 '주석명령 제35호')와 1994년 제정된 「조선민주주의인민공화국 문화유물보호법」(이하 '문화유물보호법')을 집중 분석하고자 한다. 또한 주석명령 제35호와 문화유물보호법 제정의 배경이

---

2 사혁순, 「민족문화 전통의 본질에 대한 주체적 리해」, 『철학연구』 4, 1994, 33쪽.

되는 북한 조선노동당의 '우리민족제일주의'에 대해서도 고찰한다.

Ⅱ. 북한의 문화유산 정책

1. 문화유산 정책의 변화

해방 후 북한의 문화유산 정책은 노동당의 사상정책 변화에 따라 크게 4시기로 구분할 수 있다.

제1기는 1945년 해방 이후부터 1950년 전쟁시기까지의 시기로 일제잔재 청산과 민족문화 복원에 힘쓰던 시기이다. 북한은 건국 초기부터 상대적으로 문화에 대한 관심이 높았다. 1945년 9월 19일 입국한 김일성은 10월 3일 평양의 대동문, 연광정, 을밀대 등을 둘러본 것을 시작으로 1946년 10월까지 평양의 주요 역사유적을 여러 차례 현지지도했다. 김일성은 또한 1946년 10월 8일 평안북도 의주군에 있는 통군정 방문을 시작으로 황해북도 사리원시의 정방산성, 평안남도 강서군의 강서세무덤, 묘향산 보현사 등 지방의 역사유적 등도 현지지도했다.[3] 통군정을 현지지도한 자리에서 김일성은 "의주군에는 통군정과 같은 이름난 유적들이 있는데 우리 선조들이 남긴 문화유적들을 잘 관리하고 보존하도록 하여야 하겠다"며 "통군정과 그 일대를 보수할 것"을 지시했다고 한다.[4]

이 시기 북한의 문화유산 정책의 기본방향은 1947년 김일성의 발언에 잘 요약돼 있다.

"조선 민주주의 인민공화국 문화건설의 기본과업은 인민교육과 문학예술 분

---

3 리철 외, 「백두산3대장군의 문화보존부문 현지지도 주요년표」, 『문화유산애호가들의 벗』, 조선문화보존사, 2005, 14~31쪽.
4 「통군정에 새겨진 위대한 자욱」, 『민족문화유산』 2, 과학백과사전출판사, 2004.

야에서 일제사상 잔재를 완전히 뿌리 빼고 민족문화를 빨리 발전시키며 전체 인민의 지식수준을 높이며 인민경제와 국가기관에 필요한 능력 있고 민주주의정신으로 교양 받은 민족간부들을 많이 준비하는데 있습니다."[5]

이 시기에 북한의 문화유산정책은 일제 잔재 청산과 민족문화 건설에 초점이 맞춰져 있었다는 사실을 알 수 있다. 이에 따라 북조선임시인민위원회는 1946년에 「보물, 고적 명승, 천연기념물 보존령」을 제정했고, 정부 수립 후인 1948년 11월에는 「문질문화유물보존에관한규정」을 제정했다. 이 규정은 모두 8조로 이뤄져 있으며 역사상의 기념물 및 학술연구상의 귀중한 자료가 되는 유적, 건조물, 회화, 공예품, 전적 등 유물은 '조선물질문화유물조사위원회'에서 보존 관리하도록 했다.

또 1948년에는 내각에서 「조선물질문화유물조사보존위원회에 관한 결정서」를 채택했다. 이에 따라 내각 직속으로 조선물질문화유물조사위원회가 설치되고, 그 아래에 원시사 및 고고학부, 미술 및 건축부, 민속학부, 박물관지도부, 총무부를 두었다.

북한이 일찍부터 '민족문화유산의 계승 발전'을 표방하며 문화유물에 관한 법령을 제정해 민족문화 유산을 법적으로 보호, 보존하는 조치를 취한 것이다. 북한은 이 시기에 북한 전지역의 우리민족제일주의조사와 보존, 복구에 치중한다.

제2기는 1950년 전쟁 때부터 1967년까지의 시기로 북한이 파괴된 문화재의 복구와 사회주의제도 정착에 따른 사회주의 문화이론이 전면에 등장한 시기이다. 전쟁이 끝난 후 북한은 파괴된 역사유적들을 복구하는데 주력하면서 문화유물을 주민들의 계급교양에도 활용했다. 또한 김석형 등 남쪽에서 올라간 역사학자, 고고학자들이 주력이 돼 평양 인근의 문화유물의 조사발굴에도 착수했다. 1952년 조선과학원이 설립되고, 문화유물

---

5 김일성, 「민주주의조선림시정부를 세우는 것과 관련하여 모든 정당, 사회단체들은 무엇을 요구할 것인가」 1947. 6. 14.

발굴조사 전담기관이 설치됐으며, 전문요원 양성 등을 위한 체계적인 제도개혁도 단행됐다.[6] 1957년 말까지 북한은 중앙 직영으로 유적 260개소와 명승지 12개소, 천연기념물 43개소를 지정 관리하였고, 이외의 유적들은 도·시 직영유적으로 등록케 하여 리(里)인민위원회를 중심으로 한 관리위원회와 주민협조로 보존 관리하도록 조치했다.[7]

이 시기에 문화유산 정책을 지도하는 노동당의 선전분야는 연안파와 갑산파가 주도했다.[8] 1970년대에 김일성이 비판했듯이 이때 북한의 문화유산 정책에는 '민족허무주의적 경향과 복고주의적 경향'이 있었던 것으로 추정된다. 민족허무주의적 입장이란 우리 민족이 사회주의 혁명 이전에 지니고 있었던 모든 것을 봉건적이거나 자본주의적이라는 이유로 폐기해 버리는 잘못된 태도를 의미하며, 1950년대에 일부 소련파와 연안파들이 '민족허무주의적 입장'이란 이유로 숙청됐다. 또 복고주의적 경향이란 지난날의 것은 덮어놓고 되살리며 찬미하는 경향을 의미하며, 문학가 한설야, 무용가 최승희 등이 '복고주의적 경향'이란 비판을 받으며 1960년대에 숙청됐다.[9]

김일성은 민족허무주의적 경향과 복고주의적 경향 모두를 경계하고, 민족문화유산을 잘 보존하면서도 그 가운데에 진보적이고 인민적인 것을 비판적으로 계승·발전시켜야 한다는 점을 강조했다. 김일성은 여러 차례 교시를 통해 민족문화유산을 잘 보존해야 한다는 점을 강조했는데, '허무

---

6 조선과학원 산하 연구소 중 8개 연구소가 분리돼 1964년 2월 17일 사회과학연구기관들의 지도적인 연구기관으로 사회과학원이 창설된다. 현재 사회과학원은 역사연구소·철학연구소·경제연구소·법학연구소·언어학연구소·문학연구소·고고민속연구소·고전연구소·주체사상연구소 등 9개 연구소로 구성되어 있다.

7 최오주, 「남북통일대비 문화재보존관리 정책연구」, 호남대 박사학위논문, 2008, 72쪽.

8 정창현, 『인물로 본 북한현대사』, 선인, 2011, 46쪽 ; 정창현, 「북한 현대사의 시기구분」, 『남북현대사의 쟁점과 시각』, 선인, 2009 참조.

9 김지영, 「애국열사릉에 돌아온 최승희, 1967년 그녀는 왜 사라졌나!-밀착취재 ≪조선신보≫가 추적한 최승희 숙청설」『민족21』 6월호, 2003 참조.

주의를 반대하는 것과 함께 지난날의 것을 덮어놓고 다 그대로 살리려는 복고주의적 경향도 철저히 반대'해야 하며, 그럼으로써 '민족문화유산 가운데서 뒤떨어지고 반동적인 것은 버리고 진보적이며 인민적인 것은 오늘의 사회주의현실에 맞게 비판적으로 계승발전시켜야'한다고 원칙을 제시했다.[10]

제3기는 1967년부터 1980년 노동당 6차당대회까지의 시기로 북한에서 유일사상체제 구축과 주체사상이 본격적으로 등장한 시기이다. 이 시기에는 안학궁터 등 역사유적 발굴, 조사, 정비사업이 대대적으로 진행됐다. 특히 복고주의적 경향을 반대하는 혁명주의적 민족문화 건설을 표방한 북한은 1972년에 채택한 '사회주의헌법' 제37조에서 민족문화 유산을 "사회주의 현실에 맞게 계승·발전"시킨다고 명문화했다.[11]

제4기는 1980년 이후의 시기로 민족주의에 대한 재평가와 '우리민족제일주의'가 구호로 등장하면서 민족문화유산의 보존 및 발굴이 적극적으로 추진된 시기이다. 특히 1980년 노동당 6차당대회를 계기로 공식 석상에 모습을 드러낸 후계자 김정일의 문화유산 정책이 구체화된 시기이다. 이 시기에 북한은 상원검은모루동굴유적 출토유물을 근거로 하여 평양을 한민족 기원 발생지라고 주장했고, 한반도 최초의 삼국통일 국가는 신라가 아니고 고려라고 주장하는 등 고조선-고구려-고려로 이어지는 역사전통성을 내세웠다.[12]

1980년대에 들어와 북한의 사상정책에서 가장 큰 변화의 하나는 자신의 체제를 규정함에 있어서 '우리식 사회주의'와 '우리민족제일주의'로 대표되는 독자성의 강조이다. 우리민족제일주의는 1986년 김정일이 「주체사

---

10 『김일성저작집』 25권, 조선로동당출판사, 30쪽 ; 『문학예술사전(상)』, 과학백과사전종합출판사, 1988, 808~810쪽에서 재인용.
11 리호관, 「북한의 문화재는 어떻게 보존되어 있는가」, 『문화예술』 196, 1995, 25쪽.
12 김일성종합대학 역사학부 출신의 리정남 조선중앙역사발물관 실장은 2007년 5월 필자와 만나 "1989년 동명왕릉 개건사업이 제기되면서 역사학회와 문화보존부문에 온통 고구려 바람이 불었다"고 당시를 회고한 바 있다.

상 교양에서 제기되는 몇가지 문제에 대하여」에서 처음으로 공식화됐다.

> "세계혁명 앞에 우리 당과 인민이 지닌 첫째가는 임무는 혁명의 민족적 임무인 조선혁명을 잘하는 것입니다. 자기 나라 혁명에 충실하자면 무엇보다도 자기 민족을 사랑하고 귀중히 여길줄 알아야 합니다. 나는 이런 의미에서 우리민족제일주의를 주장합니다."[13]

1989년에 출판된 『우리민족제일주의론』에 따르면 "우리민족제일주의는 한마디로 말하여 혁명과 건설을 자주적으로 해나가야 한다는 투철한 민족자주정신"이며, 민족자주정신이 우리민족제일주의의 진수라고 밝히고 있다.[14] 또한 민족제일주의 정신을 민족의식 발전의 최고형태로 주장함으로써 이를 보편적인 시대정신으로까지 확장하고 있다.

우리민족제일주의는 북한이 발전시켜왔던 주체사상에 의한 민족주의적 해석의 한 측면과 민족개념의 변화와 관련이 있는 것으로 분석된다.[15] 또한 우리민족제일주의론은 우리식 사회주의론과 함께 소련 및 동구 사회주의변화에 따른 적극적인 대응담론으로 제기된 측면도 있다. 소련과 동구 등 사회주의권에 불어닥친 개방과 개혁의 바람으로부터 체제를 보호하고 북한의 독자노선을 정당화하기 위한 담론이었던 것이다.

우리민족제일주의에 따라 북한은 먼저 '민족사적 정통성'을 입증하기 위해 동명왕릉(1993. 5)과 단군릉(1994. 11)을 발굴, 복원하고 단군→고구려→발해→고려→북한'으로 이어지고 있음을 부각시켰다. 우리 민족의 유구한 투쟁의 역사를 역사유적으로 증명하고, 이를 주민들에게 교양하려는 북한의 의도가 뚜렷하게 보인다. 북한은 민족주의를 진보적인 사상으로 재조명하면서 민족의 주체성과 독자성을 강조하고, 나아가 통일이념으로

---

13 『김정일선집』 6, 조선로동당출판사, 1992, 444쪽.
14 고영환, 『조선민족제일주의론』, 평양출판사, 1989, 67쪽.
15 정영철, 「북한 민족주의의 전개와 그 특징 : 1980년대와 1990년대를 중심으로」, 『현대북한연구』 4-2, 북한대학원대학교, 2001 참조.

서의 '민족대단결'논리를 부각시키려는 목적을 갖고 있는 것이다.

결국 조선민족제일주의는 민족적 우월성을 내세워 붕괴된 여타 사회주의 국가와의 차별성을 부각시킴으로써 내부적으로 주민들의 사상적 동요를 막고 체제 결속을 도모하기 위해 제창된 하위 통치이념이라고 할 수 있다. 뿐만 아니라 대남 측면에서는 민족대단결 논리를 뒷받침하여 통일전선을 구축하려는 의도가 있는 것으로 보인다.[16]

따라서 북한의 민족주의론은 일시적이고 상황에 의존하는 미봉적인 것이 아니라 남북대화와 통일과정을 염두에 둔 것으로 볼 수 있다. 북한은 이러한 민족주의 강화의 뿌리를 민족의 오랜 역사적 뿌리인 문화유산에 두고 있는 것이다. 민족주의의 감정이 오랜 역사적 과정을 통해 형성됐다는 점을 감안하면 민족적 긍지와 자랑찬 역사에 대한 강조는 결국 민족주의의 강화로 연결될 수밖에 없다.[17].

2. '주석명령 제35호'과 문화유물보호법 공포

북한은 1985년 7월 11일 「조선민주주의인민공화국 주석명령 제35호」를 발표했다.[18] 이 명령의 핵심은 문화유산 보호를 위해 '전사회적인 관리체계'를 제시하고 4월과 11월을 '문화유적애호월간'으로 정한 것이다.

김일성 주석은 이 명령을 통해 문화유적과 유물이 가지는 중요성, 노동당과 정부가 민족문화유산보존관리를 위해 실시한 정책과 그 결과 이룩된 성과를 개괄하고, 현실발전의 요구에 맞게 문화유산을 보존관리 하기 위한 사업을 더 잘 해 나가기 위한 대책들을 6개조항으로 제시했다.[19]

---

16 정영철, 앞의 논문 참조.

17 북한 최고인민회의는 1994년 「민족문화유산을 옳게 계승발전 시키기 위한 사업을 더욱 개선·강화할데 대하여」란 결정에서 "민족문화 유산의 보존은 조선민족제일주의 정신 교양에서 커다란 감화력을 가진다"라고 밝혔다.

18 「[해설] 조선민주주의인민공화국 주석명령 제 35호 ≪문화유적유물보존관리사업을 강화할데 대하여≫」, 『민족문화유산』 2, 과학백과사전출판사, 2002.

　김일성은 발전하는 현실의 요구에 맞게 나라의 귀중한 문화유산을 보존 관리 하기 위한 사업을 잘 하기 위하여 정연한 사업체계를 세울 것을 강조했다. 문화유적과 유물을 보존관리 하는 사업은 일부 간부들의 힘만으로는 잘 할 수 없으며 모든 기관, 기업소, 단체와 개별적 '공민'들이 전 사회적으로 동원되어야 원만히 할 수 있다는 것이다.

　김일성 주석은 "문화유적과 유물을 사회적으로 보존관리 하는 정연한 사업체계를 세울 것이다"라며 이를 위해 3가지 방안을 내놓았다.

1) 도, 시, 군행정 및 경제지도위원회들에서는 각급 학교들과 기관, 기업소, 단체들에 문화유적과 유물보존관리대상을 정확히 분담해 주고 그 관리정형을 정상적으로 장악지도 하여야 한다.
2) 인민무력부, 사회안전부(현재 인민보안부)를 비롯하여 위수구역을 가지고 있는 기관들에서는 자기 관할구역안에 있는 문화유적과 유물보존관리사업을 책임적으로 맡아 하여야 한다.
3) 해마다 4월과 11월은 문화유적애호월간으로 하며 이 기간에 모든 기관, 기업소, 단체들에서는 문화유적유물에 대한 보수관리사업을 집중적으로 조직진행해야 한다.[20]

　'주석명령 제35호'는 북한에서 '우리민족제일주의'가 공식 제기되기 전이지만 북한 내부에서 민족 개념의 재정립과 민족주의에 대한 재평가를 기초로 문화유산에 대한 전면적인 발굴 및 개건, 보존체계의 재수립을 위한 신호탄이었다. 이 명령이 나온 고조선과 고구려시기 유적에 대한 대대적인 발굴작업이 시작됐기 때문이다.

　이 명령이 나온 지 9년 후인 1994년 북한은 「문화유물보호법」(6장52조)

19　북한은 "조선민주주의인민공화국 주석명령 제35호는 ≪조선민주주의인민공화국 문화유물보존법≫과 함께 우리 당과 공화국정부와 민족문화유산보존부문에서 항구적으로 틀어쥐고 나가야 할 지도적지침"이라고 선전하고 있다.
20　「[해설] 조선민주주의인민공화국 주석명령 제 35호 ≪문화유적유물보존관리사업을 강화할데 대하여≫」, 『민족문화유산』 2, 과학백과사전출판사, 2002.

을 제정했고, 다시 2년 뒤인 1996년 「명승지·천연기념물 보호법」(4장32조)을 채택해 유적유물과 천연기념물 등의 보존 사업을 '전사회적인 관리체계'로 완비했다.

북한이 '주석명령'을 발표하고, 「문화유물보호법」과 「명승지·천연기념물 보호법」을 제정해 '전사회적인 관리체계'를 세운 데는 몇 가지 요인이 작용한 것으로 분석된다.

첫째, 1960~80년대에 새롭게 발굴, 조사된 고조선·고구려시기 유물, 유적들을 체계적으로 관리하고 연구할 필요가 있었다. 북한은 1961년부터 약 10년 간 안학궁과 대성산 일대에 대한 발굴사업을 진행했고, 1974년부터 동명왕릉에 대한 대대적인 조사 발굴작업을 진행했다.

1990년대에 들어와 북 역사학계는 김석형 원사의 주도로 단군조선 연구를 새롭게 시작했다.[21]

우선 각종 문헌분석과 함께 고조선시기에 축성될 것으로 추정되는 토성과 고인돌무덤, 돌관무덤에 대한 조사발굴사업을 진행했다. 한반도와 요동지역으로부터 남연해주일대에 이르는 송화강 이남 동북아시아의 넓은 지역을 차지하고 살아온 고대 조선주민들은 고인돌무덤, 돌관무덤, 돌무지무덤, 움무덤 등 각기 다른 형식의 무덤을 썼다. 그중에서 고인돌무덤과 돌관무덤은 우리나라 고대주민들이 가장 흔히 쓴 무덤이었다.

1990년대 초 북한학계는 조사발굴과정에서 평양을 중심으로 하여 사방 40여km에 해당하는 평양일대에서 1만 4천여 기의 고인돌무덤을 발견했다. 특히 이 즈음 북한학계는 김일성 주석의 지시로 1993년 1월 하순부터 2월 초순 사이에 단군릉 발굴을 진행했다.[22]

---

21 김석형은 1963년부터 1965년까지 고조선유적유물조사발굴단을 이끌고 중국 동북 일대 유적유물을 조사했고, 단군릉과 동명왕릉의 발굴 및 개건사업에도 관여했다. 북한에서 출간된 김석형의 일대기로는 리규춘, 『신념과 인간』, 금성청년종합출판사, 2001 참조.

22 북한은 "역사학자들은 평양시 교외의 강동지구에 단군릉이 있다는 것을 알면서도 그 무덤이 후세에 만들어 놓은 '가상적인 무덤'으로 여겨 왔으나 김 주석은 단군을

새로 발굴된 유물과 유적, 문헌에 대한 재해석 등을 통해 북한학계는 고대 조선문화의 중심이 평양일대라고 확정했다. 이것은 단군이 평양에서 태어나 평양에서 나라를 세우고 평양에 수도를 세웠다는 결론으로 이어졌다. 요동지방에서 단군조선이 건국되고, 이후 평양으로 천도했다는 기존의 설이 뒤집히고, 평양 중심으로 고조선사를 다시 쓰게 된 셈이다. 이른바 '우리민족제일주의'를 선전하고 교양할 수 있는 문화유산의 관리, 보존체계가 완성된 것이다.

둘째, 주민들의 민족적 긍지를 높이고 주민들을 애국주의로 교양하는데 문화유산을 적극적으로 활용하려는 의도가 있었다. 이것은 문화유적과 유물이 차지하는 중요성과 그것의 보호관리가 가지는 의의를 설명한 '주석명령'의 서두에 잘 나타나 있다.

〈표 1〉 남한의 문화재보호법과 북한의 문화유물보호법 비교

구분	문화재보호법(2008년)	문화유물보호법(1994년)
법의 목적	문화재를 보존하여 민족문화를 계승하고, 이를 활용할 수 있도록 함으로써 국민의 문화적 향상을 도모함과 아울러 인류문화의 발전에 기여함을 목적으로 한다(제1조).	문화유물보호관리에서 제도와 질서를 엄격히 세우고 문화유물을 원상대로 보존하여 민족문화유산을 옳게 계승발전시키며 인민들의 민족적 긍지와 자부심을 높여주는데 이바지한다(제1조).
문화재(문화유물)의 정의	'문화재'란 인위적이거나 자연적으로 형성된 국가적·민족적·세계적 유산으로서 역사적·예술적·학술적·경관적 가치가 큰 다음 각 호의 것을 말한다(제2조).	문화유물은 우리 인민의 유구한 력사와 찬란한 문화전통을 실물로 보여주는 나라의 귀중한 재보이다(제2조).

실재한 인물로 보고 단군릉을 발굴할 데 대한 과업을 역사학자들에게 주게 됨으로써 본격적인 발굴 사업이 진행됐다"고 설명하고 있다. 정창현, 「북녘의 국보유적 기행4 - 구석기시대, 청동기시대 유적」, 『민족21』 3월호, 2012 ; 「불멸의 업적 전하는 단군릉」, 『민족문화유산』 1, 과학백과사전출판사, 2001 참조.

문화재(문화유물)의 분류	1. 유형문화재 2. 무형문화재 3. 기념물 4. 민속자료	1. 역사유적 2. 역사유물
문화재(문화유물)의 대상	건조물, 전적, 서적, 고문서, 회화, 조각, 공예품, 연극, 음악, 무용, 공예기술, 절터, 옛무덤, 조개무덤, 성터, 궁터, 가마터, 유물포함층, 경치 좋은 곳, 동물, 식물 광물, 동굴, 지질, 생물학적 생성물 등 의식주 · 생업 · 신앙 · 연중행사 등에 관한 풍속이나 관습과 이에 사용되는 의복, 기구, 가옥 등(제2조).	원시유적, 성, 보수터, 건물, 건물터, 무덤, 탑, 비석, 도자기가마터, 쇠부리터, 생산도구, 생활용품, 무기, 조형예술품, 고서적, 고문서, 인류화석 등(제2조).
보호(보존)의 기본 원칙	문화재의 보존관리 및 활용은 원형유지를 기본원칙으로 한다(제3조).	문화유물을 보호하는 것은 국가의 일관된 정책이다. 국가는 문화유물 보호관리부문의 사업에 깊은 관심을 돌리며 력사적 사실과 발전하는 현실의 요구에 맞게 문화유물을 보호관리하도록 한다(제5조).

"우리 인민이 창조한 문화유적과 유물은 우리나라의 유구한 력사와 찬란한 문화를 자랑하며 우리 민족의 슬기와 용맹을 보여 주는 귀중한 유산이다. 문화유적과 유물을 잘 보존하며 관리하는 것은 인민들의 민족적긍지와 자부심을 높이고 그들을 애국주의정신으로 교양하는데서 중요한 의의를 가진다."

평양을 한국 문명의 시원지로 규정하고, 고조선-고구려-발해-고려로 이어지는 '역사적 정통성'을 주민들에게 고양해 '우리민족제일주의'를 고취시키려는 의도가 있었던 것이다.

Ⅲ. 북한의 문화유산 관리체계

1. 문화유산 관리기관

북한은 「주석명령 제35호」에 입각해 "문화유물보호관리을 전국가적, 전사회적사업"으로 규정하고, "문화유물보호관리에 대한 통일적인 지도체계를 세우고, 문화유물담당 관리제를 실시"하고 있다. 유물보호법은 이를 더욱 상세하고 법제화했다. 유물보호법 제6조는 문화유물보호관리사업을 철저히 전국가적, 전사회적운동으로 전환하며 중앙으로부터 도·시·군에 이르기까지 문화유물 보호관리를 위한 지도체계를 세우고 전문관리기관 외에 광범한 군중을 망라하는 '사회적 담당관리제'를 실시한다는 것을 명문화했다.[23]

북한의 문화유산 정책과 관리를 맡고 있는 최고의 행정기관은 내각 산하에 있는 문화성이다. 물론 당 우위의 정치운영구조를 갖고 있는 북한의 특성상 문화성은 조선노동당의 전문부서인 선전선동부의 당적 지도를 받는다. 노동당 선전선동부가 문화유산 정책에 대한 기본방향을 설정하면 문화성이 그 방향에 맞게 행정·실무적으로 집행하는 사업을 총괄한다.

문화성은 문화유산의 보존 및 관리를 위해 산하에 문화유물보존관리국과 박물관, 문화유적관리소 등을 두고 있다.

북한의 역사유적과 유물의 보존관리는 일차적으로 문화유적관리소와 역사 및 민속박물관들과 같은 전담 관리기관들이 담당한다. 그밖에 유적유물을 가지고 있으면서 보존관리를 위임받은 개별적인 기관·기업소·단체와 공민들 그리고 사회적 담당기관들도 유적유물의 보존관리에 책임을 지고 있다.[24]

---

23 리기웅, 「[법제해설] ≪조선민주주의인민공화국 문화유물보호법≫ 해설(1)」, 『민족 문화유산』 1, 과학백과사전출판사, 2001.
24 조선민주주의인민공화국유물보호법 제23조는 "문화유물보존관리는 문화유물보존

유물보호법 제6장에는 문화유물 보호사업을 담당한 각급 지도기관들과 기업소의 임무, 문화유물 보존사업과 관계되는 연관기관들의 임무, 문화유물보호에 관한 감독통제사업과 그 내용에 대하여 상세히 규정하고 있다.

이에 따르면 문화유물 보호사업에 대한 통일적인 지도는 중앙문화유물보존지도기관이 한다. 여기서 문화유물 보호사업에 대한 국가적인 지도를 맡도록 규정된 중앙문화유물보존지도기관은 문화성 산하의 문화유물보존관리국을 지칭한다.[25] 문화유물보존관리국의 임무는 전국의 문화유물에 대한 보호관리를 통일적으로 장악하고 지도하는 것이다.

또한 문화유물보존관리국은 지방인민위원회와 각 지방 해당기관과 협의해 각 지역 안의 문화유물보존관리에 대한 분담을 조직하고 문화유물보존관리계획을 세워 집행하도록 한다.

중앙과 지방의 문화유물보존지도기관과 전임관리기관(문화유적관리소)은 자기 관할지역에 있는 유적과 유물의 관리(전임관리 및 사회적담당관리)를 위한 분담을 조직하고 관리사업을 계획화하며 그것을 정확히 집행해야 한다. 이를 위해 북한은 문화성 산하에 문화유물의 전임관리기관으로 대성산관리대성산문화유적관리소, 동명왕릉문화유적관리소, 개성시왕건왕릉문화유적관리소 등 주요유적을 담당하는 유적관리소와 평양시문화유적관리소, 개성시문화유적관리소, 자강도문화유적관리소, 함경북도문화유적관리소, 평안북도명승지및문화유적관리소 등 각·도·시문화유적관리소 등을 두고 있다.

문화보존관리국은 역사유적의 복구, 개건대상을 정하고, 유적의 복구를 위해 마련된 설계안을 비준하는 역할도 담당한다. 유물보호법 제36조에는 "문화유물보존지도기관과 지방행정경제기관은 해당 력사적 시기를 대표

기관과 력사유물을 보관하고 있는 기관, 기업소, 단체와 공민이 한다"라고 규정했다.

25 리기웅, 「[법제해설] ≪조선민주주의인민공화국 문화유물보호법≫ 해설」(5), 『민족문화유산』 1, 과학백과사전출판사, 2002.

하고 교양적 의의가 있으며 민족문화의 우수성을 보여 줄 수 있는 전형적인 문화유물을 복구개건하여야 한다"라고 규정했다.

물론 파손되었거나 없어진 역사유적이 모두 복구개건대상은 아니다. 북한에서 복구대상이 되는 유적은 첫째, 해당 역사적 시기의 가장 대표적인 것이야 하고, 둘째, 인민에게 민족적 긍지와 자부심, 애국주의를 심어 주는 교양적 의의가 있어야 하며, 셋째, 민족문화의 우수성을 보여 줄 수 있는 전형적인 것이어야 한다.[26]

문화보존관리국은 또한 기관, 기업소, 단체와 공민이 문화유물을 촬영하거나 벽화무덤을 참관하려고 할 경우 이를 승인하는 권한도 가지고 있다. 유적보호구역에 건물을 짓거나 문화유물 보존에 영향을 미칠 수 있는 지역에 건물을 건설할 경우에도 문화보존관리국이 합의를 해야 가능하다.

이외에 문화보존관리국은 역사유물의 모조품 제작, 이용에도 관여한다. 북한은 문화유물을 잘못 보관하거나 관리하면 돌이킬 수 없는 피해를 입을 수 있다고 보고, 박물관 등이 문화보존관리국의 제작승인을 받아 손상될 수 있는 진귀한 유물의 모조품을 만들어 이용, 전시할 수 있도록 했다.

문화보존지도국 산하에는 건설 및 보존처, 박물관 및 천연기념물지도처, 조선문화보존사와 문화보존연구소 등이 설치돼 있다.

북한의 문화유산 전문기관으로는 관련 연구소, 박물관 등을 두고 있다. 연구소로는 사회과학원 산하 고고학연구소, 력사연구소, 민속학연구소, 평양건설건재대학 과학연구소 건축사연구실 등이 있으며,[27] 각 지방에는 각 시도에 문화유물 보존사업소가 있다. 박물관으로는 평양의 조선중앙력사

---

26 리기웅, 「[법제해설] ≪조선민주주의인민공화국 문화유물보호법≫ 해설(4)」, 『민족문화유산』 4, 과학백과사전출판사, 2001.
27 북한에서는 평양건설건재대학 건축사연구실 실장이었던 리화선 교수를 '민족건축학'의 대표적인 학자로 평가하고 있다. 리화선 교수는 대성산성 남문, 동명왕릉, 정릉사, 광법사 등의 역사유적들을 복원할 때 설계를 담당한 학자다. 리재홍, 「한민족건축학자에게 돌려주신 고귀한 믿음과 크나큰 은정」, 『민족문화유산』 1, 과학백과사전출판사, 2004 참조.

박물관을 비롯해 신의주력사박물관, 사리원력사박물관, 함흥력사박물관 등 각 도에 역사박물관이 세워져 있고, 이외에 조선민속박물관, 평양미술박물관, 조선혁명박물관 등이 있다. 이들 기관이 역사유적을 이용하려고 할 경우에는 중앙문화유물보존지도기관, 즉 문화유물보존관리국의 승인을 받아야 한다.

북한은 문화유물이 집중되어 있는 지역이나 필요한 지역에 박물관이나 민속촌을 건설할 수 있도록 규정하고 있다. 박물관이나 민속촌을 만들 경우에는 문화보존지도국을 통해 내각의 승인을 받아야 한다.

북한은 문화유적과 유물을 파괴하거나 손상시키는 행위에 대해서도 엄격하게 규정하고 있다. 주석명령에는 "국가검열기관, 검찰기관, 사회안전기관을 비롯한 감독통제기관들은 문화유적유물보존관리에 대한 검열감독사업을 강화하며 문화유적과 유물을 파괴하거나 제대로 관리하지 않아 심히 손상시켰을 때에는 법에 따라 처리할 것"이라고 규정했다.

이와같이 북한은 행정적으로 노동당 선전선동부의 지도→내각 문화성 문화보존관리국→각 도·시·군문화유적관리소로 계통화되어 있는 일원화된 문화유적관리체계를 갖추고 있고, 박물관과 연구기관, 문화유물보존을 위한 과학연구기관 등과 각 도·시·군 행정기관이 이를 지원하는 체계를 구축하고 있다. 또한 광범한 군중을 망라하는 '사회적담당관리제' 실시에 따라 매년 4월과 11월을 '문화유물애호월간'으로 정해 이 기간 중 문화유산에 대한 보수와 정비를 전 군중적 운동 차원에서 행하고 있다.

<표 2> 남북한의 문화재(문화유물)관리정책 비교

구분		남한	북한
관련 법령		문화재보호법, 전통건조물보존법, 전통사찰보호법, 고도보존에 관한 특별법	문화유물보호법, 명승지·천연기념물보호법
법과 제도	재산권	재산권 보호 및 인정	재산권 불인정 (상속 유물 인정)

	법과 제도의 영향력	보통	강력
	사업추진 방식과 기간	다양한 이해관계 조정에 사업기간 장기 소요	일사불란한 동원체제로 사업기간 단축
문화재 이념 및 인식	가치평가	정치사회 이념 배제	사회주의 이념 계승 발전 당성·계급성·역사주의
	원형보존	원형보존	원형보존 (일부 변형)
	관점	국민의 역사의식과 문화사적 관점 중시	문화유산을 활용한 애국주의, 민족주의 교양 중시
문화재연구·관리 방법	조사연구방법	다양한 민간기관의 조사연구, 다양한 학설 인정	국가주도의 조사연구, 잠정 학설로 획일화
	핵심분야	고고학, 미술사, 민속학의 균형	고고학 강세, 미술사 약세
	분류방식	유형문화재, 무형문화재, 기념물, 민속자료	력사유적과 력사유물
	관리책임	국가, 지자체, 법인, 단체, 개인의 연합체계(분권화)	국가 중앙집권적, '사회적 담당관리제'
보존과 활용	문화재 활용실태	개인적 의미 부여, 관광자원 활용	집단적 교양자료, 관광자원 활용
	보존과 개발	보존과 개발 논란, 관광개발	보존과 개발
교류방식		국제교류 중심-보편주의	민족단합 중시-특수주의

최오주, 「남북통일대비 문화재보존관리 정책연구」, 호남대 박사학위논문, 2008, 95쪽 표 일부 수정.

2. 문화유물 분류체계

북한은 문화유산을 역사유적과 역사유물로 구분한다. 문화유물보호법에 따르면 역사유적에는 원시유적, 성, 봉수터, 건물, 건물터, 무덤, 탑, 비석, 도자기가마터, 쇠부리터 등이 속하고, 역사유물에는 생산도구, 생활용품, 불기, 조형예술품, 고서적, 고문서, 인류화석, 유골 등이 속한다. 남한과 달리 무형문화재에 대한 규정은 없다.

이러한 문화유물은 기본적으로 국가만이 소유한다. 북한은 역사유적은 가급적 '현지보존의 원칙'에 따라 원래 있던 곳을 보존구역으로 지정해 관리하고 있고, 역사유물은 평양의 조선중앙력사박물관을 비롯해 각 도청 소재지에 있는 력사박물관에서 소장, 관리하고 있다. 다만 상속받은 역사유물은 개별적 공민도 소유할 수 있다. 북한은 개인이 역사유물을 국가에 헌납할 경우 그 가치에 따라 특별히 보상한다는 규정을 시행규칙에서 명시했다. 또한 불법적으로 해외에 유출된 역사유물의 소유권 이전을 인정하지 않으며, 그것을 돌려 받을 수 있다고 규정하고 있다. [28]

북한은 문화유물을 그 역사적 의의와 조형예술적 가치에 따라 국보문화유물, 준 국보문화유물, 일반문화유물로 구분하는데, 국보 및 보물급 문화유물은 내각이 평가를 담당하고, 일반문화유물은 중앙문화유물보존기관이 평가하는 이원적 관리체제를 갖고 있다.

이외에 천연기념물과 명승지에 대한 사항은 1995년 〈명승지·천연기념물 보호법〉으로 별도 법체계로 채택하여 보호하고 있다. 여기서 명승지·천연기념물은 "아름다운 경치로 이름이 났거나 희귀하고 독특하며 학술교양적 의의로 국가가 특별히 지정하고 보호하는 지역이나 자연물로, 명승지에는 산, 바닷가, 호수, 폭포, 계곡 같은 것이, 천연기념물에는 동식물, 화석, 동굴, 자연바위, 광천 같은 것이 속한다."라고 정의하고 있다. 또한 무형문화재는 민속놀이로 명명하면서 이를 문화재와는 별개로 다룬다.

북한은 1994년 문화유물보호법을 제정한 후 역사유적에 대한 평가와 지정체계도 바꿨다. 이전에는 지정보물, 지정고적으로 지정관리 돼 왔는데, 문화유물보호법 제정 이후에는 역사유적을 국보문화유물, 준 국보문화유물, 일반문화유물로 구분하기 시작했다. 이 과정에서 대동문 대신 평양성이 국보유적 제1호로 지정됐다. 1980~90년대에 안학궁터, 단군릉, 동명왕 등 새로 발굴되거나 개건된 고조선과 고구려시기 유적들이 재평가되고, 새로 역사유적으로 지정하는 과정에서 개편된 것으로 보인다. [29] 대체로

---

28 리기웅, 「[법제해설] ≪조선민주주의인민공화국 문화유물보호법≫ 해설(1)」, 『민족문화유산』 1, 과학백과사전출판사, 2001.
29 조선력사박물관의 리정남 실장은 2007년 5월 필자와의 만남에서 "과거에는 대동

평양과 평양 인근의 역사유적들이 앞 번호로 지정됐다.

현재 북 당국이 지정한 역사유적이 몇 점인지는 정확히 파악되지 않고 있다. 성불사5층석탑이 국보유적 279호이고, 대동강변에 있는 계월향비가 보존유적 1755호인 점을 감안하면 이보다는 더 많을 것으로 추정된다.[30]

2000년대 중반까지 국립문화재연구소가 파악한 자료에 따르면 북한의 '국가지정문화재국보급' 역사유적은 총 193건이 확인된다.[31] 북한의 '국가지정문화재보존급' 제1호는 평양성 北城의 북문인 현무문이다.[32]

국립문화재연구소가 제한적으로 파악한 자료에 따르면 북한의 국가지정문화재는 국보유적 193건, 보존유적 1723건, 국보유물 83건, 준 국보유물 121건, 명승지 223건, 천연기념물 467건이다. 그러나 국립문화재연구소가 파악한 국보유적 193건 중 국보유적 제7호, 제149호는 잘못 파악한 것으로, 정확한 유적은 아직까지 파악되지 않고 있다.

일단 이를 감안하고, 국립문화재연구소가 파악한 193건의 국보유적을 유형별로 구분해 보면 건축물이 113건, 석조물이 41건, 능묘유적이 23건, 기타 요지(窯址) · 우물 · 범종 · 불상 등이 14건으로 건축물이 대다수를 차지한다. 건축물은 다시 일반건축 68건, 사찰건축 45건으로 나뉜다.

일반건축은 궁궐, 관아, 서원, 향교, 문루, 정자, 사묘, 주거 건축물을 포함한다. 그 중에는 관방유적인 성곽, 문루 등이 43건으로 상당 부분을 차

문이 국보유적 제1호였습니다. 그런데 1990년대에 단군릉, 동명왕릉, 안학궁터 발굴이 이뤄지면서 기존 국보유적에 대해 전면적으로 재평가할 필요성이 제기됐고, 이에 따라 재조정이 이뤄졌습니다. 그러면서 안학궁에서 옮겨 새로운 고구려의 수도로 건설된 평양성이 국보유적 제1호로 변경됐습니다"라고 말했다.

30 북한의 「조선유적유물도감 편찬위원회」가 1988년부터 시작해 1996년에 완간한 『조선유적유물도감』(총20권)에는 1천3백여 개의 유적과 1만여 점의 유물자료들이 사진으로 정리되어 있다.

31 국립문화재연구소, 『사진으로 보는 북한국보유적』, 국립문화재연구소, 2006, 11쪽.

32 필자가 확인한 북한의 국보유적 지정목록은 정창현, 「북녘의 국보유적 기행[1]-북녘의 문화유물, 어떻게 분류 · 관리되나?」, 『민족21』 12월호, 2011, 141~143쪽 참조.

지한다. 그밖에 서원, 향교, 관아, 궁궐, 일반가옥 등이 23건이다.

성곽유적은 평양지역의 평양성, 대성산성, 청암리산성을 비롯해 룡오리산성, 백마산성, 황룡산성, 자모산성, 태백산성, 영변 철옹성, 안주성 등으로 대부분 고구려시대에 축성된 것이다. 우리나라에서 성곽은 이미 원시말기와 고대시기에 발생했으며 중세에 이르러 규모가 커지고 여러 가지 성벽시설물들이 만들어짐으로써 방어력이 높아졌다.

이에 대해 김정일 국방위원장도 "우리나라는 예로부터 유리한 자연지리적 조건을 리용하여 성을 쌓는 높은 기술을 가지고 있었습니다. 험준한 산우에 견고하게 쌓은 성들은 외래침략자들을 격멸하고 나라를 보위하는 믿음직한 보루였습니다."라고 언급한 바 있다.[33]

지금까지 알려진 고구려성곽의 수는 무려 1,000여 개에 이른다. 중세시기 세계의 어느 나라든 성곽을 쌓지 않은 나라는 없지만 고구려와 같이 많은 성곽을 쌓은 나라는 찾아보기 힘들 정도다.

고구려시기 도성과 산성 외에 지방행정 중심지에도 읍성이 건설됐다. 15세기 전반기 우리나라의 고을 수는 총 345개인데 읍성을 가지고 있는 고을수가 110개나 됐다고 한다. 문루는 대부분 고려·조선시대에 처음 건립되고 16세기 이후 중건된 것이다.

사찰건축은 총 45건이 국보유적으로 지정되어 있다.[34] 이들 건축물에 인민대중의 우수한 재능과 근면한 노동이 스며들어 있어 민족문화유산으로 가꾸고 보존해야 한다는 평가에 기초해 이뤄진 것이다.[35] 이중 고구려시대에 창건된 유적이 7건이다. 그중 정릉사, 금광사, 광법사는 모두 터만 남아 있었는데, 정릉사와 광법사의 경우 복원됐다. 고려시대 중창된 것으로는 강서사, 자혜사, 령산전, 용화사 등 8건이고, 나머지는 모두 조선시대

---

33 김경찬, 「고구려의 산성」, 『민족문화유산』 4, 과학백과사전출판사, 2001.

34 북한 현재 공식적으로 59개의 사찰이 현존하고 있는 것으로 밝히고 있다. 조계종 민족공동체추진본부, 『북한의 전통사찰』 1-10, 양사재, 2011 참조.

35 조선문화보존사, 『문화유산애호가들의 벗』, 조선문화보존사, 2005, 101쪽.

에 중창되고 후에 중수되거나 중건됐다.

석조물로는 탑 16건, 비석 10건, 기타 당간지주, 불상, 석등 등이 포함되어 있다. 대부분 고려시대 축조된 것이다. 이중 금석문은 고대부터 조선시기에 이르는 긴 역사적 과정에 이러저러한 양상을 띠고 만들어 세워졌다. 이러한 금석문들에는 해당시기의 역사와 문화에 대한 자료들이 적지 않게 기록되어 있다. 시대의 산물인 금석문은 우리 민족의 높은 창조적 지혜, 예술적 재능, 문화적 소양을 엿볼 수 있게 한다. 금석문들은 고려시기에 와서 형식과 조형예술적 측면, 조각술에서 최절정을 이루었다. 금석문은 대체로 비석들이 대부분을 차지하는데 주로 불교사찰에 세워져 있다. 북에 남아 있는 고려시기 금석문으로는 현화사비, 영통사 대각국사비, 오룡사 법경대사비 등이 대표적으로 고려의 수도였던 개성에 집중되어 있다. 특히 이들 비문을 통해 고려시기 역사와 문화, 불교 관계자료, 사찰의 창설과 보수, 중축과정과 연대들을 자세히 알 수 있다. 북한은 이러한 금석문에 대해 "비록 종교적 목적에서 만들어 졌지만 당시 고려인민이 이룩한 주조기술과 조각술의 발전수준을 잘 보여 준다"라고 평가한다.

남한과 달리 북한은 1990년대 이후 복원한 유적도 국보유적 대상에 포함시키고 있다. 대표적으로 정릉사 8각7층석탑과 광법사 8각5층석탑은 원래 목탑으로, 터만 전해오던 것을 1990년대에 새롭게 복원했는데 국보유적으로 지정됐다. 북한은 황해남도 구월산에 환인·환웅·환검 등 세 성인을 제사 지내던 사당으로, 일제 때 불에 타 없어지고 그 터만 남아 있던 삼성사에 2000년 삼성전을 복원해 역시 국보유적으로 지정했다.[36]

가마터로는 황해남도 배천군 원산리에서 발굴된 고구려 말~고려시대 4개의 청자가마터만이 국보유적으로 지정되어 있다. 이 가마터에서는 접시, 사발, 병, 주전자, 단지 등 청자기와 갑발, 밀대 등 자기생산에 쓰였던 다양한 용구들이 함께 출토됐다.

시대적으로 보면 북의 국보유적은 선사시대의 검은모루동굴부터 조선

---

36 국립문화재연구소, 앞의 책, 12쪽.

시대에 세워진 서원까지 다양한 시대에 걸쳐 있다. 그러나 평양이 고조선과 고구려의 수도였고, 북한이 고구려 역사를 중시한다는 점 때문에 고구려시기에 만들어진 왕릉, 벽화무덤, 산성, 문루 등이 대거 국보유적에 포함되어 있다.

지역적으로는 평양을 비롯해 남포특별시, 개성, 금강산, 묘향산지역에 집중적으로 분포되어 있다.[37] 평양과 남포특별시 일대에는 고조선시대의 고인돌, 고구려시대의 왕릉과 벽화무덤이 집중적으로 분포되어 있다. 고인돌무덤들은 5~10여 기씩 떼를 지어 집중적으로 분포되어 있는데, 평양과 평안남도 일대에 1만 4천여 기가 분포되어 있는 것으로 파악된다. 특히 고구려 벽화무덤은 지금까지 알려진 것 100여 기 중 80여 기가 평양과 남포, 황해도지역에 집중되어 있다. 북한은 이들 벽화무덤에 대해 "고구려인민들의 뛰어난 창조적 지혜와 재능을 보여주는 귀중한 재보"라고 평가한다.

고려 500년의 도읍지였던 개성에도 수십 개의 국보유적이 남아 있다. 특히 고려시대 성균관 건물에 자리잡은 고려박물관에는 개성일대에서 발굴된 각종 유적과 유물이 보관되어 있고, 박물관 경내에는 현화사, 불일사 등 지금은 폐사지가 된 사찰터에서 옮겨온 석탑과 비 등이 보존되어 있다.

묘향산지역에도 5대 명찰의 하나로 꼽히는 보현사를 중심으로 다수의 국보유적이 자리잡고 있다. 보현사의 경우 단일 건물 2동과 탑, 비석 등 모두 7건이 국보유적으로 지정되어 있고, 보현사중건비, 보현사사적비, 설암설봉선사비, 묘향산 보현사비명, 령산전 불향탑시 등 5건이 보존유적으로 지정되어 있다.

금강산지역에는 주로 사찰유적이 집중적으로 남아 있다. 금강산에는 한때 100여 개의 사찰이 있었지만 대부분 6·25전쟁 중 불에 타 없어지고 현존하는 것은 내금강 만폭동 초입에 자리잡은 표훈사와 표훈사 뒤 방광대 산기슭의 정양사 등이 남아 있고, 신계사는 2006년 남쪽의 지원으로

---

37 각 지역별 주요유적에 대해서는 조선문화보존사, 앞의 책, 276~294쪽 참조.

복원됐다.

북한의 문화유산 현황과 지정현황은 아직까지 제한적으로 파악되고 있고, 이는 앞으로 남북교류를 통해 확인해야 할 과제로 남아 있다.

Ⅳ. 맺음말

북한은 1980년대 중반 '주석명령 제35호' 발표와 '우리민족제일주의' 표방을 계기로 민족문화유산 정책에서 큰 변화를 겪었으며, 1994년 문화유물보호법을 제정해 문화유산 보존관리체계를 완성했다.

그러나 1990년대 후반 이른바 '고난의 행군'이라는 최악의 경제난을 겪으면서 문화유산 관리에도 상당한 문제점을 드러내 많은 역사유적이 피해를 받은 것으로 전해진다. 2000년대에 들어와 북한은 전국의 사찰을 중심으로 대대적인 문화유산 복구 및 수리를 진행하고 있지만 여전히 지방의 문화유산은 열악한 보존상태에 있는 것으로 파악된다. 북한의 문화유산 보존관리체계에 대한 이해와 함께 남북교류가 필요한 지점이다.

2000년대에 들어와 남과 북은 문화재 조사 및 교류에 적지 않은 성과를 거뒀다. 2002년 북한이 고구려고분군의 세계문화유산 등재를 신청하자 우리 정부는 이를 적극 지원했다. 2004년 63기의 고구려고분군은 세계문화유산으로 최종 확정됐다. 이러한 남북교류는 이후 남북 문화재 교류와 북한의 문화유적에 대한 접근성 확보, 남북학계 간 교류 및 협력, 중국의 동북공정에 대한 공동 대응 등에 긍정적 영향을 미쳤다.

2006년 6월부터 10월까지 '북녘의 문화유산-평양에서 온 국보들'이라는 주제로 국립중앙박물관에서 북한의 국보유물 90점이 전시되기도 했다. 대한불교조계종과 천태종의 지원으로 신계사와 영통사가 각각 복원됐고, 2006년부터는 개성 만월대 남북공동 발굴조사가 시작돼 지금까지 진행되고 있다.

2011년에는 현존하는 북한의 59개 사찰과 6개 폐사지에 대한 상세한 사진자료가 남쪽에서 출간됐다. 이러한 작업은 남북 문화유산 교류와 공동조사, 공동발굴을 위한 기초작업이라고 할 수 있을 것이다. 또한 앞으로 북한의 국보유적과 보존유적을 전면적으로 조사하고 파악하는데도 디딤돌이 될 것으로 평가된다.

문화유적을 매개로 이뤄진 이러한 남북교류는 앞으로도 더욱 확대되어야 할 것이다. 문화유적 보존, 공동발굴, 상호 교환전시, 공동학술대회 등 남과 북 사이에서 교류의 폭을 넓혀갈 수 있는 사업들이 많다고 할 수 있다. 또 세계문화유산 등재의 상호협조 및 문화재의 해외유출 방지, 해외소재 문화재의 환수, 일본의 교과서 왜곡 및 중국의 동북공정에 대한 공동대응 등 대외적인 문제에서도 남과 북은 머리를 맞대고 협력해야 할 일들이 산적해 있다. 특히 문화유산 관련 분야의 교류는 남북의 오랜 분단의 이질감을 극복하고 민족의 동질성을 회복하는데도 기여할 것이다. 남북의 다름을 이해하고 소통하는데 역사문화유산은 가장 좋은 분야인 동시에 통일인문학이 반드시 관심을 가져야 할 영역인 것이다.

도판 목록

1. 금강산의 고려시대 불교유적(이태호)

도 1. <4사자 3층 석탑>, 고려 전기, 내금강 금장암터

도 2. 금장암터 석등의 좌측면 모습(왼쪽)과 정면 7시 방향쯤 모습(가운데), 일제
강점기 때 그려진 입면도(홍선, 『석등』)

도 3. 노영, <담무갈 지장보살현신도>, 흑칠금니, 22.5x13cm, 1307년, 국립중앙
박물관 소장(『아름다운 금강산』)

도 4. 정양사 전경, 1930년대 사진

도 5. 정양사 전경, 1990년대 사진

도 6. 정양사 3층 석탑과 석등, 고려 10세기

도 7. 정양사 석조여래좌상과 대좌, 고려 전기

도 8. 정양사 석조여래좌상과 대좌 부분, 고려 전기

도 9. 내금강 묘길상, 고려 전기

도 10. 묘길상 마애불좌상, 고려 전기

도 11. 경주 남산 상선암 마애불, 통일신라 9세기

도 12. 묘길상 마애불 왼쪽 벽면 문인상

도 13. 묘길상 석등, 고려 전기

도 14. 개성 개국사터 석등, 고려 전기

도 15. <금동관음보살좌상>, 고려 14세기, 강원도 회양군 금강원리 출토, 높이
13.3cm, 국립중앙박물관 소장

도 16. <내금강 삼불암>, 고려 후기

도 17. 삼불암 뒷면 관음보살입상, 약사여래입상, 53불

도 18. 삼불암 뒷면 관음보살입상 부분

도 19. 이성계 발원 사리구, 고려 1390년, 1391년, 국립중앙박물관 소장(『아름다
운 금강산』)

2. 배천 강서사 조성 지장보살과 조각승 영철(최선일)

도 1. 목조지장보살삼존상, 1649년, 서울 화계사(배천 강서사 조성)

도 2. 목조시왕상, 1649년, 서울 화계사(배천 강서사 조성)

도 3. 목조지장보살좌상

도 4. 목조지장보살좌상 상반신
도 5. 목조지장보살좌상 측면
도 6. 목조지장보살상하반신의 대의처리
도 7. 조성발원문, 1649년, 서울 화계사
도 8. 수연, 목조여래좌상, 1619년, 서천 봉서사
도 9. 수연, 목조지장보살좌상, 1634년, 익산 숭림사(옥구 보천사 조성)
도 10. 수연, 목조석가여래좌상, 1639년, 예산 수덕사(남원 풍국사 조성)
도 11. 운혜, 목조아미타여래좌상, 1665년, 곡성 도림사
도 12. 운혜, 목조지장보살좌상, 1667년경, 화순 쌍봉사
도 13. 도우, 목조아미타여래좌상, 1655년, 달성 용연사
도 14. 청허, 목조아미타여래좌상, 1645년, 상주 남장사
도 15. 목조여래좌상, 배천 강서사(『북한의 전통사찰 6-황해남도』)
도 16. 목조여래좌상, 배천 강서사(『북한의 전통사찰 6-황해남도』)
도 17. 목조보살좌상, 배천 강서사(『북한의 전통사찰 6-황해남도』)
도 18. 혜희, 목조관음보살좌상, 1655년, 보은 법주사
도 19. 목조여래좌상, 1649년, 포천 동화사(순천 만일사 조성)
도 20. 운혜, 목조석가여래좌상, 1650년, 해남 서동사

3. 묘향산 용주봉의 진신사리 탑을 통해 본 球形 浮屠와 사리구(강병희)

도 1. 용주봉의 진신사리탑, 1603년, 평북 영변 묘향산(『묘향산의 보현사』, 45
　　쪽)
도 2. 용주봉의 진신사리탑비편, 1603년, 묘향산 박물관소장, 평북 영변 묘향산
　　(『묘향산의 보현사』, 31쪽)
도 3. 통도사 계단 석종, 높이 0.98m, 경남 양산(동북아불교미술연구소 제공)
도 4. 건봉사 진신사리탑, 1724년, 높이 1.6m, 강원 고성(동북아불교미술연구소
　　제공)
도 5. 唐招提寺 계단, 8세기 초창 昭和시대 재건, 일본 奈良
도 6. '漢式官鍾'의 모습, 중국 한나라(『大漢和辭典』11, 600쪽)
도 7. 석암리9호분 출토 銅鍾, 1세기 전반, 구경 15.8cm(『낙랑』, 115쪽)
도 8. 은제 사리호와 내합(복제품), 호 높이 4.1cm, 불국사 석가탑 출토(『불국사
　　석가탑 사리장엄구』, 50쪽)
도 9. 은제사리 외합, 높이 10.8, 불국사 석가탑 출토(『불국사 석가탑 사리장엄

구』, 40쪽)

도 10-1. 은제사리 내합, 높이 5.8cm, 불국사 석가탑 출토(『불국사 석가탑 사리
　　　　장엄구』, 43쪽)

도 10-2. 동 내합 밑면(『불국사 석가탑 사리장엄구』, 44쪽)

도 11. 보상화문전 도면, 통일신라시대, 경주박물관 소장(『통일신라시대의 와당
　　　과 전에 나타난 보상화문의 연구』, 도19)

도 12. 鎏金鴻雁紋壺門座五環銀香爐의 기대 위 伏蓮, 당나라 847년 이전, 중국
　　　西安 法門寺塔 지궁 출토

도 13. 鎏金圈足銀水碗의 구연부 仰蓮, 당나라 847년 이전, 중국 西安 法門寺塔
　　　지궁 출토(『佛門秘寶大唐遺珍』10, 도75)

도 14. 금동제 사리외호, 백제 639년, 높이 13cm, 익산 미륵사지서탑 출토(문화
　　　재청 제공)

도 15. 은제 사리외호, 백제 577년, 높이 6.7cm, 부여 왕흥사지 출토(문화재청
　　　제공)

도 16. 옥제 사리함 分舍利 장면 , 7세기 말-8세기 초, 중국 陝西省 藍田縣 蔡拐
　　　村 法池寺止 출토(『중국 고대 불사리장엄 연구』, 도V-23).

도 17. 인도 피프라하와 초기 대탑 출토 사리기(『佛陀의 世界』, 121쪽)

도 18. 인도 마우리아왕조시대 목조 사리기, 기원전 317-180년, 높이 16.8cm(『고
　　　대인도』, 도30)

도 19. 衆生石塔, 당 초기 창건 송대 중수, 중국 湖北省 黃梅縣(『中國古塔』, 81
　　　쪽)

도 20. 宋代 無縫塔, 중국 浙江省 雁蕩山(『中國佛塔史』, 125쪽)

도 21. 정토사홍법국사실상탑, 고려 목종 말기, 높이 2.55m(문화재청 제공)

도 22. 송광사 보조국사감로탑, 1213년, 전남 순천, 현 높이 2.86m

도 23. 회암사지부도탑, 1464년, 높이 6m, 경기 양주

4. 19세기의 사찰 벽화 연구 - 북한과 남한의 일반회화를 중심으로(최경현)

도 1. 불교 존상도, 17세기 후반, 신흥사 대광전 내부 서벽, 경남 양산(이용윤
　　　제공)

도 2. 산수도, 17세기 후반, 율곡사 대웅전 내벽, 경남 산청(옛터 건축사무소, 율
　　　곡사 제공)

도 3. 호계삼소도, 18세기 후반, 용주사 대웅보전 내벽, 경기 화성(이연욱 제공)

도 4. 하마선인도, 19세기 초, 마곡사 대광보전 내벽, 충남 공주(이용윤 제공)
도 5. 서왕모도, 1842년, 쌍계사 대웅전 내벽, 충남 논산(임권웅 제공)
도 6. 소사도, 19세기 후반, 통도사 용화전 외벽, 경남 양산(임권웅 제공)
도 7. 과실도(불수감), 1875년, 도리사 극락전 내벽, 경북 구미(도리사 제공)
도 8. 쌍록도, 1881년, 해인사 명부전 내벽, 경남 합천(해인사 제공)
도 9. 송학도, 1881년, 해인사 명부전 내벽, 경남 합천(해인사 제공)
도 10. 화훼도와 화조도, 1882년, 관룡사 약사전 내부 서벽, 경남 창녕(동북아불
　　　교미술연구소 제공)
도 11. 풍교야박도, 1888년, 통도사 명부전 내벽, 경남 양산(임권웅 제공)
도 12. 석름도, 1888년, 통도사 명부전 내벽, 경남 양산(임권웅 제공)
도 13. 탄금주적도, 1888년, 통도사 명부전 외벽, 경남 양산(임권웅 제공)
도 14. 수궁도, 1888년, 통도사 명부전 내벽, 경남 양산(이용윤 제공)
도 15. 혜가단비도, 1809년, 신륵사 극락전 외벽, 충북 제천(이용윤 제공)
도 16. 왕자교 수노인 소사도, 1843년, 안불사 극락보전 내벽, 함남 금야(『북한
　　　의 전통사찰 9-함경남도(下)·함경북도』)
도 17. 모란괴석도, 1875년 보현사 영산전 외부, 평북 향산(『북한의 전통사찰
　　　2-평안북도(上)』)
도 18. 龍圖와 虎圖, 1875년, 보현사 영산전 내부, 평북 향산(『북한의 전통사찰
　　　2-평안북도(上)』)
도 19. 노안도, 19세기 말, 만년사 대웅전 외벽, 평북 구성(『북한의 전통사찰 4-
　　　평안북도(下)』)
도 20. 죽리관도, 1875년, 보현사 만수각 외벽, 평북 향산(『북한의 전통사찰 2-평
　　　안북도(上)』)
도 21. 홍인전법혜능도, 1848년, 금광사 백화전 외벽, 평북 의주(『북한의 전통사
　　　찰 3-평안북도(中)』)

5. 고구려 고분벽화 제작기술에 관한 연구(한경순)
도 1. 강서대묘 시대측면 적외선사진(2006)
도 2. 진파리 1호분조사 작업사진(2007)
도 3. 진파리 4호분 북면벽화(2007)
도 4. 진파리 4호분 북면좌측상단 적외선사진
도 5. 덕흥리 고분벽화채색 층 단면

도 6. 진파리 1호분 벽화채색 층 단면
도 7. 강서대묘 동벽 채색 층 박락 부위
도 8. 안악3호분 동벽 인물상 눈썹 부위

6. 고려시대 개경의 사찰과 남겨진 유물(홍영의)
도 1. 표암 강세황, 송도전경, 1757년, 국립중앙박물관 소장(『松都紀行帖』)
도 2. 표암 강세황, 대흥사, 1757년, 국립중앙박물관 소장(『松都紀行帖』)
도 3. 임명득, 화장추색, 1813년, 개인 소장(『西行一千里長卷』)

7. 북한의 瓷器가마터 발굴과 연구사 검토(박정민)
도 1. 세종실록지리지에 등장하는 북한지역 도자소
도 2. 봉천군 봉암리 가마 전경
도 3. 배천군 원산리 2호 가마 개축 상태
도 4. 북한에서 발굴된 가마터 분포도
도 5. 사기리 1호가마터 출토품
도 6. 배천군 원산리 가마 출토 도기류
도 7. 청자상감운학문'壬申'명저부편, 잔존고 4.2cm 저경 6cm, 개성 영통사지
　　　출토
도 8. 청자상감운학문'甲戌'명저부편 잔존고 4cm 저경 6.2cm, 개성 영통사지 출토